SCHLANG · DIE FORMEL 1 ASSE UNSERER ZEIT

Die Fahrer · Die Wagen · Die Strecken

ACHIM SCHLANG

Die Formel 1 Asse unserer Zeit

MOTORBUCH VERLAG STUTTGART

Einband und Schutzumschlag: Siegfried Horn,
unter Verwendung eines Dias von Talbot Gitanes.

ISBN 3-613-01035-6

1. Auflage 1984
Copyright © by Motorbuch Verlag, Postfach 1370, 7000 Stuttgart 1.
Eine Abteilung des Buch- und Verlagshauses Paul Pietsch GmbH & Co. KG.
Sämtliche Rechte der Verbreitung – in jeglicher Form und Technik –
sind vorbehalten.
Satz und Druck: Präzis-Druck GmbH, 7500 Karlsruhe 41.
Bindung: Großbuchbinderei E. Riethmüller, 7000 Stutgart 1.
Printed in Germany.

Inhalt

Zum Geleit

Die Vorkriegszeit galt lange als »die« große Zeit hervorragender Fahrerpersönlichkeiten im internationalen Automobilrennsport. Tatsächlich waren die 30er Jahre der erste unumstrittene Höhepunkt der Welt des Grand Prix-Sports, der mit Beginn des zwanzigsten, des motorisierten, Jahrhunderts zunächst Europa und dann die Vereinigten Staaten von Amerika eroberte.

Nach dem zweiten Weltkrieg folgte die Einführung der Fahrerweltmeisterschaft und – noch in den 50er Jahren – der Schwanengesang der Frontmotor-Formelwagen – wiederum eine Epoche eigenen Reizes, die ausgezeichneten Sport brachte.

Ein halbes Jahrhundert trennt uns von den 30er Jahren und die erste große Nachkriegsära ist auch schon seit einem viertel Jahrhundert abgeschlossen.

Vielleicht ist ein zeitlicher Abstand notwendig, um – durch den Filter der Jahre – wahre Qualitäten zu erkennen und Wertungen vorzunehmen.

Wenn ich allerdings jetzt, aus dem aktuellen Renngeschehen heraus, die Porträts der Formel 1-Asse unserer Zeit Revue passieren lasse, glaube ich, schon heute prophezeien zu können, daß auch diese Phase als wichtiges Kapitel in die Geschichte des Motorsports eingehen wird.

Achim Schlang hat die Schicksale der Top-Fahrer von heute als langjähriger intensiver Beobachter der Szene sorgfältig recherchiert, um sie mit viel Verständnis für unseren Sport aufzuzeichnen. Er hat damit sicherlich einen wichtigen Beitrag für die Beurteilung der heutigen Fahrergeneration geleistet.

(Manfred Winkelhock)

Vorwort

LEGITIMATION DES MOTORSPORTS

Bücher über den Fußballsport, das Schwimmen, die Leichtathletik oder den Radsport dürfen sicherlich auch ohne ein Vorwort erscheinen. Ganz anders ist dies hingegen beim Motorsport. Diese Sportart leidet bei uns unter derart vielen – landeseigentümlichen – Vorurteilen, daß es ohne einige Richtigstellungen und Vorbemerkungen nur zu neuen Mißverständnissen kommen könnte. Bevor Sie also mehr über die Schicksale der Formel 1-Asse unserer Zeit erfahren, ein knapp bemessener »Hirsebrei«, durch den Sie sich zum besseren Verständnis »durchfressen« sollten.

Der Motorsport ist in der Bundesrepublik Deutschland die Sportart mit dem zweitgrößten Publikumsaufkommen nach König Fußball. Diese Tatsache mag viele überraschen, deshalb überraschen, weil den Konsumenten der Fernseh- und Radiosportsendungen oder den Lesern der Tagespresse der Eindruck vermittelt wird, daß es sich im Motorsport bei Aktiven wie Zuschauern um zu vernachlässigende Größen handelt, denen zusätzlich etwas Zwielichtiges anhaftet. Die in diesem Zusammenhang immer wieder offen gegen diesen Sport vorgebrachte Kritik läßt sich in verschiedene Kategorien einteilen.

Da ist der Vorwurf, daß der gesamte Motorsport und ganz besonders die Formel 1 allein schon deshalb keinerlei Daseinsberechtigung habe, weil der positive Einfluß auf den Serienbau von Motorrädern oder Automobilen fehle. Dieses Argument sticht gleich aus zweierlei Gründen nicht. Erstens gibt es die geforderten Verbesserungen der Alltagsprodukte durch den Sport, man denke hier nur an die Front- und Heckspoiler unserer Autos, ohne die gute c_w-Werte und damit die günstigen Verbrauchswerte nicht möglich wären. Auch auf dem Reifensektor kommen bis heute zahlreiche Verbesserungen, nicht zuletzt in bezug auf die Sicherheit, von der Innovationsfront des Motorsports.

Nach meiner Auffassung bedarf es aber einer solchen Auflistung positiver technischer Einflüsse gar nicht. Vielmehr sollten sich die Kritiker in diesem Punkt eine Gegenfrage gefallen lassen müssen: Welche segensreiche Rückkopplung gibt es denn für den gemeinen »Serien-Fußgänger« durch den Dreisprung? Dieser Fragen gibt es viele, und ich will die Kunstspringer mit ihren anmutigen Auerbachsprüngen erst gar nicht bemühen. Ich glaube, es reicht aus, wenn eine Sportart den Aktiven und vielleicht auch noch einer mehr oder weniger großen Zuschauermenge Freude bereitet. Darüber hinaus sollte man weder den Tischtennis-Spielern noch den Formel 1-Fahrern Fragen nach ihrer Daseinsberechtigung als Sportler stellen.

Vorwurf Nummer zwei: Der Motorsport sei überhaupt kein Sport! Nun, ich glaube, der Motorsport ist eine der ältesten Sportarten überhaupt – natürlich in einer neuzeitlichen Variante – eine der Spielarten der Sportart »Kampf gegen die Zeit«. Dieser Sport ist sicherlich so alt wie die Menschheit, zuerst von Wettläufern und Wettschwimmern, dann von Reitern und Wagenlenkern ausgetragen, später dann auf Fahrrädern, Autos und Motorrädern.

Auch das Argument, Geld und Showanteil verbiete den Begriff Sport, zieht nicht. Diesen Kritikern sollte man Besuche anderer Profisportveranstaltungen empfehlen, wie Fußball, Tennis oder Skifahren . . .

Seit dem Ölschockjahr 1973 wird natürlich auch das Energieargument gern von den Motorsportgegnern ins Feld geführt. Da gibt es tatsächlich Kritiker, die die paar im Rennsport 'verheizten' Kanister Benzin gern als Reserve für unsere Urenkel sähen. Scheinheilig. Zu selten hört man nämlich von dieser Seite, daß z. B. bei Fußballspielen nach Einbruch der Dämmerung die Torleute ihre Strafräume mit zwei Talglichtern ausleuchten sollten, anstatt die Flutlichtanlage einzuschalten. Spaß beiseite. Daß sich auf dem Energiesektor einiges ändern mußte und muß, liegt auf der Hand. Hier aber die Schraube bei den Kleinstverbrauchern anzusetzen, ist weder sinnvoll noch effektiv.

Das Antilager hat noch mehr Pfeile im Köcher. Pfeile, die allerdings ebenso stumpf sind, wie die der ersten Salve.

Weiter heißt es, der Rennsport bereite den Zuschauern kein Vergnügen, weil die Komponente »Mensch«, in diesem Fall der Fahrer, in seiner Rolle nicht ausreichend zur Geltung käme. Technische Faktoren, wie Fahrgestell, Motor oder Reifen entschieden in Wahrheit über Sieg und Niederlage. Da ist viel Wahres dran. Aber haben diese Leute schon einmal darüber nachgedacht, welche Rolle das Pferd im Galopp- oder Springsport spielt? Glauben Sie mir, ich kenne Pferde, die würden, auch mit einem Weltmeister auf dem Rücken, eher auf die Idee kommen, sich unter einem 2,20 Meter hohen Hindernis hindurchzuwühlen, als darüber hinwegzuspringen. Und die Klagen ganzer Skinationalmannschaften, »Wir haben heuer Verträge mit den falschen Herstellern. Unsere Ski sind ganz einfach zu langsam!«, hört man doch in jedem Winter. Es gibt eben diese Sportarten, bei denen der Mensch nicht auf sich allein gestellt ist. Der Rennsport ist eine von ihnen.

Haben Sie Verständnis dafür, daß ich auf das beliebteste aller Antiargumente nur ganz kurz eingehe, das Argument, der Rennsport sei »gemeingefährlicher Wahnsinn«. Ich möchte an dieser Stelle nämlich nicht die Opfer verschiedener Sportarten gegeneinander aufrechnen, als stünde nicht hinter jedem Strichlein einer solchen Aufzählung ein großer Sportler. Vielmehr sollte sich jeder die Frage stellen, ob nicht die Aktiven der Risiko-Sportarten mit zu den ehrlichsten Sportlern überhaupt zählen – sie sind bereit, im Extremfall mit ihrem Leben für »ihre Sportart« einzustehen. Gerade in diesem Zusammenhang sollte manch einer der Kritiker auch einmal über den

Begriff Fairneß nachdenken, was ja wohl gerade im Bereich des Sports nicht allzuviel verlangt ist.

Daß man sich im Motorsport, mehr als in den meisten anderen Sportarten, Gedanken über die Sicherheit der Aktiven wie Zuschauer machen muß, soll hier nicht übersehen werden. Aber auch nicht, daß in dieser Beziehung sehr viel bereits unternommen wurde. Ich erinnere nur an den schleichenden Wechsel des Formel 1-Sports vom Straßen- zum Bahnsport.

Vor diesem Hintergrund sollten Sie die Geschichten der großen Formel 1-Fahrer lesen, die in ihrem Fach ebenso unerreichte Asse waren oder sind wie die Beckenbauers im Fußball, die Borgs auf den Tennisplätzen oder die Stenmarks im Ski-Slalom.

Achim Schlang

Ist Größe meßbar?

DIE EWIGE FRAGE WIRD NEU GESTELLT:
WER SIND DIE BESTEN FAHRER ALLER EPOCHEN?

Eine der großen Fragen, die im internationalen Automobilrennsport immer wieder von Fans und Fachleuten gestellt wird, ist die Frage nach dem »Größten Grand Prix-Fahrer aller Epochen«. Ebenso wie sich im Boxsport Muhammad Ali und Joe Louis in den Köpfen ihrer Bewunderer einen Schlagabtausch liefern müssen, oder wie Björn Borg und Rod Laver am grünen Tisch miteinander verglichen werden, so tragen auch an Stammtischen und in Fachzeitungsredaktionen Rudolf Caracciola, Alberto Ascari, Juan Manuel Fangio, Jim Clark und Jackie Stewart ihren »Theorie-Grand Prix« aus.

Aber – grau ist alle Theorie – eine Antwort mit Anspruch auf Wahrheit wird es auf diese Frage wohl niemals geben. Zu unterschiedlich waren die Herausforderungen an die Männer im Cockpit in den verschiedenen Epochen. Waren es in den 20er und 30er Jahren noch die bärenstarken Kraftpakete, die ihre störrischen Boliden über Distanzen bis zu 600 Kilometern bändigen mußten, so sind es heute die feuerfest vermummten Reflexwunder vom Schlage eines Alain Prost oder Keke Rosberg, die ihr fahrerisches Potential in den selten länger als einhundert Minuten tobenden Grand Prix' – einem Sprinter gleich – explodieren lassen müssen. Konnte Mercedes-Werksfahrer Otto Merz, der 1927 mit einer Durchschnittsgeschwindigkeit von 102 km/h den Großen Preis von Deutschland auf dem Nürburgring gewann, seinen dreiunddreißig Zentner schweren Mercedes Typ »S« zum Reifenwechsel mit Muskelkraft auf einen Bock lupfen, so wäre ein Jacques Laffite der heutigen Fahrergeneration bei einer solchen Aktion bestenfalls als applaudierender Zuschauer zu gebrauchen.

Und doch gibt es natürlich Kriterien, die sich als Maßstab für die Beurteilung der Qualität eines Rennfahrers anbieten: da ist die Anzahl der gewonnenen Rennen, oder die der schnellsten Runden. Die Summe der Meisterschaftspunkte bietet sich an und die Zahl der pole-positions – der besten Trainingszeiten. Aber sind das wirklich objektive Werte? Wohl nur auf den ersten Blick. Zu oft haben sich im Laufe der Jahre Regeln und Modalitäten geändert. Im Kampf um den – von der FIA seit 1950 ausgeschriebenen – Titel eines Fahrerweltmeisters gab es mehrere Änderungen im Punktsystem. Bis Ende 1957 waren auch Punkteteilungen möglich, wenn ein Rennwagen abwechselnd von zwei oder gar noch mehr Fahrern während eines Grand Prix gesteuert worden war.

Der große Juan Manuel Fangio verdankt seinen WM-Titel im Jahr 1956 allein dieser Möglichkeit, den Wagen eines Teamkollegen übernehmen zu können: als Fangio im alles entscheidenden letzten Lauf der 56er-Saison, dem Gran Premio d'Italia im königlichen Park von Monza, Probleme mit seinem Ferrari bekam, bot ihm sein junger britischer Teamkollege Peter Collins spontan das eigene Auto zur Weiterfahrt an. Im Schlußklassement belegte das Gespann Collins/Fangio Rang Zwei, und die drei Zähler, die sich Fangio für diese Plazierung gutschreiben lassen durfte, reichten ihm zum Titelgewinn. Peter Collins verzichtete übrigens durch seine sportliche Geste auf den Gewinn der Weltmeisterschaft! Eine selbstlose, ritterliche Tat, der in unseren Tagen wohl nicht nur die offiziellen Regeln im Wege stünden...

Das Addieren von Punkten – hier liegt Jackie Stewart in der »Ewigen Bestenliste« mit 360 Punkten vorne – bringt uns also ebensowenig weiter, wie das Aufzählen der Titel, wo Fangio es auf einsame fünf (!) Weltmeisterschaften bringt, oder die Zahl der pole-positions, die den unvergessenen Jim Clark mit 33 Trainingsbestzeiten an der Spitze sieht. Auf der Suche nach den Größten können und dürfen diese Zahlen, Tabellen und Skalen der Statistiker nur als Anhalt, als nacktes Gerippe gesehen werden. Wie oft schon sind Piloten, von den Strapazen des Rennens gezeichnet, erschöpft ihrem Wagen entstiegen und sprachen vom »schwersten Rennen ihrer Karriere«, und das, obwohl sie abgeschlagen unter »ferner liefen« ins Ziel kamen! Und auch der Ausspruch des Grand Prix-Siegers »So leicht wie heute war's noch nie!« war weit öfter als einmal zu hören.

Die erbrachte sportliche Leistung ist im Automobilrennsport also nur bedingt aus den Ergebnislisten einer Veranstaltung herauszulesen. All' diesen Schwierigkeiten zum Trotz, oder besser unter Berücksichtigung dieser Schwierigkeiten, will ich versuchen, eine Antwort auf diese Frage nach den besten Rennfahrern aller Epochen zu geben. Innerhalb dieser Gruppe der »Drei-Sterne-Fahrer« eine Rangfolge aufstellen zu wollen, erscheint mir unsinnig, deshalb bestimmt das Alphabet die Reihenfolge: Rudolf Caracciola, Jim Clark, Juan Manuel Fangio, Stirling Moss und Tazio Nuvolari.

Rudolf Caracciola, der einzige deutsche Fahrer dieses illustren Kreises, hat sich den Spitzenrang – ähnlich wie seine Standeskollegen – gleich durch eine ganze Reihe von Eigenschaften, Fähigkeiten und Leistungen verdient. Natürlich erfüllte »Caratsch« die Grundbedingung für eine erfolgreiche Karriere als Rennfahrer:

Rudolf Caracciola war Rennfahrer aus Leidenschaft und Überzeugung. Er fuhr die Rennen nicht des Geldes wegen und nicht, um im Rampenlicht zu stehen, er fuhr Rennen, weil er »Benzin im Blut« hatte. Seine Karriere war erstaunlich lang, erfolgreich und vielseitig. Schnell und zeitweise souverän fuhr der Rheinländer mit dem italienischen Namen auf der Rundstrecke wie bei Bergrennen. Er war bei diesen Starts im Grand Prix-Wagen ebenso erfolgreich wie am Steuer der monströsen Sportwagen jener Tage; und auch bei Rekordfahrten stellte er sein Ausnahme-Talent unter Beweis. 149 Siege holte er sich zwischen dem 1. Juni 1922 und dem 20. August 1939. Und wer glauben mag, Caracciolas Erfolge seien die der Firma Mercedes-Benz, der irrt. Als er 1932 zu Alfa Romeo wechselte und für die italienische Marke 17 große Rennen bestritt, brachte ihm das zehn (!) neue Siegespokale nach Hause.

Auch das folgende Jahr sollte für Rudolf Caracciola ein Alfa Romeo-Jahr werden. Gemeinsam mit seinem Freund und Rivalen Louis Chiron gründete er die Scuderia CC. Die Buchstaben standen für die Namen der beiden Fahrer, als Rennwagen des Teams dienten zwei Alfa Romeo »MONZA«. Doch Rudolf Caracciola sollte kein einziges Rennen für die Scuderia CC bestreiten. Der erste Einsatz war für den Großen Preis von Monaco geplant, und als bereits während des Trainings an Caratschs Wagen ein Bremsen-defekt auftrat, konnte auch der Weltklassefahrer das Unglück nicht mehr aufhalten: der Alfa prallte gegen die steinerne Streckenbegrenzung und der Pilot wurde mit schwersten Oberschenkelverletzungen ins Krankenhaus gebracht. Der Unfall geschah im April 1933. Erst Mitte Juli 1934, 15 Monate nach dem Monte-Crash, gab Rudolf Caracciola sein Comeback – auf dem neuen Mercedes-Benz-Rennwagen. Caracciola litt zu diesem Zeitpunkt noch unter starken Schmerzen, und es ist erstaunlich, daß er sich nicht scheute, den fahrerisch äußerst anspruchsvollen Nürburgring als Auftaktren-nen seiner »Zweiten Karriere« auszuwählen.

Tatsächlich gelang es ihm, in einem atemberaubenden Duell mit Auto Union-Werksfahrer Hans Stuck die Oberhand zu gewinnen und nach halber Distanz des Rennens über 500 Kilometer das Feld anzuführen. Daß er dabei den großen Hans Stuck im Karussel außen (!) überholte, während Stuck auf der stark überhöhten Ideallinie am Innenrand der Kurve fuhr, ist ganz nebenbei eines der großartigsten Manöver in der Geschichte des Automobil-rennsports. Caracciola baute die Führung noch aus, doch dann streikte der Motor.

Ich habe dem Unfall und dem Comeback Caracciolas hier soviel Raum gewidmet, weil ich sicher bin, daß nur ein ganz, ganz großer Fahrer zu einer solchen Leistung fähig ist. Caracciola fuhr stets mit Verstand, und sein großes fahrerisches Können erlaubte es ihm oft, das Feld von der Spitze aus zu kontrollieren. Es gibt keine Augenzeugen, die berichten können, er habe die Wagen wild um die Kurse gedroschen. Caracciola fuhr jenen ruhigen, gleichmäßigen, fast behutsamen Stil, der so undramatisch, ja fast langsam auf den Zuschauer am Pistenrand wirkt. Ein Erscheinungsbild, das noch heute, unter den gänzlich geänderten Voraussetzungen, die Top-Fahrer auszeichnet.

Es darf hier auch nicht unerwähnt bleiben, daß Caracciola als »Regenmei-ster« auf glatten und nassen Straßen unübertroffen war: Sein Feingefühl für den Rennwagen, kombiniert mit einem geradezu unerklärlich guten Sehvermögen erlaubten ihm Geschwindigkeiten, die sich die Konkurrenz nicht zu fahren traute.

Caracciolas Karriere war eng verknüpft mit Alfred Neubauer, dem väterlichen Freund und Mercedes-Benz-Rennleiter – eine erfolgreiche und langjährige Verbindung, wie sie auch die Laufbahn des Schotten Jim Clark, des zweiten Fahrers meiner kleinen »Top-Five« prägte.

Bei Clark war es die Zusammenarbeit mit Colin Chapman, »Mr. Lotus«. Bei allen Formel 1-WM-Läufen, die Clark zwischen 1960 (Großer Preis von Holland) und 1968 (Großer Preis von Südafrika) bestritt, sah man ihn am Steuer eines Lotus – vom uralten »Frontmotorschreck« Lotus 18 mit Gitterrohrrahmen über den revolutionären Lotus 25 bis zum Lotus 49, der noch bis 1970 eingesetzt wurde.

Clark wurde 1963 und 1965 Weltmeister. In den Jahren 1962, 1964 und 1967 verpaßte er den Tittel nur knapp. 33 mal, also in nahezu jedem zweiten seiner 72 WM-Einsätze, fuhr er die schnellste Trainingszeit, 25 mal siegte er. Um für derartige »Traumwerte« das richtige Verständnis zu finden, sei ein Vergleich gestattet. Hans Stuck jr., der Sohn des Vorkriegsstars, bestritt in seiner Formel 1-Zeit 74 WM-Läufe. Dem langen Grainauer sein großes Talent absprechen zu wollen, wäre wohl aberwitzig. Dazu kam eine vortreffliche Ausbildung zum Rennfahrer unter der Regie des einst so erfolgreichen Vaters. So war der Junior gerade 14 Jahre alt, als eigens für ihn die Nordschleife des Nürburgrings gesperrt wurde – »Striezel« wurde am Steuer eines BMW 700 Coupé in die Hohe Schule des Autofahrens eingewiesen . . .

Für diesen Hans Stuck jr. mit seinen »Bilderbuchvoraussetzungen« sprangen als beste F-1-Plazierungen zwei dritte Plätze heraus. 74 Rennen und zweimal so gerade auf dem Treppchen. Ich schreibe das nicht, um zu zeigen »Sehen Sie, so schlecht ist Stuck«, denn Stuck ist ein sehr guter Fahrer. Es soll nur gezeigt werden, wie schwierig es ist, einen Grand Prix zu gewinnen bzw. wie sensationell gut dieser Jim Clark war.

Eine Episode, die sich im Jahr 1962 zutrug, sei hier stellvertretend für die zahllosen großartigen Rennen, die Jim Clark fuhr, erzählt. Ort des Geschehens war die Nordschleife des Nürburgrings. Die Rede ist vom »alten« Ring, jener Strecke, die Jackie Stewart Jahre später »Grüne Hölle« titulieren sollte. Also nicht der Kurs, der heute (abgesehen vom abgerissenen Start- und Ziel-Bereich und der Südkehre) noch erhalten ist. Was wir heute von der Nordschleife sehen, ist der Ring in seiner Form nach dem großen Um- und Ausbau 1970/71. Wie eingreifend dieser Ausbau tatsächlich war, macht ein Ausspruch von Jacky Ickx deutlich. Als der Belgier 1971 nach Abschluß der Bauarbeiten seine ersten Runden in der Eifel drehte, meinte der Nürburgring-Enthusiast enttäuscht: »Da habt ihr ja eine Champs Elysées durch die Eifel gebaut.«

1962, als der Ring noch in Ordnung war, stand am 27. Mai das ADAC-1000 km-Rennen auf dem Programm. Eintausend Kilometer, das sind 44 Runden.

Am Start waren die Favoriten aus Maranello (Ferrari) und Zuffenhausen (Porsche) und, in der großen Schar der Mitläufer, der Lotus 23 mit der Startnummer 84. Jim Clark und Trevor Taylor wollten sich am Steuer des kleinen, offenen Wagens mit dem schwachen 1,5-Liter-Motörchen ablösen. Clark übernahm die Startphase, den ersten turn. Als das Feld aus der ersten Runde zurück zu Start und Ziel kam, führte Clark zum Erstaunen des Publikums mit einigen hundert Metern Vorsprung. Nach der zweiten Runde lag der Schotte bereits auf der Gegengeraden, als der Zweitplazierte, Dan Gurney, gerade die Zeitnahme passierte: 30 Sekunden Vorsprung.

Was auf Fachleute und Fans zuerst wie ein unwirkliches Strohfeuer wirken mußte, entpuppte sich im weiteren Rennverlauf als echte Überlegenheit. Eine Überlegenheit, die sicherlich nicht durch den Lotus 23 erklärt werden kann: ein 1,5-Liter-Ford-Motor mit Chapman'schem Zylinderkopf, ein deutsches Fünfgang-Getriebe und äußerst biedere 100 PS Leistung – der Gedanke an technische Überlegenheit darf wohl vernachlässigt werden. Und als das kleine offene Rennauto mit der Startnummer 84 nach drei Runden gar eine ganze Minute zwischen sich und den besten der Verfolger legen konnte, war allen klar: hier ist einer der ganz Großen der Lenkrad-Virtuosen am Werk. Doch die Sensation des Clark-Sieges blieb aus. Als nach einem Viertel der Renndistanz die Bremsen nachließen, das Getriebe eigene Vorstellungen der richtigen Gang-Wahl entwickelte und der Pilot unter den Abgasen litt, die einer defekten Auspuffanlage entwichen, geriet die »84« im Streckenabschnitt »Hocheichen« aus der Kontrolle des Fahrers, der den unfreiwilligen Abgang zum Glück unverletzt überstand. Eine der großartigsten Demonstrationen fahrerischer Überlegenheit fand damit nach elf Runden und wenigen Kilometern ihr Ende.

Jim Clark jedoch blieb noch bis zum 7. April 1968 der Maßstab im internationalen Automobilrennsport, bis zu jenem Tag, an dem er in den Trümmern eines Lotus 48 (Formel 2) auf dem Hockenheimring tödlich verunglückte.

Bei Juan Manuel Fangio, den sie »el Chueco«, den Krummbeinigen, nannten, reicht vielleicht tatsächlich die nüchterne Statisktik zur Qualifikation aus. Fünfmal war der Argentinier Fahrerweltmeister. 1951, 1954, 1955, 1956 und 1957 sammelte er die meisten Punkte. Ganz anders als die relativ bzw. absolut markentreuen Fahrer Caracciola und Clark, fuhr Fangio für fast alle großen Rennställe seiner Zeit. Nachdem er 1950 knapp geschlagen »nur« Vizeweltmeister wurde, holte er sich im folgenden Jahr seinen ersten Titel am Steuer eines Alfa Romeo. 1954 stand das Comeback von Mercedes-Benz nach 14jähriger Grand Prix-Abstinenz an. Mit dem völlig neu konstruierten Typ W 196 wollten die Untertürkheimer an die großen Vorkriegserfolge anknüpfen.

Alfred Neubauer, wie zu Caracciola's Zeiten Rennleiter bei Mercedes, nahm Fangio in sein Team auf. Als sich herausstellte, daß der W 196, den es

in der stromlinienverkleideten Version »Monza« und der Variante »Nür-
burgring« geben sollte, nicht fristgerecht ausgereift sein würde, wurde der
Argentinier zu Saisonbeginn an Maserati ausgeliehen. Fangio sollte in Form
bleiben und erste Punkte für die WM sammeln. In den Großen Preisen von
Argentinien und Belgien blieb Fangio auf Maserati Sieger. Da er in Belgien
auch die schnellste Runde des Rennens drehte, was nach den damaligen
Regeln einen Zusatzpunkt brachte, kam die Leihgabe Fangio mit 17 WM-
Punkten nach Reims, als Mercedes am 4. Juli anläßlich des Grand Prix des
ACF debütierte. Fangio siegte auch in Reims, und als am Saisonende addiert
wurde, war »el chueco« mit 42 Zählern Weltmeister vor seinem Landsmann
Gonzalez, der es auf 25 Punkte brachte.

   1955 verteidigte Fangio seinen Titel erfolgreich auf Mercedes-Benz. Nach
diesem Erfolg zog sich Mercedes vom Grand Prix-Sport zurück. Zwölfmal
waren die Silberpfeile eingesetzt worden – nur dreimal reichte es nicht zum
Sieg! 1955 im Großen Preis von England in Aintree belegte Mercedes mit
Moss, Fangio, Kling und Taruffi sogar die ersten vier Plätze. Die eineinhalb
Jahre Grand Prix-Sport im Zeichen des Untertürkheimer Sterns gingen als
das »Mercedes-Diktat« in die Geschichte des Rennsports ein. Der unterdessen 44jährige Fangio fühlte sich jedoch zu jung, um Helm und Brille an den
legendären Nagel zu hängen, sah sich nach einem neuen Arbeitgeber um und
fand ihn in Enzo Ferrari.

   Dank der erwähnten Unterstützung des jungen Briten Peter Collins wurde
Fangio auf Ferrari zum viertenmal Weltmeister, wechselte wieder die Marke
(Maserati) und holte sich seinen fünften Titel. Im folgenden Jahr ließ der
Championissimo seine Karriere dann langsam ausklingen und verabschie-
dete sich mit Einsätzen im GP von Argentinien von seinem heimischen
Publikum und im GP des ACF in Reims von seinen europäischen Anhän-
gern. Fangio fuhr 51 WM-Läufe, siegte 24 mal, stand 27 mal auf der pole-
position und sage und schreibe 48 mal in der ersten Startreihe!

   Ganz anders als bei dem zur Legende gewordenen Fangio liegen die Dinge
bei Stirling Moss, der vierten Ausnahmeerscheinung, die in diesem Kapitel
vorgestellt wird. Ganz anders, weil Stirling Moss die großen Titel versagt
blieben. Stirling Moss, für viele auch heute noch die Personifizierung des
Motorsports, war niemals Weltmeister. Er ist eine Art ungekrönter König
unter den Rennfahrern. Fahrer wie Mike Hawthorn oder Phil Hill haben es
zwar zu Weltmeisterehren gebracht und waren – das steht außer Frage –
großartige Rennfahrer, doch einem Vergleich mit Moss können sie nicht
standhalten. Moss war ein Kämpfer, er nahm jede – noch so aussichtslos
erscheinende – Herausforderung an.

   Alfred Neubauer holte den jungen Engländer 1955 zu Mercedes. Er hatte
Moss 1954 beobachtet und bot ihm den lukrativen Vertrag bei Mercedes an,
obwohl es Moss im Verlauf der Saison mit seinem Maserati nur auf
kümmerliche vier Punkte gebracht hatte. Vier Punkte holten 1954 auch

Fahrer wie Robert Manzon oder Sergio Mantovani, aber Neubauer entschied sich für Moss, und Neubauer traf selten falsche Entscheidungen.

Empfohlen hatte sich Moss, der die 54er Saison auf einem grün-rot lackierten Maserati 250 bestritt, während des deutschen Grand Prix' auf dem Nürburgring. Mit einer Zeit von 10:00,7 Minuten stellte Moss, der Privatfahrer, sein Auto auf den drittbesten Startplatz – eine hervorragende Leistung, die er im Rennen bis zu seinem Ausfall bestätigen konnte.

Moss schlug alle großen Fahrer während seiner langen Karriere zwischen 1948 und 1962, und wenn er nie Weltmeister wurde, dann vielleicht auch deswegen, weil er sich niemals sonderlich darum bemühte, das beste Material zu bekommen. Seine Extraklasse auch auf schwächeren Autos unter Beweis zu stellen, schien ihm, dem Kämpfer, mehr Befriedigung zu geben, als auf absoluten Top-Wagen an den Start zu gehen.

Am 23. April 1962 stürzte Moss während des Glover-Trophy-Rennens in Goodwood schwer. Knapp dem Tode entronnen, brauchte er ein ganzes Jahr der Rekonvaleszenz, um sein Können wieder in einem Rennwagen zu testen: am 1. Mai 1963 wollte Moss in Goodwood überprüfen, ob er noch »der alte« ist. Er war es nicht. Mit den Worten: »Ich bin zwar noch voll konkurrenzfähig, werde aber nicht mehr die Leistungen bringen können, die ich gewohnt bin«, begründete der Perfektionist seinen Rücktritt, obwohl ihm eine inoffizielle Bestzeit gelungen war.

Stirling Moss, der über seinen »Nachfolger« Jim Clark sagte: »Der einzige Fahrer, den ich fürchte«, hatte selbst ein ähnliches Kompliment mit auf den Weg bekommen. Als Moss 1949 mit einem lächerlich kleinen Zweizylinder-Cooper-Rennwägelchen ein Rennen am Gardasee bestritt und zum Erstaunen der anfangs amüsierten Tifosi hinter zwei Ferrari den dritten Rang im Gesamtklassement belegte, da meinte kein geringerer als Tazio Nuvolari zu Basil Cardew vom Daily-Express: »Halten Sie diesen Mann im Auge. Er wird einer von den ganz Großen.«

Nuvolari, der in der Branche als »Erfinder« des four-wheel-drift, des kontrollierten Rutschens über alle vier Räder in der Kurve, gilt, ist die Nummer Fünf in der Handvoll der Ausnahme-Fahrer. Wie Rudolf Caracciola gehörte Tazio Nuvolari der Fahrergeneration an, die zwischen den beiden Weltkriegen ihre großen Erfolge feiern konnten.

Nuvolari, klein von Gestalt und von seinen Freunden Nivola genannt, wurde am 16. November 1892 in Castel d'Ario bei Mantua geboren. Er bestritt zwar schon 1920 sein erstes Autorennen, doch war er eigentlich zu diesem Zeitpunkt noch Motorradrennfahrer. Bis ins Alter von 38 Jahren trat Nuvolari auf zwei und vier Rädern an, dann widmete er sich ausschließlich dem Wagensport. Wie Moss liebte der Patriot Nuvolari den Kampf in Fahrzeugen vaterländischer Produktion. 1947 meldete er einen 1,1-Liter-Cisitalia für die 1000 Meilen von Brescia und führte mit diesem kleinen schwachen Wagen das Feld lange Zeit an. Im Ziel war er Zweiter. Unvergessen auch sein Sieg im Kampf um den Großen Preis von Deutschland 1935 auf dem Nürburgring. Auf einem 3,2-Liter-Alfa Romeo gab er den kompletten Werkteams von Mercedes-Benz und Auto Union das Nachsehen. 1938 und 1939 fuhr der »Sohn des Teufels«, wie ihn die italienischen Fans nannten, Werkswagen der Auto Union. Auf dem für ihn ungewohnten und schwierig zu fahrenden Heckmotorwagen kam der kleine Italiener erstaunlich schnell zurecht und gewann drei bedeutende Rennen für die Sachsen.

Von den 130 Autorennen, die Nuvolari beenden konnte, gewann er 70. 16 mal landete er auf Platz Zwei und neunmal auf dem dritten Rang. Die Herzen der Zuschauer eroberte er sich aber nicht nur durch diese Erfolge. Verehrt wurde er auch wegen seines draufgängerischen Fahrstils – Nuvolaris Fahrtechnik kannte Risiken, die für fast jeden seiner Konkurrenten Unfälle zur Folge gehabt hätten.

Am 11. August 1953 starb Nuvolari nach langer schwerer Krankheit. Bis wenige Jahre vor seinem Tod war er seinem Sport treu geblieben. Für viele ist Nuvolari der größte Fahrer aller Zeiten. Sicherlich hat er seine Epoche entscheidend geprägt und für viele Jahre war Motorsport = Nuvolari. Heute erinnert ein Denkmal in Mantua an Nivola.

Das ist meine Top-Five, und ich höre jetzt die Fragen nach Achille Varzi, Bernd Rosemeyer, Guy Moll, Hermann Lang, Alberto Ascari, Jochen Rindt, Jean-Pierre Wimille, Robert Benoist, Louis Chiron, Giuseppe Campari, Graham Hill, Jack Brabham, Jacky Ickx, Jackie Stewart, Ronnie Peterson, Emerson Fittipaldi, Niki Lauda, Gilles Villeneuve und wahrscheinlich einigen anderen mehr.

Ich habe sie alle in Betracht gezogen und bin zu dem Ergebnis gekommen, daß Caracciola, Clark, Fangio, Moss und Nuvolari die größten sind – eine subjektive Antwort auf eine Frage, auf die es keine objektive Antwort geben kann.

Porträts im Rückspiegel

GP-PILOTEN, DENEN SEIT 1972 MINDESTENS EIN GP-SIEG
GELANG, DIE ABER NICHT MEHR AKTIV SIND.

Jackie Stewart
Aller guten Dinge sind drei

Sein Markenzeichen war der weiße Sturzhelm mit dem Schottenmuster-
Band in den Farben seines Clans. Der Mann mit dieser auffälligen Kopfbedeckung bestritt zwischen 1965 und 1973 insgesamt 99 WM-Läufe der For-
mel 1. Als er im Herbst 1973 seinen Rücktritt vom aktiven Grand Prix-Sport
mit den Worten:»As from today I am no longer a racing-driver!« bekannt
gab, konnte er auf eine äußerst erfolgreiche Karriere zurückblicken. Drei
Weltmeisterschaften und 27 Grand Prix Siege – Jackie Stewart hat im GP-
Sport alles gewonnen, was es zu gewinnen gab.
    Als ich ihn das erste mal sah, fuhr der Schotte noch in der Formel 3.
Überlegen siegte er damals im Rahmenrennen zum Großen Preis des ACF in
Rouen am Steuer eines BMC Cooper des Tyrrell-Teams. Doch bevor Stewart
und Tyrrell endgültig zusammenfanden, trennten sich ihre Wege im Jahr
1965 erst einmal.
    Jackie Stewart zog es in die Formel 1, und da ihm sein Entdecker und
väterlicher Freund Ken Tyrrell vorerst in Ermanglung eines eigenen F 1-
Teams keinen Arbeitsplatz in der obersten Klasse des Motorsports anbieten
konnte, nahm Stewart ein Angebot von BRM an und ging als Sekundant von
Graham Hill zu den »Dunkelgrünen aus Bourne«. Stewart war bei BRM
willkommener Ersatz für den Amerikaner Richie Ginther, der sich dem
jungen Honda-Team angeschlossen hatte, dem er noch im selben Jahr den
ersten Grand Prix-Sieg bescheren sollte. Bevor Stewart jedoch in den BRM
kletterte, bestritt er sein erstes Formel 1-Rennen für keinen geringeren als
Colin Chapman, den Lotus-Chef. Lotus-Stammfahrer Jim Clark hatte sich
bei einer Schneeballschlacht in den Dolomiten verletzt und Chapman
verpflichtete Stewart als Ersatzfahrer für den Rand-Grand Prix in Südafrika.
Es war natürlich nicht dieser – durchaus nützliche – Probegalopp, der
Stewart anschließend auf der Strecke von East London so gut aussehen ließ,
sondern sein Ausnahme-Talent: als Sechster kam Stewart bei seinem ersten
WM-Lauf in die Punkte.
    Damit unterstrich der junge Schotte, der für seine erste F 1-Saison von
BRM ca. 38 000 DM »Gage« kassierte (eine Summe, für die er später nicht

19

einmal das Fahrerlager betreten hätte), daß er den richtigen Beruf gewählt hatte. Im Ziel lag er zwei Runden hinter dem Sieger zurück, doch es sollten nur wenige Jahre vergehen, bis es Stewart selbst war, der vornweg fuhr.

Es ist sehr aufschlußreich, Stewarts erste WM-Saison genauer unter die Lupe zu nehmen. Dem sechsten Rang im südafrikanischen East London folgte ein dritter Platz im Zwergstaat Monaco. In Spa und Clermont-Ferrand kam er sogar als Zweiter ins Ziel. Die Welt des Grand Prix-Sports hatte ihre Sensation. Schließlich darf man nicht vergessen, daß mit Ginther, Hill, Clark, Gurney, Spence, Surtees, McLaren, Bandini, Brabham und einigen anderen durchaus schnelle Männer unterwegs waren.

In Silverstone reichte es dann »nur« zum fünften Platz, bevor er in Zandvoort schon wieder, als Zweiter, auf dem Treppchen stand. Diese fast unglaubliche Serie von sechs Punkt-Plazierungen in den ersten sechs WM-Läufen fand ihr Ende erst auf dem Nürburgring. Zwar verblüffte Stewart in der Eifel Konkurrenten, Fachleute und Fans durch eine Trainingszeit von unter 8 m 30 s – nur Clark fuhr schneller um die Burg-Ruine –, im Rennen aber kam das schnelle »Aus« durch einen Defekt an der Radaufhängung. Doch das deutsche Publikum sollte seine Stewart-Auftritte der Extra-Klasse noch erleben.

Als wollte er sich für seine erste Nichtplazierung »rächen«, holte er sich schon im nächsten WM-Lauf seinen ersten Sieg. Auf der Hochgeschwindigkeitspiste von Monza, auf der er 1969 seinen ersten Weltmeistertitel sicherstellen sollte, feierte er seinen ersten Grand Prix-Sieg, den ersten von insgesamt 27. Die 65er-Saison ging mit den Rennen in Watkins Glen und Mexiko City zu Ende, und obwohl Stewart in beiden Läufen keine Zielflagge sah, wurde der neue Star mit 33 Zählern hinter Jim Clark und Graham Hill WM-Dritter.

Doch selten verläuft die Karriere eines großen Fahrers geradlinig, und wer dachte, wenn dieser Stewart in seinem ersten Formel 1-Jahr schon Dritter wird, dann reicht's im zweiten Jahr vielleicht schon zum Titel, der hatte sich getäuscht. Stewarts zweite Saison im Grand Prix-Sport verlief ganz anders als erwartet. 1966, das war das erste Jahr der neuen Formel 1. Nach fünf Jahren der 1,5-Liter-Formel (Sauger) hatte sich die CSI (Vorläuferin der heutigen FISA) zu einer neuen Rennformel entschlossen, die Autos mit 3-Liter-Saugmotor oder 1,5-Liter-Turbomotor erlaubte. Mit leichten Korrekturen, die die Hubräume nicht betreffen, ist diese Formel bis heute gültig. Wie träge das neue Reglement von den schlecht vorbereiteten Teams angenommen wurde, wird deutlich, wenn man bedenkt, daß das Publikum erst im September 1967 in Monza das erste reinrassige 3-Liter-Feld zu sehen bekommen sollte. Bis zu diesem Zeitpunkt halfen sich viele Teams mit diversen Interimsmotoren aus, deren Hubräume zwischen 2000 und 2700 cm^3 lagen. Der erste Turbo, heute gar nicht mehr wegzudenken, tauchte erst im zwölften Jahr der Formel auf.

20

Saisonauftakt des Jahres 1966 war der Große Preis von Monaco. Mit sieben der 16 startberechtigten Wagen stellten die echten 3-Liter-Boliden nicht einmal 50 Prozent des Feldes. Aller Anfang ist schwer. Tatsächlich war es dann auch eins der 2-Liter-Autos, das im Ziel vorne lag: Jackie Stewart auf BRM. Insgesamt sahen übrigens nur vier Fahrer die Zielflagge.

Als erster Mann im Zwischenklassement reiste Stewart nach Spa, wo am 12. Juni 1966 einer der denkwürdigsten WM-Läufe aller Zeiten ausgetragen wurde. Auf dem ultraschnellen Ardennenkurs, der damals schon Runden-Durchschnittswerte von über 230 km/h zuließ, waren die 3-Liter-Wagen natürlich die großen Favoriten. Um so mehr Beachtung fand die Trainings-leitung Stewarts, der sich am Steuer seines 2000-ccm-BRM in die erste Startreihe fahren konnte. Dabei war der Schotte nur 3,5 Sekunden langsa-mer als John Surtees (3-Liter-Ferrari). Zum besseren Verständnis für diese 3,5 Sekunden: der Kurs von Spa-Francorchamps hatte damals eine Länge von 14,1 Kilometern und war damit gut dreimal so lang wie eine Durch-schnittstrecke unserer Tage.

Nach unfallfreiem Training verlief auch der Start ohne Zwischenfälle, doch was dieses Rennen rückblickend zu einem Wendepunkt im modernen Autorennsport machte, ereignete sich noch im Verlauf der ersten Runde. Dem Feld der 15 Wagen kam nämlich mit scharfer Front ein schwerer Platzregen entgegen und am Ausgang der Burnenville-Kurve kam es zur »Kollision«. Völlig unvorbereitet fuhr der noch dichte Wagenpulk mit annähernd 230 km/h vom trockenen auf den nassen Asphalt. Auf der rutschigen Piste verloren sieben der 14 noch im Rennen befindlichen Piloten (Clark war bereits mit technischem Defekt ausgefallen) die Kontrolle über ihre Autos und mußten aufgeben. Zum Glück gab es mit Jackie Stewart nur einen einzigen Verletzten.

Die Ursache hierfür lag wohl in dem Umstand, daß es keinen konzentrier-ten Unfallort gab, sondern eine mehrere Kilometer lange Unfallzone von der Burnenville-Kurve bis hinter die Maldmedy-Kurve. Ein Massenabgang auf engstem Raum hätte sicherlich ernstere Konsequenzen für die Fahrer gehabt. Die »Sieben Aufrechten«, die heil aus der ersten Runde zurück-kamen, beendeten übrigens ohne weitere Ausfälle das Rennen.

Aber zurück zu Stewart: Er zog sich seine Verletzungen zu, nachdem er sich mit seinem BRM einige Male gedreht hatte und sich dann – mit dem Heck in Fahrtrichtung – in einen Graben überschlug.

Mit gebrochenem Schlüsselbein, einer angebrochenen Rippe und schmerzhaften, inneren Blutergüssen lag der Schotte eingeklemmt in dem BRM-Wrack. Zusätzlich unangenehm und gefährlich zugleich wurde die mißliche Lage des unglücklichen Fahrers durch auslaufendes Benzin – ein Zaunpfahl hatte den noch fast vollen Tank leck geschlagen. Bange Minuten vergingen, bevor Stewart aus seinem gefährlichen Gefängnis befreit werden konnte. An diesen Bergungsarbeiten beteiligte sich auch sein Team-

Gefährte Graham Hill, der sich unweit der Unfallstelle gedreht hatte und den unfreiwilligen Stop nutzte, um seinem Sekundanten beizustehen. Der Krankenwagen, der Stewart anschließend ins Krankenhaus von Verviers transportierte, wurde offenbar von einem ortsunkundigen Chauffeur gelenkt. Auf großen Umwegen über holprige Kopfsteinpflaster-Sträßchen dauerte es unnötig lange, bis das Krankenhaus erreicht war. Man stelle sich nur vor, es wäre bei diesem Transport um Leben und Tod gegangen...

Die Vorfälle vom 12. Juni 1966 machten Stewart jedenfalls sehr nachdenklich, und der Schotte entwickelte sich in der Folgezeit zum großen Sicherheits-Apostel der Formel 1.

Spa 1966, das war die große Wende im Sicherheitsdenken. Nichts sollte anschließend mehr so sein, wie vorher. Eine der ersten Maßnahmen des Schotten war die Montage eines Schraubenschlüssels, den sich der vorsichtig gewordene Mann mit Klebeband am Lenkrad befestigte. Das kleine Werkzeug sollte ihm oder herbeigeeilten Helfern bei einem eventuellen Sturz die Demontage des Lenkrades leichter machen, um so einen breiteren Fluchtweg aus dem Wagen zu schaffen. Jahre später sollte diese Entwicklung des Sicherheitsdenkens mit dem Bannstrahl der Aktiven für so ruhmreiche Rennstrecken wie Reims, Rouen, Clermont-Ferrand, Montjuich, Spa und dem Nürburgring ihren Höhepunkt finden.

Stewart fand bei seiner Suche nach Schwachstellen im Sicherheitssystem der Grand Prix-Veranstaltungen schnell zwei Helfer in seinen Kollegen Joakim Bonnier und Jochen Rindt. Die Arbeit dieses Triumvirats der ersten Stunde setzten später, mit weiterreichender Zielsetzung, die Fahrer James Hunt, Emerson Fittipaldi und Niki Lauda fort. Diese drei dehnten ihre Forderungen weit über die ursprünglichen Pläne der 60er Jahre aus.

Ging es Stewart und seinen Mitstreitern noch darum, möglichst sichere Pistenbegrenzungen (keine Gräben oder harte Hindernisse am Außenrand der Kurven) zu fordern, so attackierte die zweite Generation der Sicherheitsbesorgten bereits die Streckenführungen einzelner Kurse. Kurven wurden begradigt, Pisten verbreitert, Höhenunterschiede ausgeglichen – der Grand Prix-Sport wandelte sich im Verlauf eines fast zehnjährigen Prozesses vom Straßen- zum Bahnsport. Auch wenn dies von Stewart selbst sicherlich nicht gewollt war, so waren seine Aktivitäten, die er als Lehren aus seinem Spa-Unfall zog, doch der Stein, der diese epochale Veränderung ins Rollen brachte.

Doch diese Entwicklung ging sehr sehr schleppend voran und Stewart wollte zunächst einmal gesund werden. Tatsächlich waren seine Verletzungen »halb so schlimm«, und in Silverstone war er am 16. Juli 1966 schon wieder dabei. Doch nicht nur die vom Sprit verätzte Haut und die Knochen hatten heilen müssen, auch psychisch mußte der Schotte den Spa-Unfall wegstecken. Er machte die Erfahrung, daß der Körper weit schneller gesunden kann als die Seele, denn zunächst lief es bei Stewart nicht so glatt wie vor Spa. Im Endklassement der Weltmeisterschafts-Wertung tauchte der Dritte des Vorjahrs mit 14 Punkten als Siebter auf.

1967 ging es dann noch schlechter. Dabei waren die Voraussetzungen zu Saisonbeginn mehr als vielversprechend. Stewart war als Fahrer wieder »der alte« und bei BRM war er jetzt erster Mann, nachdem Graham Hill zurück zu Lotus gewechselt hatte. Doch das BRM-Projekt eines H-16-Zylinders mit 3 Liter Hubraum erwies sich als Schlag ins Wasser und Stewart fand sich bei Saisonende mit zehn Punkten als WM-Neunter wieder. Das für einen Stewart katastrophale Ergebnis – das sich als schlechtestes seiner neunjährigen Karriere herausstellen sollte – hatte aber sein Gutes. Denn, durch Erfolge in der Formel 2 ermuntert, wollte die französische Firma Matra ihr Glück in der Grand Prix-Klasse versuchen. Der eigene 12-Zylinder-Motor war zwar noch nicht rennreif, doch da die Franzosen keine Zeit verlieren wollten, bestückten sie ihr Fahrgestell mit einem Cosworth-Motor. Als offizieller Bewerber des französisch-britischen Boliden trat »Matra-International« auf, Chef dieser Equipe war Ken Tyrrell – Stewarts Team-Chef aus alten Formel 3-Tagen. Für Tyrrell war es natürlich ein leichtes, Jackie Stewart als Fahrer zu gewinnen, nachdem dieser bei BRM eine so erfolglose Saison verbracht hatte.

Das Matra-Projekt war so sehr »auf Rand genäht«, daß das MS 9-Fahrgestell unlackiert in Kyalami eintraf, wo am 1. Januar 1968 mit dem Großen Preis von Südafrika die Saison eröffnet wurde. Für eine Neukonstruktion lief der plump aussehende Wagen mit der Startnummer 16 überraschend gut: Erste Startreihe für Stewart mit der drittbesten Trainingszeit hinter seinem entfernten Verwandten Jim Clark und Exteam-Gefährten Graham Hill aus den ersten Jahren bei BRM.

Stewart gelang der beste Start, und der Schotte führte das Feld durch die erste Runde. Anschließend lag er lange auf Rang 2, bis ein Motorschaden seiner Fahrt ein Ende machte – trotz des Ausfalls ein vielversprechender Auftakt für Matra, Tyrrell und Jackie Stewart. Ken Tyrrell und Jackie Stewart sollten sechs lange Jahre zusammenbleiben und in jedem zweiten dieser Jahre den WM-Titel holen. Aber was im Rückblick so leicht aussieht, war ein hartes Stück Arbeit.

Bevor sich die besten Rennfahrer der Welt am 12. Mai 1968 zum WM-Lauf der Saison auf dem Circuito Permanente del Jarama, 27 Kilometer nördlich des Zentrums von Madrid, trafen, erlebte die Welt des internationalen Automobilrennsports eine finstere Stunde: Am 7. April verunglückte der Weltmeister der Jahre 1963 und 1965, Jim Clark, bei einem Formel 2-Rennen auf dem Hockenheimring tödlich. Niemand wollte begreifen, daß einer der ganz großen Lenkradvirtuosen in einem zweitklassigen Wagen, während eines zweitklassigen Rennens, auf einer zweitklassigen Piste sein Leben lassen mußte. Die Unfallursache blieb bis heute ungeklärt, doch die Fachwelt ist sich einig, daß die Katastrophe auf einen Defekt an Clarks Wagen zurückzuführen ist. Ein Fahrfehler des Piloten ist mehr als unwahrscheinlich. Kurz vor seinem Tod hatte Clark die Frage englischer Journalisten nach seinem Urteil über die umgebaute deutsche Rennstrecke mit nur einem Wort beantwortet: »Ridiculous!« – »Lächerlich!«

Mit Jacky Ickx, Jochen Rindt, Chris Amon und Jackie Stewart boten sich gleich vier Fahrer an, den Kampf um das Erbe Jim Clarks anzutreten.

Doch noch bevor in Spanien der nächste WM-Lauf gestartet wurde, hatte Stewart – fast genau zwei Jahre nach seinem unangenehmen Erlebnis in Spa – erneut Pech und brach sich ein Handgelenk. Stewart konnte in Spanien nicht starten, wo mit nur dreizehn Teilnehmern eines der schwächsten Startfelder der letzten Jahre versammelt war, und mußte auch Monaco auslassen. Rückblickend darf man wohl die Behauptung aufstellen, daß diese Zwangspause Jackie Stewart den Titel gekostet hat.

Der Schotte tauchte erst in Spa wieder auf und hätte dieses Rennen fast gewonnen, wenn er nicht kurz vor dem Ziel mit Spritmangel und anschließendem Batterieschaden eine ganze Runde verloren hätte. Aber schon im nächsten Rennen, auf der Piste des holländischen Seebades Zandvoort, schlug der Invalide Stewart voll zu. Den Arm mit der noch nicht ausgeheilten Bruchverletzung in einer stabilisierenden Manschette, gab Stewart eine eindrucksvolle Demonstration seiner Spezialdisziplin: Dem extrem schnellen Bewegen von Formel 1-Rennwagen unter denkbar schlechten Witterungsverhältnissen.

Doch der weitere Saisonverlauf sollte zeigen, daß der total verregnete GP-Lauf von Zandvoort nur ein harmloses Vorspiel zu dem WM-Lauf war, der in puncto Schlechtwetterrennen völlig neue Maßstäbe setzte. Da man nicht hoffen darf, daß unter derart extremen Bedingungen in unserer Zeit ein Grand Prix überhaupt noch einmal gestartet würde, kann man in diesem Zusammenhang wohl von *dem* Schlechtwetter-Grand Prix der WM-Geschichte sprechen. Petrus ist die Auswahl des Schauplatzes für diesen »Streich« wahrscheinlich gar nicht sonderlich schwer gefallen. Denn nur der Nürburgring mit seinen Waldpassagen, seinen Berg- und Talabschnitten war eine würdige Kulisse für diesen Jahrhundert-Grand Prix.

Der Start war an jenem denkwürdigen 4. August 1968 für 14 Uhr vorgesehen. Doch weder die Aktiven noch die Rennleitung hatten zunächst Lust, das Rennen freizugeben. Schwerer Regen ging nieder und im Bereich der höher gelegenen Streckenabschnitte herrschte dichter Nebel. Trotz dieser ungünstigen Umstände hatten sich 200 000 Zuschauer versammelt. Dieser großartigen Ansammlung wasserdichter Fans wurde zunächst einmal eine Solorunde Jokim Bonniers geboten – im Pkw der Rennleitung. Der Wahlschweizer schwedischer Herkunft wollte alle Steckenabschnitte genau in Augenschein nehmen, um das Sicherheitsrisiko abzuwägen. Niemand beneidete Bonnier um seinen verantwortungsvollen Job. Nach einer kurzen Diskussion bei Start und Ziel entschloß man sich, den Start freizugeben.

Offenbar durch die lange Wartezeit genervt – es war unterdessen kurz vor drei – versagten die mit der Startprozedur betrauten Funktionäre völlig. Dabei leisteten sie sich den gröbsten Schnitzer, als sie zwischen dem Signal »Motoren anlassen« und der Startfreigabe zuviel Zeit verstreichen ließen: Einige der lebenswichtig auf den kühlenden Fahrtwind angewiesenen Hochleistungsmotoren kochten über. Jo Siffert, der Schweizer, und Exweltmeister John Surtees waren die prominentesten Fahrer, die das Rennen mit dieser heißen Hypothek aufnehmen mußten.

Die Rundenzeiten, die in diesem Rennen erzielt wurden, sind die unbestechlichen Indikatoren für Nässe und Nebel. Für das Wochenende hatte man allgemein den Sturm der Acht-Minuten-Grenze erwartet, nachdem im Vorjahr Jim Clark mit 8,04 Minuten im Training dieser Schallmauer bereits überraschend nahe gekommen war. Tatsächlich fuhr der Sieger dann eine beste Rundenzeit von 9,36 Minuten. Was diese Zeit wert war, die bereits zwölf Jahre vorher erreicht worden war, wird deutlich, wenn man den Vorsprung des Siegers im Ziel betrachtet: Vier Minuten und drei Sekunden Vorsprung! Und das vor keinem geringeren als Graham Hill.

Der »Supermann«, der an jenem 4. August 1968 auf dem Nürburgring seine Gegner und das Wetter schlug, war Jackie Stewart. Und diese eindrucksvolle Demonstration fahrerischen Könnens gab der Schotte bei einem Rennen mit einer Durchschnittsgeschwindigkeit von nur 142,7 Stundenkilometern. Einer der Beweise dafür, daß die absolute Geschwindigkeit bei einem Autorennen, auch einem hochklassigen Autorennen, nur von nebensächlicher Bedeutung ist. Es zählt einzig und allein die relative Geschwindigkeit. 250 km/h können das reinste Schneckentempo sein, und Tempo 120 in der Kurve X des Kurses Y ist vielleicht schon jenseits von Gut und Böse.

Stewart nahm zwar neben Ruhm und Ehre auch neun Weltmeisterschaftspunkte mit, als er die nassen Eifelwälder verließ. Doch zum Titelgewinn reichte es trotz eines weiteren Sieges, im US-amerikanischen Watkins Glen, nicht. Den WM-Titel sicherte sich Graham Hill, der auch 1962 die meisten Punkte gesammelt hatte. Genau wie Stewart holte sich der schnauzbärtige Brite 1968 drei Siege. Daß mit den Großen Preisen von Spanien und Monaco auch die beiden Rennen auf Hills Siegliste standen, bei denen Stewart verletzungsbedingt passen mußte, zeigt deutlich, wie sehr der Ausgang dieser Weltmeisterschaft auf des Messers Schneide stand.

Den 1968 so knapp verpaßten Titel gewann Stewart im folgenden Jahr. Dabei blieb er Ken Tyrrell treu, der ihm mit dem Matra-Ford MS 80 einen neuen Wagen anbieten konnte. Dieser Wagen, technisch der Chapman-Kreation Lotus 49 ähnelnd, bot seinen Piloten, Jackie Stewart und Jean-Pierre Beltoise, gleich zwei Erfolgsgarantien: hohes Tempo und außergewöhnliche Zuverlässigkeit.

25

Stewart, endlich einmal mit optimalem Wagenmaterial ausgerüstet und nicht durch Verletzungspech gehandicapt, beherrschte die Grand Prix-Szene im »Jahr 1 nach Jim Clark« scheinbar nach Belieben. Von den ersten acht Läufen der Saison gewann der entfesselt fahrende Schotte sechs! Nur in Monte Carlo, wo in jenen Tagen Graham Hill »Hausrecht« genoß, und auf dem Nürburgring, wo Stewart am 3. August kein Mittel fand, Jacky Ickx zu halten, wurde er nicht als Erster abgewinkt. Bei den drei Übersee-Rennen zu Saisonende in Kanada, den USA und Mexiko, klappte es dann zwar nicht mehr so recht. Aber seinen ersten WM-Titel hatte Stewart zu diesem Zeitpunkt sicher in der Tasche: Die Sektkorken knallten bereits in Monza.

Dem Grundsatz »never change a winning team« konnte Ken Tyrrell nicht treu bleiben, als er die Saisonvorbereitungen für 1970 traf. Im F 1-Stall des kanadischen Holzhändlers standen Veränderungen ins Haus. Matra hatte den eigenen 12-Zylinder-Motor endlich zur Rennreife entwickelt und wollte Tyrrell nur dann weiter mit Fahrgestellen beliefern, wenn dieser bereit war, das hauseigene Antriebsaggregat zu verwenden. In der Hoffnung, das Fahrgestell-Problem schon irgendwie lösen zu können, wählte Tyrrell den Ford-Cosworth und gab Matra einen Korb.

Tyrrells und damit auch Stewarts Fahrgestell-Sorgen begegnete das Team auf zwei Wegen. Um aktionsfähig zu bleiben, kaufte das Team zuerst einmal das Chassis des Branchenneulings March. March Engineering Ltd., so der offizielle Firmenname, ist das Kind der vier namensgebenden Männer Max Mosley, Alan Rees, Graham Coaker und Robin Herd. Im April 1969 gegründet, trat die junge Firma zunächst mit einem Formel 3-Prototyp mit der Bezeichnung 693 an. Für 1970 bot March der werten Kundschaft dann Formel 1-, Formel 2-, Formel 3-, Formel-Ford-, US-Formel-B- und CanAm-Wagen zum Kauf an. Im Grand Prix-Sport wurde ein Werksteam mit Chris Amon und Jo Siffert als Piloten eingesetzt. Kundenautos gingen an Tyrrell, die Antique Automobiles Ltd. (Fahrer: Ronnie Peterson) und die STP Oil Treatment Corporation (Fahrer: Mario Andretti).

Den Fahrgestell-Weg Nummer 2 beschritt Tyrrell zunächst im Geheimen. Wie eine militärische Geheimwaffe gegen alle Außenstehenden abgeschirmt, entstand ein team-eigenes Tyrrell-Chassis. Die Präsentation dieses Wagens, einen Tag nach dem Großen Preis von Österreich, überraschte Fans wie Fachleute. Der »Hammerhai«, wie das Auto wegen der eigenwilligen Frontspoiler-Konstruktion genannt wurde, die an den furchterregend aussehenden Knorpelfisch erinnerte, wurde mit Vorschußlorbeer überhäuft. Seine Zähne sollte der Hammerhai jedoch erst im folgenden Jahr zeigen. Die »verkorkste« 70er Saison – Stewart siegte nur in Spanien – rettete der Tyrrell-Ford nicht mehr, doch stand er bei seinen drei Einsätzen jeweils in der ersten Startreihe und deutete damit sein schlummerndes Leistungsvermögen bereits an. Den WM-Titel mußte der Schotte aber an seinen

Busenfreund Jochen Rindt abgeben, der die Saison bis zu seinem tragischen Sturz in Monza beherrschte.

1971 holte sich wieder Stewart die meisten Punkte. Wie 1969 war er sechsmal Erster und im Schlußklassement stand er mit beinahe doppelt soviel Zählern zu Buche wie Vizeweltmeister Ronnie Peterson.

Dafür, daß die angestrebte Titelverteidigung anschließend nicht gelang, gibt es zwei Erklärungen. Zum einen schienen in jener Epoche die geraden Jahre den Lotus-Piloten zum Titelgewinn vorbehalten zu sein, und wem dies als Begründung nicht stichhaltig erscheint, der sei an das Stewart'sche Zwölffingerdarm-Geschwür erinnert, das den Schotten 1972 quälte. Weltmeister wurde jedenfalls der Brasilianer mit dem seltsamen Namen Emerson Fittipaldi. Ein Name, der recht schnell zu einem Qualitätsbegriff in der Szene werden sollte. Mit dem Jahr 1973 kam das letzte Jahr der Ära Stewart. Daß er für den Herbst seinen Rücktritt plante, war zunächst nur seinen engsten Freunden bekannt.

Da Stewart der Branche als PR- und Pressemann treu bleiben wollte, erschien dem nüchtern denkenden Geschäftsmann ein Rücktritt auf dem Höhepunkt der Karriere ratsam. Deshalb war der Weltmeistertitel sein erklärtes Saisonziel. Diesem Vorhaben stellte sich Titelverteidiger Fittipaldi zunächst massiv in den Weg. Bei »Halbzeit« führte Stewart das Zwischenklassement mit einem Pünktchen Vorsprung auf den Brasilianer an. Der Durchbruch des Schotten gelang erst in der zweiten Saisonhälfte, nicht zuletzt weil sich der Titelverteidiger in Zandvoort beide Fußknöchel verstauchte, als er im Training mit 200 km/h in die Leitplanken prallte.

Aus dem großartigen Saisonfinale sollte nichts werden. In Watkins Glen wollte Stewart mit seinem einhundertsten Grand Prix seinen letzten WM-Lauf bestreiten. Doch das Schicksal wollte es ganz anders. Während des morgendlichen Samstagstrainings kam Stewarts Team-Gefährte Francois Cevert im Streckenabschnitt »Esses« von der Ideallinie ab und überschlug sich. Der Wagen stürzte mit hoher Geschwindigkeit auf die Leitplanken – der im Cockpit angeschnallte Fahrer wurde buchstäblich zerschnitten. Der junge Franzose starb einen schnellen, aber grausamen Tod. Stewart und Chris Amon, der auch für Ken Tyrrell fahren sollte, verzichteten auf eine Teilnahme am Rennen. Wenige Tage später gab der dreimalige Weltmeister Jackie Stewart auf einer Pressekonferenz seinen Rücktritt vom aktiven Rennsport bekannt.

Noch Jahre später sollte an allen großen Rennstrecken der Welt Applaus aufbranden, wenn sich Stewart dem Publikum zeigte. Als fachkundiger Beobachter, Repräsentant großer Firmen und TV-Reporter in amerikanischen Diensten ist der zierliche Mann mit dem Silberblick »seinem Sport« treu geblieben.

Denis Hulme
Der Bär

Denis Clive Hulme, ist einer der drei großen neuseeländischen Grand Prix-Fahrer. Mit 102 WM-Läufen, die er zwischen 1965 und 1974 bestritt, gehört er dem kleinen elitären Kreis derer an, die mehr als einhundert Große Preise fuhren.

Diese 102 Formel 1-Meisterschaftsrennen machen aber allein noch nicht die Karriere des Neuseeländers aus. Vielseitig wie kaum ein anderer Spitzenfahrer der 60er und 70er Jahre startete Hulme auch in der Formel 2, der CanAm-Serie und in Indianapolis, wo er es zum »rookie of the year« – zum besten Neuling des Jahres – brachte. Und auch am Steuer von Sport-Prototypen zählte er zu den Männern, die für den Sieg in Frage kamen. Er war fast immer in den Diensten von Teamchefs, die selbst vom anderen Ende der Welt stammten: Jack Brabham, dem Australier, und Bruce McLaren, dem eigenen Landsmann. Dabei war es »Black« Jack Brabham, der den talentierten Antipoden in Europa salonfähig machte. Behutsam baute der Australier die Karriere seines Schützlings auf. Über die Formel-Junior (1963) und die Formel 2 im folgenden Jahr bereitete er den am 18. Juni 1936 geborenen Hulme auf die Formel 1 vor.

Nach ebenso sporadischen wie erfolgreichen F 1-Einsätzen bei Grand Prix-Rennen ohne WM-Status, gab es dann 1965 die ersten WM-Starts. Sechsmal fuhr Hulme 1965 um Punkte, mal als dritter Mann im Brabham-Team neben dem Chef und Dan Gurney, mal verzichtete Brabham auf das Rennen und setzte zwei Autos mit Gurney und Hulme ein. Bei Saisonende stand der neue Fahrer aus Neuseeland, der sich aufgemacht hatte, in die Fußstapfen Bruce McLarens und Chris Amons zu treten, mit fünf Punkten in den Tabellen. Das sah nicht gerade nach »Bäume ausreißen« aus, doch auf keiner anderen Strecke als dem Nürburgring hatte der immerhin schon 29jährige »Schüler« seinen Lehrmeister im Training bereits hinter sich gelassen.

1966 gab es dann den Formel-Wechsel von der 1,5 zur 3 Liter Formel. Brabham mußte sich, wie viele andere Team-Chefs auch, nach einem neuen Motorenlieferanten umsehen, denn Serien-Ausrüster Climax (40 mal in das Siegerauto eines WM-Laufs installiert!) zog sich aus dem Grand Prix-Geschäft zurück. Jack Brabhams Wahl fiel auf einen ungewöhnlichen Motor: den Repco V 8–3 Liter. Dieser Motor des australischen Motorzubehör-Herstellers Repco basierte auf einem Achtzylinder V 90°-Leichtmetallmotorblock von General Motors. Der Motor leistete ca. 320 PS, was auch im Jahr 1966 nicht gerade überwältigend viel war. Ferraris neuer 12-Zylinder hatte zum Vergleich 370 PS – 50 PS mehr.

Doch Kraft allein ist auch im Grand Prix-Sport nicht entscheidend. Die rückblickend für das Rennjahr 1966 so charakteristische Unzuverlässigkeit

28

der Wagen – mangelnde Vorbereitungzeit mag hierfür die Hauptursache gewesen sein – betraf jedenfalls nicht die Boliden der Brabham-Racing-Organisation.

Gegenüber dem Vorjahr war das Team auf ein »normales« Zwei-Mann-Team geschrumpft. Dan Gurney hatte Jack Brabham verlassen, um seinen eigenen Rennstall, die All American Racers, zu gründen. Brabham und Hulme, die beiden Piloten von »down under«, fuhren die dunkelgrünen Rennwagen mit der goldfarbenen Schnauze. Von Konkurrenten und Beobachtern etwas belächelt, machte sich das Team mit den namenlosen, schwachen Motoren ans Werk.

Nun ist das mit dem Lächeln so wie mit dem Lachen selber – wer zuletzt lacht, lacht am besten. Als man zu Saisonende 1966 die Punkte addierte, kamen die Lacher jedenfalls vom fünften Kontinent: Jack Brabham war Weltmeister und Sekundant Hulme, dank drei dritten und einem zweiten Platz WM-Vierter. Rico Steinemann, einer der führenden Motorsport-Journalisten, gruppierte Hulme aufgrund dieser Leistung gemeinsam mit Stewart, Hill, Gurney und Bandini in eine »Qualitätsgruppe« ein, und bescheinigte Hulme: »...er fährt bereits sehr schnell und sehr mit Kopf!« Beides erfolgversprechende Eigenschaften. Wie erfolgversprechend, das sollte er 1967 beweisen.

Das Saisonauftaktrennen 1967 holte sich Pedro Rodriguez auf BRM in Südafrika. Dann gastierte der Grand Prix-Zirkus im Fürstentum Monaco. Der Mittelmeer-Klassiker ging damals noch über die traditionelle Distanz von 100 Runden. Keiner der 16 Startberechtigten durfte sich der Hoffnung hingeben, diese brutale Distanz vor Ablauf von zweieinhalb Stunden zurückgelegt zu haben. Brabham und Hulme (beide Brabham-Repco), Lorenzo Bandini auf Ferrari und der Honda-Pilot John Surtees bildeten die beiden ersten Startreihen. Alle vier hatten Autos mit echten 3 Liter-Motoren. Die britischen Elite-Fahrer Hill und Stewart standen weiter hinten auf dem Startplatz – ihnen standen als Antriebsquelle nur die Übergangsaggregate von BRM mit 2000 cm^3 Hubraum zur Verfügung.

Lorenzo Bandini beendete zur Begeisterung der zahlreichen italienischen Fans die Startrunde als Erster mit deutlichem Vorsprung auf seine Verfolger Hulme, Stewart und Surtees. Das Feld war bereits wieder in Richtung Casino unterwegs, als Jack Brabham seinen Wegen waidwund an die Boxen schleppte – Motorschaden. Für die folgenden Runden übernahm kein geringerer als Denis Hulme, der den Vorjahrswagen von Jack Brabham steuerte, die Spitze. Blitzstarter Bandini hatte ihn und auch Jackie Stewart passieren lassen müssen. Im Verlauf der sechsten Runde tauschten die beiden Spitzenreiter die Plätze: Stewart, mit dem 2 Liter-Auto, vor Hulme und Bandini, der alle Mühe hatte, John Surtees in Schach zu halten. Hulme übernahm die Spitze von Stewart kampflos im Verlauf der fünfzehnten Runde: das Differential an Stewarts BRM hatte den Dienst quittiert. Das

Rennen verlor an Spannung und in der Reihenfolge Hulme, Bandini, McLaren schien man sich an der Spitze über die Plazierung einig geworden zu sein. Daran änderte sich erst in der 70. Runde etwas, als McLaren Probleme mit der Zündung bekam und seinen »Stammplatz« an den Boxen stehend verlor.

Das Finale wurde eingeläutet. Doch 30 Runden vor Ende des Rennens schien Lorenzo Bandini, dem Zweitplazierten, die Kondition auszugehen. Dem Italiener fehlte offensichtlich die Kraft, den entscheidenden Angriff auf Denis Hulme zu fahren. Im Gegenteil: der Abstand vergrößerte sich stetig. Bis zur 81. Runde wurden aus den ursprünglich knapp zwölf Sekunden Rückstand mehr als 20. Zuschauer wollen gesehen haben, daß Bandini in dieser Phase immer wieder kleine Fahrfehler unterliefen. Als Bandini zum 82. Mal in diesem Rennen die Schikane anbremste, geschah die Katastrophe. Nach zwei Stunden Gratwanderung bei 125 km/h Durchschnittsgeschwindigkeit verlor der Italiener den Halt. Das rechte Hinterrad des Ferrari mit der Startnummer 18 streifte die Holzbarriere und der erschöpfte Pilot verlor die Kontrolle über den Boliden.

Aber anders als bei Alberto Ascari 1955 oder bei dem Autralier Paul Hawkins zehn Jahre später endete Bandinis Schleuderfahrt nicht mit einer »weichen Landung« im Yacht-Hafen der Spielermetropole. Bevor er das rettende Wasser erreichte, stoppten ein Poller und ein Lichtmast Bandinis Ferrari, die beiden linken Räder wurden abgerissen, der Wagen überschlug sich, fing Feuer und blieb, den Piloten im Cockpit unter sich begrabend, liegen. Es vergingen beinahe fünf Minuten, ehe die überforderten Streckenposten Herr der Flammenhölle wurden und den ausgeglühten Wagen mit Seilen umdrehten. Bevor der leblose Körper des Italieners endlich geborgen werden konnte, loderten noch einmal die Flammen auf. In hoffnungslosem Zustand wurde Bandini in das Hospital von Monte Carlo gebracht. Nach zwei Tagen des Bangens gaben die behandelnden Ärzte am Mittwoch ein erstes Bulletin heraus, das von einer leichten Besserung des Befindens sprach. Aber Bandini starb noch am selben Tag.

Als er wenige Tage später auf dem kleinen Greco-Friedhof am Stadtrand von Mailand beigesetzt wurde, versammelten sich nach offiziellen Angaben der Polizei rund 100 000 Trauergäste, um von Lorenzo Bandini Abschied zu nehmen. So kam es, daß der erste Grand Prix-Sieg von Denis Hulme von der Öffentlichkeit kaum registriert wurde. Zum einen war es der Schock und die Trauer über das Schicksal Lorenzo Bandinis, zum anderen die neu – im wahrsten Sinne des Wortes – entflammte Diskussion über die Sicherheit der Grand Prix-Piloten, welche die Gemüter der Insider wie die Schlagzeilen der Presse beherrschten. Tatsächlich legte der Neuseeländer mit dem »vergessenen Sieg« im monegassischen Grand Prix den Grundstein zum Gewinn des WM-Titels 1967. Kaum jemand hatte Hulme als ernsthaften Titelaspiranten ins Kalkül gezogen. Und es war natürlich noch ein Weg durch eine harte Saison. Noch standen neun Wertungsläufe im Terminkalender.

Als nächstes galt es, sich in den Dünen des holländischen Seebades Zandvoort durchzusetzen. Seit Ende der 40er Jahre existiert dort eine 4,2 km lange Rennstrecke. Passagen wie die Tarzanbocht, die Rechtskehre am Ende der Start- und Zielgeraden, Scheiflak oder Bos uit sind den Fans aus aller Welt längst feste Begriffe. Geplant und angelegt wurde der anspruchsvolle Kurs, dessen Fundamente aus Bunkertrümmern der Zeit des Zweiten Weltkriegs bestehen, von Jan Hugenholtz. Derselbe Spezialist übrigens, der in den 60er Jahren die belgische Grand Prix-Strecke von Zolder konzipierte.

Zandvoort erlebte im Laufe der Jahre einige interessante Premieren im F 1-Sport. 1962 sah man dort z. B. den ersten Rennwagen in Schalenbauweise und, um den Bogen zur Gegenwart zu schlagen, 1983 wurde in Zandvoort erstmals der langersehnte Porsche-Turbomotor eingesetzt. Auch 1967, im Jahr des Denis Hulme, feierte man in Zandvoort Premiere. Mit dem Ford-Cosworth-Motor debütierte das bis heute erfolgreichste Antriebsaggregat der WM-Geschichte. Um die großartige »Karriere« dieses Motors zu verdeutlichen, sei angemerkt, daß de Angelis' Sieg in Österreich 1982, der 150. Sieg eines Wagens mit Cosworth-Motor in einem WM-Lauf war. Diese Zahl gewinnt noch an Bedeutung, wenn man berücksichtigt, daß die nächstplazierten Motoren in der »ewigen Bestenliste« zu diesem Zeitpunkt Ferrari (84 Siege), Climax (40), BRM (18) und Alfa Romeo (12) waren.

Zunächst war dieser Motor exklusiv Colin Chapman's Lotus Team vorbehalten. Und so waren es die Fahrer Graham Hill und Jim Clark, die Fordgepowert den holländischen Grand Prix in Angriff nahmen. Die Sensation war perfekt, als Graham Hill den Lotus mit dem neuen Motor auf die pole position stellte. Doch es sollte noch toller kommen. Als das Rennen nach 90 Runden abgewinkt wurde, war es Jim Clark auf Lotus-Ford, dem die schwarz-weiß karierte Flagge als erstem gezeigt wurde. Der Grand Prix-Sport hatte eine historische Stunde erlebt.

Um 2,1 Sekunden von Teamchef Jack Brabham geschlagen, kreuzte Monaco-Sieger Denis Hulme als Dritter die Ziellinie. Spa brachte für Hulme einen Ausfall, doch dann gab es in Folge zwei zweite Plätze, einen Sieg auf dem Nürburgring und einen weiteren zweiten Rang. Das brachte 27 zusätzliche WM-Punkte auf Hulmes Konto, der Grundstein für den Titelgewinn war gelegt. Es ist interessant, daß Denis Hulme, der dann von 1968 bis zum Ende seiner Karriere 1974 für McLaren an den Start ging, an diesen frühen Triumph nie mehr so recht anknüpfen konnte. Der Neuseeländer, 1960 bei seinen ersten Starts in Europa noch belächelt, weil er barfuß in seine Rennwagen kletterte, gewann zwar sechs weitere WM-Läufe, doch zum Titelgewinn oder zur Vizeweltmeisterschaft reichte es nicht mehr. Zwei dritte Ränge im WM-Schlußklassement 1968, in seinem Jahr als amtierender Weltmeister, und 1972 beweisen aber, daß der Neuseeländer immer ein ernstzunehmender Fahrer blieb. Ein erster Platz im Großen Preis von Argentinien 1974 zeigt, daß er auch im letzten Jahr seiner zehnjährigen F 1-Karriere noch in der Lage war, jeden Fahrer im Startfeld eines WM-Laufs zu schlagen.

Jacky Ickx
Der verhinderte Weltmeister

Jim Clark hatte im Training seine schnellste Runde in 8:04,1 Minuten gedreht. Eine schier unglaubliche Zeit, wurde sie doch auf der Nordschleife des »Rings« gefahren – im Jahr 1967! Der österreichische Motorsport-Journalist Helmut Zwickl umschrieb den Ritt am Rande des Abgrunds damals mit den überzeugenden Worten: »Erdgebundenes Fliegen!« Jacky Ickx, der Belgier mit dem Kindergesicht, war am selben Tag zehn Sekunden langsamer gefahren, und doch war er der heimliche Held der Trainingssitzung. Warum? Ganz einfach: Jim Clarks Lotus hatte den Cosworth-Motor mit 3 Liter Hubraum im Heck eingebaut – Ickx' Matra diente ein 1,6 Liter-Cosworth-Motörchen als Antriebsquelle.

In jenen Tagen der quantitativ schwachen Startfelder im Grand Prix-Sport ließ der Veranstalter des Großen Preises von Deutschland auch Formel 2-Wagen zum Start zu, um den Zuschauern entlang der schier endlosen Nordschleife mehr Kurzweil zu bieten. Die »Kleinen« starteten in einem separaten Startfeld gemeinsam mit den »Großen«. Beide Klassen wurden getrennt gewertet, WM-Punkte gab es für die F 2-Piloten nicht. Und jetzt kam dieses Babyface Ickx mit seinem zierlichen Formel 2-Matra daher und stahl allen die Schau, die Rang und Namen in der höchsten Klasse des Motorsports hatten. Auch wenn der Belgier dann am Renntag – sehr zur Enttäuschung des Publikums – seine großartige Fahrt infolge eines Vorder-radaufhängungs-Schadens vorzeitig beenden mußte, Ickx sollte der Mann sein, der in den nächsten Jahren aus belgischer Sicht der Motorsport-Szene neue Dimensionen gab.

Bereits im Herbst desselben Jahres bekam er in Monza einen Formel 1-Wagen angeboten. Mit dem Cooper-Maserati war der junge Mann jedoch nicht ideal bedient, um so größer die Überraschung, daß ihm – mit zwei Umläufen Rückstand auf Sieger John Surtees – der sechste Rang und damit ein WM-Punkt gelang. Natürlich wurden all diese Ausnahmeleistungen von den F 1-Teamchefs aufmerksam registriert und im Transfer-Karussell für die Saison 1968 spielte Jacky Ickx nicht zu Unrecht schon eine der tragenden Rollen. Tatsächlich war es dann Enzo Ferrari, der den Belgier unter Vertrag nahm.

Als Helme noch den Soldaten vorbehalten waren: Rudolf Caracciola, der größte Sohn Remagens

24 Siege bei 51 WM-Starts. Juan Manuel Fangio im Mercedes W196 Typ ›Monza‹.

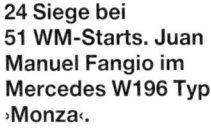

Stirling Moss – bis
heute Synonym für den
Motorsport.

Tazio Nuvolrai, der
›Fliegende Teufel von
Mantua‹.

Oben rechts:

Colin Chapman:
»Nach meinen Unterlagen muß jetzt
ein Lotus kommen.«

Oben links:

Ronnie Peterson Super-Swede.

Haudegen der »alten Art« – Clay Regazzoni.

Samstag, 8. Mai 1982, Zolder: Die Kehrseite der Medaille.

Jochen Mass –
PS auch in den
Oberschenkeln.

Lohn der Angst. Watson (Mitte), Lauda und Arnoux auf dem Treppchen.
Long Beach 1983.

Oben: Computer unter sich. Niki Lauda und Monitor mit Trainings-zeiten.

Links: Detroit, 5. Juni 1983: Letzter Sauger-Sieg? Alboreto auf Tyrrell.

Drachenflug in den Rollstuhl. Patrick Depailler verläßt das Kranken-haus.

Der Sieger mit dem Lausbuben-Blick. Didier Pironi legt im Augen-blick des Triumphs sein poker-face ab.

Und wo ist die Handbremse? Jacky Ickx' comeback im Ligier · Laffite gibt Ratschläge.

Riccardo Patrese – Durchbruch im Monte-Thriller.

Spezialisten als Erfolgsgaranten: Nelson Piquet als Pilot, Paul Rosche als Motorengenie und Gordon Murray als Fahrwerks-Fachmann.

Der alte Fuchs Ferrari, der es niemals bei seiner Personal-Politik an einer deftigen Portion Psychologie fehlen ließ, wollte mit dieser Verpflichtung sicherlich zwei Fliegen mit einer Klappe schlagen! Zum einen hatte er der Konkurrenz den hoffnungsvollsten Nachwuchsfahrer weggeschnappt, zum anderen wollte er wohl auch seinem Stamm-Piloten Chris Amon Beine machen. Chris Amon, der Neuseeländer, war sicherlich einer der talentiertesten Fahrer dieser Tage, doch wurde man nie so recht den Eindruck los, daß er nicht bereit war, seine letzten Reserven zu mobilisieren. Und es ist eine alte Rennleiter-Weisheit, daß auf einen Fahrer kaum etwas so stimulierend wirkt, wie ein starker Konkurrent im eigenen Team. Jacky Ickx spielte diese Rolle des Jägers noch weitaus besser als erwartet. Während es ein »genervter« Chris Amon 1968 nur auf zehn WM-Punkte brachte, holte sich der unbelastete »Mann der Zukunft«, Jacky Ickx, 27 Zähler und damit den vierten Rang im Schlußklassement der Weltmeisterschaft. Zu diesem Zeitpunkt schien der Gewinn des Titels nur eine Frage der Zeit zu sein.

Mit dem Erfolg im Großen Preis von Frankreich feierte er im selben Jahr auch seinen ersten Grand Prix-Sieg. Das Rennen auf dem 6,5 km langen Circuit Rouen les Essarts in der Normandie stand allerdings unter einem äußerst ungünstigen Stern. Nachdem das Rennjahr 1968 bis dahin bereits den Fahrern Jim Clark, Mike Spence und Ludovico Scarfiotti das Leben gekostet hatte, ereilte das Schicksal in Rouen einen weiteren Piloten. Zunächst hatte während des Trainings der Engländer Jacky Oliver noch seine Schutzengel-Staffel bemühen können. Bei hoher Geschwindigkeit war dem heutigen Team-Chef von Arrows-Racing ein seltenes Mißgeschick passiert: sein Lotus war in zwei Stücke gebrochen! Wie durch ein Wunder blieb der Fahrer unverletzt. Auf das Rennen mußte er nur deshalb verzichten, weil das Team keinen Reservewagen zur Verfügung hatte.

Das Schicksal hatte an jenem Wochenende noch einen zweiten Pfeil im Köcher. Die Hauptrolle des Dramas, das sich dann am Renntag abspielte, mußte Hondas neueste F 1-Konstruktion, der RA 302, übernehmen. Technisch gesehen, stellte das Auto eine kleine Sensation dar, zeichnete sich der extrem leicht gebaute Renner doch unter anderem durch einen luftgekühlten Motor aus. Honda-Pilot John Surtees hatte das Auto zuvor in Silverstone getestet und – für schlecht befunden. Nach Auffassung des früheren Motorrad- und Automobilweltmeisters waren vor dem ersten Renneinsatz umfassende Abstimmungsarbeiten erforderlich, zu denen vor dem französischen WM-Lauf keine Zeit blieb. PR-Gesichtspunkte veranlaßten Soichiro Honda dann doch zum Einsatz. In Frankreich wurde gerade der kleine Honda-Pkw N 360 auf den Markt gebracht – der Einsatz des revolutionären RA 302 im Grand Prix sollte hierzu eine willkommene flankierende Werbemaßnahme sein. Honda-France übernahm die Verantwortung für das Debüt und als Fahrer wählte man Jo Schlesser.

Der in der Formel 1 recht unerfahrene Schlesser stellte den weißen Wagen neben Vic Elford in die letzte Startreihe. Das Wetter am Renntag, dem 7. Juli, war »heiter bis wolkig«, und als der Start freigegeben wurde, setzte Regen ein. Während an der Spitze des Feldes Jackie Stewart, Jacky Ickx und Denis Hulme für Tempo sorgten, bildeten der 40jährige Schlesser, Jo Bonnier und Johnny Servoz-Gavin das Schlußtrio. Als der Honda-Fahrer dann in der dritten Runde im Anschluß an das schnelle Bergabgeschlängel seinen Wagen für die Rechts-Haarnadel »Virage du Nouveau Monde« anbremsen wollte, geschah es. Plötzlich war der Fahrer nicht mehr Herr der Situation. Ob ein technischer Defekt des unausgereiften Boliden die Ursache für die Katastrophe war oder ob dem Franzosen auf der schmierigen Straße ein Flüchtigkeitsfehler unterlief, wird nie geklärt werden. Der Wagen überschlug sich und ging unmittelbar nach dem Aufprall gegen eine Böschung in Flammen auf.

Die verzweifelten Bemühungen des Sicherheitspersonals, den unglücklichen Piloten zu bergen, schlugen fehl. Das Rennen, das zur Triumphfahrt des alten Haudegens werden sollte, wurde sein letztes. Der Sieg des jungen Jacky Ickx ging in der Trauer um Jo Schlesser unter.

Der Name des Franzosen lebt jedoch bis heute in der Formel 1: Schlessers Freund Guy Ligier verwendet die Initialen des tödlich verunglückten, JS, in Verbindung mit einer Zahl, als Typenbezeichnung für die Wagen seines Teams.

Trotz des großen Erfolges, seine erste komplette Formel 1-Saison als WM-Vierter zu beenden, wechselte Jacky Ickx für die nächste Saison das Team. Der junge Belgier nahm bei Jack Brabham den freigewordenen Platz ein, der durch Jochen Rindts Transfer zu Lotus entstanden war. Nach drei Jahren Vertrauen in den australischen Repco-Motor baute Brabham jetzt auch auf den Cosworth-DFV, der sich immer mehr zum Standard-Aggregat in der Formel 1 entwickelte. Die aus den Jahren 1966 und 1967 bekannte Zuverlässigkeit der Brabham-Rennwagen, die 1968 eher untypisch war, sollte durch die neuen Motoren zurückgeholt werden. Der Entschluß des Belgiers, das »warme Nest« Ferrari gegen den »Sprung ins kalte Wasser«, das vom Pfad des Erfolges abgekommene Brabham-Team, einzutauschen, stellte sich als richtig heraus.

Ickx siegte auf dem Nürburgring und in Kanada, wurde in England und Mexiko Zweiter und holte drei weitere Male Punkte für sich und sein neues Team. Ein zweiter Platz in der Weltmeisterschaft hinter Jackie Stewart war der verdiente Lohn für eine couragierte Saison. Kaum noch ein Experte der Szene, der nicht die Prophezeiung wagte, daß Jacky Ickx der »Weltmeister von morgen« ist. Auch Commendatore Enzo Ferrari, Ickx' Arbeitgeber des Jahres 1968, hatte den Belgier natürlich nicht aus den Augen gelassen und bot ihm erneut einen Vertrag an. Eine Ehre ganz besonderer Art für den jungen Fahrer, denn es gibt nur wenige Piloten, die bei Enzo Ferrari eine »zweite Chance« bekamen.

Jacky Ickx ersetzte bei Ferrari den Neuseeländer Chris Amon als Fahrer Nr. 1. Als »Sekundanten« sollte er abwechselnd die Nachwuchspiloten Ignazio Giunti und Clay Regazzoni gestellt bekommen. Die neue »Waffe« des Teams, der Tipo 312 B mit Zwölfzylinder-Flachmotor, war endlich fertiggestellt. Der Ford-Cosworth kam in seine vierte Saison und schien langsam den Höhepunkt seiner Karriere überschritten zu haben. Enzo Ferrari glaubte, für die neue Saison fahrerisch und technisch ausreichend gerüstet zu sein, den Titel nach Maranello zu holen.

Tatsächlich gab es 1970 eine kleine Cosworth-Krise, und bei den Ford-gepowerten Teams gab es immer wieder Engpässe auf dem Motoren-Sektor, weil die Engländer mit dem Service nicht nachkamen. Daß nach 1968 (Graham Hill, Lotus-Ford) und 1969 (Jackie Stewart, Matra-Ford) auch 1970 doch wieder zu einem Ford-Jahr wurde, war auf das Zusammentreffen dreier Umstände zurückzuführen.

Da war einmal die neueste Chapman-Schöpfung, der Lotus 72. Ein genial konstruiertes Auto, das wegweisend für die frühen 70er Jahre des Formel 1-Sports war. Noch im Jahr 1974 sollte der Schwede Ronnie Peterson einen Lotus 72 dreimal zum Sieg in einem Weltmeisterschaftslauf fahren. Zum zweiten war da ein Jochen Rindt, der 1969 in Watkins Glen endlich gelernt hatte, wie man einen Grand Prix gewinnt und dadurch auch zu dem Selbstvertrauen fand, das den schnellen Mann zur Respektsperson für die Konkurrenten machte. Und drittens hatte eben dieser Jochen Rindt, im zweiten Jahr in Chapmans Diensten, von Mai 1970 bis Anfang August desselben Jahres eine geradezu unverschämte Glücksserie, für die das Schicksal allerdings schon sehr bald die Quittung präsentieren sollte.

Jacky Ickx, der 1968 einen Grand Prix gewonnen hatte und 1969 deren zwei, steigerte sich zwar 1970 abermals und wurde in Österreich, Kanada und Mexiko Erster, doch reichte es wieder »nur« zum Titel des Vizemeisters. 1969 von Stewart geschlagen, hatte Ickx 1970 seinen Meister in Jochen Rindt gefunden, der gleich fünfmal siegte – davon viermal hintereinander. Dabei hatte der Österreicher allerdings sowohl in Monte Carlo als auch in Brands Hatch sehr viel Glück nötig, um als Erster abgewinkt zu werden. Das soll Rindts Leistungen keinesfalls schmälern, denn es war das »Glück des Tüchtigen«, das ihm beistand.

In Monaco war der führende Jack Brabham in der letzten Runde des Rennens in der Gasometerkurve in die Leitplanken gerutscht – knapp dreihundert Meter trennten ihn von der Ziellinie ...

Jochen Rindt – zum Zeitpunkt dieses Ausrutschers formatfüllend in Brabhams Rückspiegel – huschte an dem Australier vorbei und siegte. Für »Black Jack«, der seinen Wagen schnell aus den Strohballen rangierte, reichte es noch zum zweiten Platz.

Auch in Brands Hatch, wo Jochen Rindt das Glück zum zweitenmal beistand, war der Australier Jack Brabham der Leidtragende. Wieder lag der damals 44jährige vorne, und wieder geschah das Unerwartete im Verlauf der letzten Runde des Rennens. Mit sich überschlagender Stimme verkündete der Streckensprecher, daß von Stirling's Bend, einen knappen Kilometer vor Start und Ziel, gemeldet wurde, Brabhams Wagen rolle mit abgestorbener Maschine über die Piste. Der Schwung der vermeintlichen Siegesfahrt genügte zwar noch, die Ziellinie zu erreichen, doch bis dahin hatte ihn Jochen Rindt eingeholt und ihn um mehr als 30 Sekunden »abgehängt«. Im Ziel mußte ein tief enttäuschter Jack Brabham feststellen, daß sich kein Tropfen Sprit mehr im Tank seines Autos befand. Der Altmeister hatte in dem Rennen über 80 Runden nicht nur die sorgsam vorausberechnete Treibstoffmenge verbraucht, sondern auch noch eine vorsichtshalber eingefüllte Reserve.

Rindt siegte auch im nächsten Rennen, dem Großen Preis von Deutschland auf dem Hockenheimring, auf den der Grand Prix kurzfristig infolge eines Boykotts der Elite-Fahrer vom Nürburgring verlegt wurde. Damit hatte er 45 Punkte gesammelt, genug für den Titelgewinn, wie sich herausstellen sollte.

Den Premieren-Grand Prix auf dem Österreichring gewann Jacky Ickx. Rindt fiel mit einem Motordefekt vorzeitig aus.

Dann stand der italienische Weltmeisterschaftslauf in Monza auf dem Programm. Als dieses Rennen in den Nachmittagstunden des 6. September gestartet wurde, war Jochen Rindt bereits seit 24 Stunden tot. Während des samstäglichen Abschlußtrainings war Rindts Lotus in der Bremszone vor der Parabolica-Kurve aus der Kontrolle des Fahrers geraten und im Winkel von 30 Grad in die Leitplanken am linken Pistenrand geprallt. Dabei zog sich der unglückliche Fahrer eine schwere Luftröhrenverletzung zu, die kurze Zeit darauf seinen Tod verursachte.

Als Unfallursache nimmt man bis heute einen Bremswellenbruch an, was durch die Aussagen von Denis Hulme erhärtet wurde, der als einziger kompetenter Augenzeuge der Katastrophe gilt.

Das Rennen ging an Clay Regazzoni, zweiter wurde Jackie Stewart. Bei noch drei ausstehenden Rennen räumte man Ickx die größten Chancen ein, dem verstorbenen Österreicher den Titel streitig zu machen. Dafür waren allerdings drei Siege in den Finalrennen der Saison erforderlich.

In Kanada siegte der Belgier. In Watkins Glen mußte er dann aber bereits seine Hoffnungen auf den WM-Titel begraben, als während des Rennens eine Benzinleitung seines Ferrari brach und an den Boxen repariert werden mußte. Trotz dieses Zwangsaufenthalts wurde er noch Vierter, doch das war zu wenig.

Der Sieg im anschließenden mexikanischen Grand Prix, bis heute dem letzten dieses mittelamerikanischen Landes, zeigte, wie nah Ickx tatsächlich dem Titelgewinn war – näher als je zuvor und näher als je danach. Vielleicht hat der Spritleitungsbruch von Watkins Glen Jacky Ickx aber auch vor einer Weltmeisterschaft bewahrt, die ihm wenig Freude bereitet hätte. Durch seine sommerliche Siegesserie, und mehr noch durch seinen tragischen Unfall am 5. September in Monza war Jochen Rindt ohnehin der moralische Weltmeister des Jahres 1970, und in Fahrerkreisen wurde noch in Monza diskutiert, ob man dem Österreicher nicht vielleicht durch freiwillig auferlegte Zurückhaltung posthum zum WM-Titel verhelfen sollte, für dessen Gewinn er schließlich alles gegeben hatte.

Was niemand der Branche ernsthaft in Erwägung gezogen hatte, zeigte sich in den folgenden Jahren: mit den beiden Vizeweltmeisterschaften in den Jahren 1969 und 1970 hatte Ickx den Höhepunkt seiner Formel 1-Karriere bereits erlebt. 1971 und 1972 blieb er in Ferraris Diensten und holte sich in dieser Zeit Siege in den Großen Preisen von Holland (1971) und Deutschland (1972), damit war auch die Zeit der GP-Siege vorüber.

Im Verlauf der 73-er Saison wechselte der Belgier dann mehrfach seine Autos: Ferrari, McLaren, Ferrari und ISO. Hatte es 1971 und 1972 noch zum vierten Rang im WM-Schlußklassement gereicht, gab es im Jahr des Zusammenbruchs der Arbeit mit Ferrari nur noch Rang Neun.

Es sollte noch schlimmer kommen. Noch einmal wollte Ickx das Steuer herumreißen und ging zu Lotus, dem Team, das im Verlauf der 3-Liter-Formel 1 1968, 1970 und 1972 das Auto des jeweiligen Weltmeisters gestellt hatte. Doch Jacky Ickx schloß sich Colin Chapman just in jener Zeit an, als dessen Team von der Straße des Erfolgs abgekommen war. 15 WM-Punkte holte sich der Wunderknabe der Formel 2 vergangener Tage in zwei Jahren bei Lotus. Wer dies, nur wenige Jahre zuvor, sowohl Lotus als auch Ickx prophezeit hätte, wäre wohl von fast allen Kennern der Szene mit einem müden Lächeln bedacht worden. So schnell ändern sich die Zeiten.

Es folgten teils nur sporadisch bestrittene Jahre auf Williams-Ford und Ensign-Ford (1976–1978), in denen jedoch keine Plazierungen in den Punkterängen mehr gelangen.

Wie ist dieser »Abstieg« des Jacky Ickx zu erklären? Die Karriere des Belgiers fiel in eine Umbruchphase des Formel 1-Sports. Zum einen wurde der GP-Zirkus von Jahr zu Jahr professioneller (was Ickx allerdings sicherlich nicht störte), zum anderen wandelte sich die Fahrer-WM vom Straßen- zum Bahnsport. Hier war der Rennfahrer Jacky Ickx schon eher betroffen.

Als die Grand Prix Driver Association (GPDA) 1971 den belgischen Grand Prix-Schauplatz Spa auf den Index setzte, trat Ickx aus Protest aus dieser Vereinigung aus. Als Rennfahrer »alter Art« vertrat er die ehrbare Auffassung, die besten Piloten der Welt hätten sich der Herausforderung jeder Strecke zu stellen. Die »neue Welle«, die Reduzierung aller Schwierigkeiten in puncto Streckenführung, lehnte er ab. Ickx sah sich durch diese

Veränderung um den eigentlichen Reiz seines Sports betrogen, und dies ist sicherlich für einen Motivationsverlust des Belgiers verantwortlich.

Man darf mit ziemlicher Sicherheit annehmen, daß es Jo Siffert und Pedro Rodriguez (beide verunglückten 1971 tödlich) ähnlich ergangen wäre wie Jacky Ickx, wenn sie hätten mitansehen müssen, wie der klassische Grand Prix-Sport demontiert wurde.

Jacky Ickx »flüchtete« sich in jenen Tagen in den Langstreckensport, wo sich die Romantik des Automobilrennsports länger hielt. Tatsächlich fand er im Endurance-Sport eine neue Heimat, die ihm viele große Erfolge bescheren sollte.

Als der Franzose Patrick Depailler 1979 beim Drachenfliegen im Massif Central abstürzte und sich schwer verletzte, holte Teamchef Guy Ligier Jacky Ickx noch einmal zurück in die Formel 1. Auf dem ungewohnten Schürzen-Auto kam er immerhin zweimal in die Punkte und wurde WM-Fünfzehnter. Dann trat er wohl endgültig von der F 1-Bühne ab. Im Langstreckensport brachte er es zum Rekordsieger der berühmten »24 Stunden von Le Mans« und bis heute ist er den zweisitzigen Rennwagen treu geblieben.

Emerson Fittipaldi
Der Senkrechtstarter

Wie in jedem anderen Beruf auch, der Spezialistentum erfordert, kann man auch in der kleinen Gilde der Grand Prix-Piloten zwei verschiedene Kategorien Aktiver unterscheiden.

Da gibt es die »Naturtalente«, diejenigen, denen alles in die Wiege gelegt wurde, was sie zur Ausübung ihres Handwerks brauchen. Dieser kleinen Gruppe der von der Natur bevorzugten gehörten Fahrer wie der Algerier Guy Moll, Bernd Rosemeyer, der große Alberto Ascari, Jim Clark und Gilles Villeneuve an.

Die zweite Kategorie, das sind die Leute mit – sicherlich bemerkenswertem – Grundtalent, die zu Spitzenleistungen aber nur durch zusätzliches hartes Training fähig sind. Obwohl dieser zweite Weg zweifelsfrei der schwierigere ist, stehen die Fahrer, die ihn gehen müssen, in der Gunst des Publikums meist weniger hoch, als ihre Kollegen, denen alles soviel leichter fällt.

Der am 12. Dezember 1946 geborene Brasilianer Emerson Fittipaldi gehört zur Gruppe der Naturtalente. Nachdem er, gemeinsam mit seinem drei Jahre älteren Bruder Wilson, in Brasilien vom Kart bis zum Fittipaldi-Porsche GT die unterschiedlichsten Rennfahrzeuge erstaunlich schnell bewegt hatte, ging er nach Europa. Mit dem Plan, sich einen Formel-Ford zu kaufen, um den europäischen Motorsport von der Pike auf zu lernen, kam er

46

im März 1969 in England an. Er besprach sich mit Frank Williams, »Der einzige, den ich damals in Europa kannte«, und kaufte sich einen Merlyn Mark 11 A.

Sein erstes Rennen in der alten Welt bestritt er 22jährig in Zandvoort. Von diesem Zeitpunkt an sollte es noch 19 Monate dauern und der Grand Prix-Sport hatte in Emerson Fittipaldi einen neuen Namen in den Siegerlisten!

Doch erst einmal brachte ihm sein Europa-Debüt in Zandvoort kein Glück: Zweiter Platz im Training – Motorschaden im Rennen. Es folgten acht Formel-Ford Rennen, die ihm drei Siege brachten und als schlechteste Plazierungen vierte Ränge.

Beeindruckt vom Können des Brasilianers mit dem seltsamen Namen, bot ihm der Rennfahrschulleiter Jim Russel – es war mittlerweile Juni – einen Formel 3-Rennwagen, einen Lotus 59, an. Schon in seinem zweiten Einsatz für Jim Russel besiegte er den alten Formel 3-Hasen Roy Pike, einen Amerikaner, dem von Dan Gurney die Grand Prix-Tauglichkeit attestiert wurde.

Noch im selben Jahr hatte Fittipaldi einen seiner wenigen schweren Unfälle, als er in Brands Hatch den Lotus 59 zu Schrott fuhr. Zu diesem Zeitpunkt war das Talent des Brasilianers bei Insidern bereits soweit anerkannt, daß auch ein solch kapitaler Abgang seinen Ruf nicht mehr gefährden konnte.

Für die folgende Saison, 1970, unterschrieb Fittipaldi einen Vertrag bei Colin Chapman, der Einsätze für die Formeln 3 und 2 vorsah. Chapman war von Fittipaldis Fahrstil derart überzeugt, daß er ihm nach nur einem halben Jahr einen Formel 1-Drive anbot. Für den britischen WM-Lauf in Brands Hatch – dem Kurs der bereits in den Formel-Ford-Tagen des Vorjahres zur Lieblingsstrecke des Südamerikaners geworden war – plante Chapman den Einsatz eines dritten Werkswagens.

Neben den Standard-Piloten Jochen Rindt und John Miles, beide auf Lotus 72, wurde für Fittipaldi ein Lotus 49, Rindts Siegerauto von Monte Carlo, rennbereit gemacht. Am Steuer dieses alten Boliden fuhr der Brasilianer die 21-beste Trainingszeit, bekam während des Rennens Getriebeprobleme – der vierte Gang fiel aus – und belegte trotz dieses Handicaps einen achtbaren achten Rang. Ein Jahr und drei Monate nach seiner Ankunft in Europa hatte der »Niemand aus dem brasilianischen Busch« seine Feuertaufe im Grand Prix-Sport mit Anstand absolviert.

Bereits im nächsten WM-Lauf, dem deutschen Grand Prix in Hockenheim, kam Fittipaldi als Vierter ins Ziel und damit »in die Punkte«. Dabei pilotierte er immer noch den »Oldtimer« Lotus 49 C10, der auch 14 Tage später auf dem neuen Österreichring Fittipaldis Einsatzgerät sein sollte. Von Problemen gebeutelt, kam er auf der Hochgeschwindigkeitspiste, die damals Durchschnittsgeschwindigkeiten von knapp über 200 km/h zuließ, nur auf den letzten Platz. Er brauchte sich deswegen jedoch keine Vorwürfe zu machen: Das Triebwerk in seinem Rücken hatte bereits bei Testfahrten in Silverstone, während des gesamten Brands Hatch-Wochenendes und in Hockenheim seinen kräftezehrenden Dienst versehen...

Unterdessen fest ins Lotus Team integriert, wurde Fittipaldi auch in Monza einer der – damals – rot-weiß-gold lackierten Wagen anvertraut. Erstmals sollte es ein Lotus 72 sein, also ein Auto des Typs, der bisher den Fahrern Nr. 1 und Nr. 2, Jochen Rindt und John Miles, vorbehalten war. Die »Chapmänner« hatten die Fahrgestelle Nr. 4 und Nr. 5 aufgebaut, und jetzt hatten sie genug Wagenmaterial für drei Piloten, auch wenn berücksichtigt werden muß, daß der Lotus 72/4 sofort an den Engländer Rob Walker ausgeliefert wurde, der damals Graham Hill unter Vertrag hatte.

Doch in Monza kam 1970 alles ganz anders als erwartet. Im Abschlußtraining fuhr Jochen Rindt am Samstagnachmittag in den Tod, und in die Welt des – glaubt man dem gängigen Vorurteil – unmenschlichen und abgebrühten Grand Prix-Zirkus zog tiefe Trauer ein. Noch während die Schreckensnachricht, von der Boxenstraße und der Parabolica-Kurve ausgehend, wie ein Lauffeuer um die 5,7 km lange Piste eilte und bei der zweiten Lesmo-Kurve auch den Autor erschütterte, der ungläubig auf einen Irrtum der Übermittler hoffte, bliesen Chapman und Walker zum Rückzug. Die Transporter wurden beladen und befanden sich bereits in der Schweiz, bevor an jenem 5. September die Sonne unterging.

Neben der menschlichen Reaktion war auch Chapmans Erfahrung, die er im Anschluß an den Trips-Unfall 1961 gemacht hatte, für diese »Flucht« verantwortlich.

Wolfgang Graf Berghe von Trips war damals mit dem Engländer Jim Clark kollidiert, und sowohl Clark wie auch Colin Chapman, Clarks Arbeitgeber, hatten langwierige Auseinandersetzungen mit der italienischen Staatsanwaltschaft auszustehen, bevor der Fall »Trips« zu den Akten gelegt wurde.

Fittipaldis vierter Grand Prix-Einsatz wurde also aufgrund äußerst unglücklicher Umstände auf den 4. Oktober – Großer Preis der USA in Watkins Glen – verschoben.

Der kanadische Grand Prix am 20. September 1970 sah keinen Werks-Lotus am Start – der Rindt-Schock mußte erst überwunden werden. Graham Hill, der seinen Lotus 72 in Kanada an den Start gebracht hatte, besorgte sich vor Beginn des Rennens bei Lotus-Konstrukteur Maurice Phillippe neue Bremswellen für die vorderen Bremsen, nachdem der Bruch einer solchen Welle als die wahrscheinlichste Ursache für den Sturz Jochen Rindts in Monza erkannt worden war.

Der amerikanische WM-Lauf am 4. Oktober, jenes Rennen, das Jacky Ickx hätte gewinnen müssen, um seine theoretischen Titelchancen zu wahren, sah dann ein Lotus-Team, das an den Vogel Phönix erinnerte, der aus der Asche auferstanden war. Mit 36 Sekunden Vorsprung auf Pedro Rodriguez (BRM) siegte Emerson Fittipaldi und gerade neun Sekunden hinter dem verwegenen Mexikaner kam Reine Wissel, der Schwede, auf dem zweiten Lotus, ins Ziel. Damit standen zwei Lotus-Fahrer auf dem Treppchen und Jochen Rindt stand endgültig als neuer Weltmeister fest.

Emerson Fittipaldi, der noch vor zwei Jahren nicht mehr als ein nationales Kart-As gewesen war, hatte seinen ersten Grand Prix-Sieg in der Tasche – Wunder gibt es immer wieder. Mit diesem Sieg war natürlich auch klar, wer 1971 bei Lotus Nr. 1 sein würde. Colin Chapman hatte im Herbst 1970 einen Weltmeister verloren und in Emerson Fittipaldi schien er bereits wieder einen neuen Star im Team zu haben.

Mit dem Großen Preis von Mexiko, dem achten und vorläufig letzten der WM-Geschichte, stand nach Fittipaldis Triumph in Watkins Glen das Saison-Finale noch aus. In Mexico City erlebte der junge Brasilianer eines der frustrierendsten Rennen seiner Laufbahn. Zum Siegeshunger, der in dem Südamerikaner schlummerte, hatte sich die Gewißheit gesellt, alle schlagen zu können. Entsprechend groß waren die Erwartungen und entsprechend groß war die Enttäuschung, als ihm während des Trainings in der mexikanischen Höhenluft gleich drei Motoren explodierten. Das vierte Antriebsaggregat, das man für den Rennsonntag montierte, schaffte dann gerade die ersten wenigen Kilometer: Ausfall in der ersten Runde – Motorschaden.

Im Schlußklassement seiner ersten (halben) WM-Saison belegte der Wunderknabe mit zwölf Punkten einen achtbaren zehnten Platz. Jetzt waren nicht nur die Insider sicher, daß man von diesem Fahrer noch viel Gutes hören würde.

Wie erwartet, wurde Fittipaldi für die 71er-Saison erster Mann bei Lotus. Den vor die Tür gesetzten John Miles – ab und zu greift auch ein Colin Chapman daneben – ersetzte Reine Wissel, in dem viele Kenner der Szene einen zweiten Ronnie Peterson zu erkennen glaubten. Aber die erwarteten Siege blieben 1971 aus. Weder Emerson Fittipaldi noch sein skandinavischer Sekundant bekam als Erster die Zielflagge zu sehen. Einige Plazierungen unter den ersten Sechs verhinderten aber eine allzu große Enttäuschung.

In Südafrika und Spanien fiel Fittipaldi aus, dann gab es im verregneten Monte Carlo Platz Fünf und zwei Punkte. Nach dem WM-Lauf am Mittelmeer startete Fittipaldi bei einem Formel 2-Rennen in Crystal Palace. Auf der anschließenden Rückfahrt mit Ehefrau Maria-Helena erlebte er dann, ».. .wie gefährlich der normale Straßenverkehr ist«.

In Richtung Lausanne unterwegs passierte es 30 Kilometer hinter Dijon: ein vorausfahrender Wagen wendete für Fittipaldi völlig unerwartet, nachdem er zuvor mit dem rechten Blinger »angetäuscht« hatte. Auch GP-Sieger Fittipaldi konnte die Kollision nicht mehr verhindern. Der Rindt-Nachfolger bei Lotus brach sich zwei Rippen und zog sich Schnittwunden zu, Ehefrau Maria-Helena ließ zwei Schneidezähne im Fußraum des Wagens zurück.

Der naßkalte Grand Prix in den Dünen Zandvoorts ging ohne den verletzten Fittipaldi über die Bühne, doch in Le Castellet, dem sechsten

Schauplatz eines französischen WM-Laufs, war »Fitti« wieder fit. Ein vierter Platz, den er in Silverstone wiederholen konnte, bewies, daß er tatsächlich wieder »der alte« war.

Nach einem Ausfall in Hockenheim gab er in Zeltweg seine beste Vorstellung der 71er-Saison. Von Jo Siffert (BRM) um 4,19 Sekunden geschlagen, wurde er Zweiter.

Danach klappte allerdings nichts mehr. Achter in Monza, Siebter in Mosport (Kanada) und 19., nach einem Boxenstop, in Watkins Glen. Summa summarum gab es 16 Punkte und Rang Sechs im Schlußklassement der Weltmeisterschaft.

Der Senkrechtstarter schien vom Alltag der Grand Prix-Welt eingeholt zu sein. Auch wenn der Brasilianer seinem Team treu blieb, fuhr er 1972 keinen Lotus mehr. Chapmans Boliden, jetzt in neuer, schwarz-goldener, Farbenpracht lackiert, hörten mit Beginn der neuen Saison auf den Namen »JPS«, John Player Special. Mister Lotus hatte im Sponsorvertrag den Namen seiner Renner gleich mitverkauft.

Reine Wissel, der die in ihn gesetzten Erwartungen nicht erfüllt hatte, war zu BRM gegangen. Neuer zweiter Mann wurde Dave Walker, der sich allerdings ebenso wie seine beiden Vorgänger nur für eine Saison bei Lotus und im GP-Sport halten konnte.

Sportlich begann das Jahr 1972 wenig erfreulich für den Brasilianer, denn im argentinischen WM-Lauf kam nach 60 der 95 Runden das Aus. Mit gebrochenem Längslenker mußte er die Segel streichen. Der bis zum Zeitpunkt des Ausfalls gehaltene dritte Platz bewies jedoch, daß die Kombination Fittipaldi-JPS voll konkurrenzfähig war.

In den nächsten Wertungsläufen kam zum Tempo die Zuverlässigkeit. Fünfmal hintereinander kam er in die Punkte: Drei Siege in Spanien, Belgien und England, zwei zweite Plätze in Südafrika und Frankreich und einmal Dritter in Monaco. Mit dieser tadellosen Serie hatte Emerson Fittipaldi den Grundstein zu seiner ersten Weltmeisterschaft gelegt.

Es gab anschließend zwar nur noch in Österreich und Italien Punkte, doch da er beide Rennen gewinnen konnte und so 18 Punkte kassierte, reichte es zum Titelgewinn. Das Duell gegen Jackie Stewart, dem immerhin auch vier Siege gelangen, ging mit 61 zu 45 Punkten recht deutlich an Fittipaldi. Seine Weltmeisterschaft war die erste für einen Südamerikaner seit Juan Manuel Fangio, und mit 25 Jahren war er der jüngste Fahrerweltmeister, den es je gab. Diesen »Nesthäkchenrekord« hat ihm bis heute niemand nachmachen können – auch wenn Niki Lauda später nicht viel fehlte, diesen Rekord Fittipaldis zu brechen.

Die Freunde des Boxsports kennen die Weisheit: »They never come back.« Damit ist das jahrelang gültige »Gesetz« gemeint, daß Profiweltmeister der Schwergewichtsklasse, sind sie erst einmal entthront, nicht ein zweites Mal Weltmeister werden. Ein ähnliches »Gesetz« gibt es im Grand Prix-Sport. Seit Jack Brabham, der 1960 seinen im vorangegangenen Jahr gewonnenen Titel verteidigen konnte, ist dieses Kunststück keinem Fahrer mehr gelungen.

So ging auch 1973 der Titel nicht wieder an Emerson Fittipaldi, den Titelverteidiger. Doch bewies er im »Jahr danach« durch drei Siege in 15 Läufen, daß er nichts von seiner Motivation verloren hatte. Noch brannte das »brasilianische Buschfeuer« in Fittipaldi, das ihn in so extrem kurzer Zeit von der Basis auf den Weltmeister-Thron gebracht hatte.

Zwei Umstände fallen auf, wenn man nach den Gründen für die mißlungene Titelverteidigung – immerhin wurde Fittipaldi Vizeweltmeister hinter Jackie Stewart – sucht. Zum einen hatte er im Abschlußtraining zum Großen Preis von Holland einen sehr unangenehmen Sturz, der seine Karriere leicht hätte beenden können ... Mit Prellungen davongekommen hatte er zwar Glück im Unglück, doch anderntags reichte die Kraft des von Schmerzen gequälten Champs nur für wenige Runden. Auch eine Woche später auf dem Nürburgring war er noch nicht voll einsatzfähig – ein gesunder Fittipaldi hätte sich mit einem sechsten Rang auf der Jagd durch die Eifelwälder sicher nicht zufrieden gegeben. Zum anderen gab es – gegen Ende der Saison – Unstimmigkeiten im Lotus-Team. In Ronnie Peterson hatte Team-Chef Chapman offenbar einen neuen »Liebling« gefunden, den er bevorzugt behandelte. Für Fittipaldi war es natürlich eine Demütigung, als amtierender Weltmeister den zweiten Fahrer des Teams vor »die Nase gesetzt« zu bekommen und gegenüber diesem benachteiligt zu werden.

Konsequenterweise suchte er sich für 1974 einen neuen Arbeitgeber und fand ihn in Teddy Mayer, dem amerikanischen Rechtsgelehrten, der das McLaren-Team seit dem Tod Bruce McLarens im Juni 1970 allein leitete.

Fittipaldi und Hulme, also zwei Exweltmeister, bildeten 1974 McLarens Haupt-Team. Separat wurde ein drittes Auto – mit eigenem Sponsor – unter Mike Hailwood eingesetzt, ebenfalls einem Exweltmeister – allerdings nicht in der Formel 1 sondern in der Zunft der motorgetriebenen Zweiräder. Die Team-Wahl Fittipaldis sollte sich als richtig herausstellen.

1974, das war das »Jahr 1 nach Stewart« und viele Fahrer wollten in die Fußstapfen des großen Schotten treten. In der entsprechend ausgeglichenen Saison ließen sich nicht weniger als sieben verschiedene Fahrer in die Siegerlisten der 15 WM-Läufe eintragen. So reichte schon ein kleines Stückchen des großen Kuchens aus, um die Mehrheit – die höchste Punktzahl – in Händen zu halten.

Mit nur 55 Punkten, die gleiche Punktzahl hatte ihm im Vorjahr »nur« die Vizemeisterschaft eingebracht, wurde Fittipaldi 1974 zum zweiten Mal Weltmeister. Genau wie er, holten sich auch Carlos Reutemann und Ronnie Peterson drei Siege. Aus diesem Grund, aber auch weil der Brasilianer mehr durch hausbackene Beständigkeit, als durch beherzten Kampf – wie 1972 – auffiel, fehlte seiner zweiten Weltmeisterschaft der Glanz.

Schnell wurden »moralische Weltmeister« ausgerufen. Doch weil sich die verschiedensten mit dem Schicksal hadernden Gruppen nicht einmal einigen konnten, ob nun Clay Regazzoni, Niki Lauda, Ronnie Peterson oder Carlos Reutemann den würdigeren Weltmeister abgegeben hätten, darf man wohl zurecht annehmen, daß der »Richtige« Champion geworden war.

Den Höhepunkt seiner Karriere hatte Fittipaldi allerdings mit dem Saison-Ende 1974 überschritten. Ein weiteres Jahr bei McLaren brachte zwar in Argentinien, und in Silverstone noch einmal zwei GP-Siege, doch sollten dies auch die letzten seiner Karriere sein, die immerhin noch bis Ende 1980 andauerte.

1975 sorgte er dann dadurch für Schlagzeilen, daß er plötzlich zahlreiche Kurse, auf denen er in den Jahren zuvor hervorragenden Sport geboten hatte, aufgrund von Sicherheitsüberlegungen plötzlich für unfahrbar erklärte.

Mit Beginn des Jahres 1976 widmete sich Fittipaldi dann dem Copersucar-Projekt. Erklärtes Ziel war es, als Brasilianer auf einem brasilianischen Rennwagen Weltmeister zu werden. Das hoffnungslose Unterfangen, das in vier Jahren als beste Plazierung einen zweiten Platz brachte (Brasilien 1978), füllte dem lustlos wirkenden Exweltmeister allerdings sicherlich die Taschen mit besten Gagen. Ab 1980, Sponsor Copersucar war entnervt abgesprungen, lief das Auto unter Fittipaldis eigener Regie, ohne daß sich an der Erfolglosigkeit etwas änderte.

Ende 1980 zog sich Fittipaldi dann vom aktiven Sport zurück, blieb der Szene aber als Team-Chef bis in den Herbst 1982 erhalten. Dann verschwand Fittipaldi Automotive klanglos von der Bildfläche und außer in Brasilien wird wohl kaum jemand deshalb sonderlich traurig gewesen sein.

Akuter Geldmangel zwang den Brasilianer im Orwell-Jahr 1984 wieder ins Cockpit. Nachdem allerdings keiner der Formel 1-Bosse Interesse zeigte, unterschrieb Fittipaldi für die US-amerikanische CART-Serie, die ihren alljährlichen Top-Auftritt auf dem berühmten Oval-Kurs von Indianapolis hat.

Jean-Pierre Beltoise
Mit eisernem Willen

Die Karriere des Franzosen Jean-Pierre Beltoise schien bereits beendet, bevor sie richtig angefangen hatte.

Drei Jahre lang war der Sohn eines Pariser Metzgers nationale Motorrad-rennen gefahren, wobei er auf elf Titelgewinne kam, herausgefahren auf drei Motorrädern.

Trotz des Erfolges betrachtete Beltoise diese Rennen – auf Motorrädern seines Landsmannes Eric Offenstadt bestritten – immer nur als »zweite Wahl«. »Meine eigentliche Liebe galt den Autorennen, doch fehlte es an Geld, die entsprechenden Träume zu verwirklichen.«

Erste Gehversuche auf vier Rädern waren erst möglich, als ihm René Bonnet einen 1,1-Liter-Renault-Bonnet Sportprototyp anbot, den Beltoise 1963 bei der Targa Florio, beim 1000 km-Rennen auf dem Nürburgring und in Le Mans pilotierte. Die gute Leistung während des 24-Stunden-Rennens, das Beltoise gemeinsam mit Copilot Claude Bobrowski als Elfter im Gesamtklassement beendete, brachte ihm einen Formel 3-Vertrag René Bonnets für die Saison 1964 ein.

Neben den Autorennen fuhr Beltoise auch weiter Motorrad. Während die Automobileinsätze nicht die erwarteten Erfolge brachten, siegte er bis zur Jahresmitte 1964 in nicht weniger als 20 Motorradrennen.

Dann kam das 12-Stunden-Rennen von Reims. Der Start um 23 Uhr hatte gut geklappt und Beltoise am Steuer seines Bonnet hielt gut mit, als er im Verlauf der neunten Runde die Kontrolle über den Wagen verlor. Der Bonnet überschlug sich mehrmals und fing nach dem Aufprall Feuer. »Ich habe in dieser Nacht viel verloren«, sagte Beltoise später. »Ich verlor für immer die volle Beweglichkeit meines linken Arms und meines linken Beins. Ich verlor den Vertrag mit einem japanischen Motorradproduzenten, der zur Unterschrift anstand. Ich verlor eine weitere Motorradmeisterschaft und viel Geld.«

Die Karriere des Franzosen schien beendet. Es dauerte allein sechs Monate, bis er wieder laufen konnte. Doch sein Wille war ungebrochen und – noch auf Krücken gehend – begab er sich in die inzwischen von Matra übernommenen Bonnet-Werke, um sein Comeback zu organisieren.

Und tatsächlich: im Juni 1965 bestritt er auf dem Kurs von La Châtre das erste Rennen nach dem schweren Unfall und fuhr – bevor er ausfiel – einen neuen Rundenrekord!

Am 4. Juli 1965 fuhr er sich dann in die Herzen seiner Landsleute, als er – ausgerechnet in Reims, wo er vor Jahresfrist den schweren Unfall hatte – Sieger des Formel 3-Rennens wurde. Es war der erste Sieg eines Franzosen auf einem französischen Wagen in einem wichtigen Rennen seit 1949. Erinnerungen an große französische Rennfahrer wie Benoist, Chiron, Wimille, Sommer, Behra und Trintignant wurden geweckt.

Beltoise enttäuschte die Franzosen nicht. Bereits im nächsten Jahr fuhr er Formel 2-Rennen, wo er zu den wenigen Piloten zählte, die die damals überlegenen Brabham-Honda gefährden konnten.

Schon 1967 schnupperte er Grand Prix-Luft, als er am Steuer eines Matra-Cosworth-F 2 die beiden Saison-Finalläufe in Amerika und Mexiko bestritt. In beiden Rennen wurde er Siebter, ohne jedoch mit dem schwachen »Wägelchen« die 3-Liter-Konkurrenten ernsthaft in Verlegenheit bringen zu können. Den undankbaren Job, auf einem Formel 2-Rennwagen an WM-Läufen teilzunehmen, beendete Beltoise 1968 in Kyalami, wo ihm das Kunststück gelang, einen WM-Punkt zu ergattern.

Zehn weitere Punkte sollten sich im weiteren Saison-Verlauf dazugesellen. Dabei gab er im total verregneten niederländischen Grand Prix die wohl beste Vorstellung: Zweiter Platz hinter Jackie Stewart, und das trotz eines gut 90 Sekunden währenden Boxenstops, um einen klemmenden Gasschieber zu reparieren.

Beltoise hatte mit diesem zweiten Rang seine Qualitäten als Regenfahrer unter Beweis gestellt und als solcher sollte er sich vier Jahre später ein Denkmal setzen.

1969 kassierte er bereits 21 WM-Punkte, was zum fünften Platz im WM-Schlußklassement reichte: Wieder war ein zweiter Rang – in Clermont-Ferrand – die beste Plazierung des Jahres. Im folgenden Jahr gab es zwar »nur« 16 WM-Punkte und den neunten Rang, doch im französischen Grand Prix auf der Strecke von Clermont-Ferrand wäre ihm beinahe ein wohlverdienter Sieg gelungen. Ausgerechnet auf dem fahrerisch so anspruchsvollen »französischen Nürburgring« fuhr der körperlich behinderte Franzose der Konkurrenz auf und davon. Beltoise hatte bereits 16 Sekunden Vorsprung auf Jochen Rindt herausgefahren, als er sich an einem der Hinterreifen einen slow-puncture einfing und durch den notwendigen Boxenstop zur Enttäuschung des bis dahin so stolzen Publikums auf den zehnten Platz zurückfiel. Als ihm anschließend im Verlauf der Aufholjagd der Sprit ausging, resignierte Beltoise, verzichtete auf das Nachtanken und gab auf.

Das Jahr 1971 brachte nur einen einzigen WM-Punkt für Beltoise, den er in Barcelona herausfuhr. Doch nicht diese magere Ausbeute, sondern die Ereignisse des 10. Januar 1971 machten dieses Jahr zum unglücklichsten in Beltoise' Karriere.

An jenem 10. Januar wurde in Buenos Aires das 1000 km-Rennen, ein Lauf zur Marken-WM, ausgetragen. In der 37. Runde blieb der Matra-Simca 660, den Beltoise abwechselnd mit J. P. Jabouille bewegte, ca. 400 Meter vor den Boxen ohne Sprit stehen. Beltoise sprang aus dem Wagen und begann, das Auto in Richtung Boxen zu schieben. Kein Funktionär hinderte ihn an seinem mühsamen Vorhaben, obwohl in jenen Tagen das »Schieben von Rennwagen über die Piste« bereits verboten war. Zweimal hatte das Feld das sich nur langsam fortbewegende Hindernis passiert – Beltoise schob seinen Matra zu allem Überfluß auf der Straßenmitte (die Ideallinie zu einem leichten Gefälle hin) –, als sich die Katastrophe ereignete: Der Spitzenreiter, Ignazio Giunti, prallte mit seinem Ferrari in das Heck des stehenden Matra. Beltoise hatte sich mit einem Sprung zur Seite retten können. Für Giunti kam jedoch jede Hilfe zu spät. Als ihn sein Team-Kollege Arturo Merzario nach zwei Minuten aus den brennenden Trümmern des Ferrari barg, war Giunti bereits tot.

54

In der Folgezeit wurden Beltoise schwere Vorwürfe gemacht, war seine leichtsinnige Aktion doch das auslösende Moment für den tragischen Unglücksfall. Die zuständige Sportbehörde in Paris sperrte Beltoise für drei Monate, einer der seltenen Fälle einer klaren Schuldzuweisung im Anschluß an einen Rennsport-Unfall.

Als der monegassische Grand Prix ins Haus stand, wurde der Veranstalter gewarnt. Anonyme Anrufer wußten von geplanten Stein- und Flaschenwurf-attacken, die gegen Beltoise geplant seien, zu berichten. Beltoise »kniff« nicht, und tatsächlich ließen sich auch die wildesten der zahlreich angereisten Tifosi zu keinerlei Tätlichkeiten hinreißen. Daß aber die Form des Piloten in der spürbar feindlichen Atmosphäre (in Südafrika, Deutschland, Österreich und Italien durfte er nicht starten) litt, ist wohl mehr als verständlich.

Daß Beltoise bereits im folgenden Jahr das beste Formel 1-Rennen seiner Laufbahn bestritt, zeugt von der inneren Stärke des Franzosen. Als neuer Spitzenfahrer hatte er sich Anfang 1972 BRM angeschlossen, dem Team, das im Vorjahr mit Pedro Rodriguez und Jo Siffert seine Stammbesetzung durch Unfalltod verloren hatte.

Den Saison-Auftakt in Buenos Aires ließ Beltoise aus verständlichen Gründen aus und begann seine Arbeit bei BRM erst Anfang März in Kyalami. Weder Kyalami noch Jarama, der Schauplatz des dritten WM-Laufs der neuen Saison, brachten Punkte für Beltoise.

Dann reiste der Grand Prix-Zirkus nach Monaco, wo der Innenstadt-Klassiker auf dem Programm stand. Die viertbeste Trainingszeit hinter Fittipaldi, Ickx und Regazzoni ließ Beltoise hoffen. Der Renntag sah eine wolkenverhangene Spielermetropole, es regnete ohne Unterlaß. Es war keine Frage, daß unter diesen widrigen Bedingungen die »offiziell anerkann-ten« Regenspezialisten Jackie Stewart und Jacky Ickx als Favoriten gehan-delt wurden.

Doch alles kam ganz anders. Mit einem Blitzstart aus Reihe Zwei setzte sich Beltoise mit Fallen der Startflagge in die Spitze des Feldes. Kaum jemand entlang der Strecke, der die Attacke ernst nahm, weil man dem BRM das Stehvermögen nicht zutraute und dem seit Reims 1964 behinderten Beltoise gegen die Regenspezialisten Stewart und Ickx keine realistischen Chancen einräumen konnte.

Doch der Franzose hatte natürlich den Vorteil – als einziger Fahrer den Vorteil – freie Sicht zu haben. Die Verfolgungsjagd spielte sich in dichten, die Sicht nehmenden Gischtwolken ab.

Beltoise schaffte es, um das Ergebnis vorwegzunehmen, tatsächlich. Jacky Ickx fuhr zwei Angriffe auf den Franzosen, ohne jedoch in gefährliche Nähe zu rücken. Auch Stewart legte einen langen Zwischenspurt ein, der ebenso-wenig von Erfolg gekrönt war.

Nach 80 Runden wurde Beltoise als Sieger abgewinkt, 38 Sekunden vor Jacky Ickx. Emerson Fittipaldi lag als Dritter bereits eine Runde zurück, der amtierende Weltmeister Jackie Stewart als Vierter sogar zwei Umläufe. Die üblen Wetterbedingungen kann man daran ablesen, daß Beltoise' Siegerschnitt ganze 102,7 km/h betrug – es war der langsamste Monaco-Grand Prix seit 1952!

Beltoise fuhr noch bis 1974 Grand Prix-Rennen, ohne noch einmal eine vergleichbare Leistung zeigen zu können. Siebenmal kam er noch in die Punkte, 1974 in Südafrika sogar als Zweiter. 1975 gab es dann keinen F 1-Vertrag mehr für den Franzosen. Als im Jahr darauf Guy Ligier seinen Formel 1-Stall aufmachte, wurde Beltoise zwar noch einmal als möglicher F 1-Pilot gehandelt, doch letztlich gab Ligier Jacques Laffite den Drive in seinem Ein-Wagen-Team.

Der Vollblut-Rennfahrer Beltoise hat die Freude am Automobilsport bis heute nicht verloren und gehört zu den besten Piloten im Kampf um die französische Tourenwagen-Meisterschaft.

Ronnie Peterson
Zahltag in Monza

Skandinavien ist in Motorsportkreisen für seine Rallye-Asse bekannt. Die zahlreichen unbefestigten Straßen, die abseits der wenigen großen Städte bereits im Süden unerwartet geringe Verkehrsdichte sowie die langen, harten Winter scheinen ein äußerst fruchtbares Trainingsterrain für diese Spezies Motorsport-Aktiver zu sein.

Im Rundstreckensport sieht es in Skandinavien ganz anders aus. Mit Joakim Bonnier, Ronnie Peterson, Gunnar Nilsson und Keijo Rosberg haben sich bis heute gerade vier Fahrer aus Nordeuropa in die Grand Prix-Siegerlisten eintragen können. Mit Leo Kinunen gab es einen weiteren großen Rundstreckenspezialisten, der nach wenig glücklichen Versuchen der Formel 1 allerdings schnell wieder den Rücken kehrte.

Nicht nur der erfolgreichste sondern tatsächlich auch der beste dieser Elite-Nordlichter war wohl der am 14. Februar 1944 in Örebro geborene Schwede Bengt Ronald Peterson, genannt Ronnie.

Der Weg des Ronnie Peterson in den Grand Prix-Sport ist schnell erzählt. Als Kart-Europameister fühlte er sich zu Höherem berufen und baute sich – Peterson war gelernter Automechaniker – einen SWVBB genannten Formel 3-Rennwagen. Die Szene kannte wohl bessere Konstruktionen, denn für die nächste Saison, 1967, kaufte er sich einen Brabham BT 18 und fuhr sich in diesem Wagen in die nationale Spitze.

Zu Beginn der 68er-Saison wechselte er wiederum das Fabrikat und setzte auf Tecno. Eine gute Wahl, wie zwölf Siege bei 26 Starts und die schwedische Meisterschaft, die er sich holte, bewiesen.

56

Ein Jahr später gelang der Durchbruch auf internationalem Parkett: Peterson siegte im monegassischen Formel 3-Rennen am Vorabend des WM-Laufs. Dieser Erfolg brachte ihm einen Dreijahresvertrag mit March, der neugegründeten Rennwagenfirma, ein.

Bereits im Jahr 1970, im fünften Jahr Motorsport auf richtigen Rennwagen, saß Peterson in einem Formel 1 – so schnell geht das, wenn man das Talent eines Ronnie Peterson hat. Es war zwar nicht ein Werkswagen der Firma March, den der Schwede anvertraut bekam – diese waren Chris Amon und Jo Siffert vorbehalten – sondern ein Kundenauto, das Colin Crabbe in seinem »Antique Automobiles Team« einsetzte; doch Peterson hatte in der höchsten Klasse des Automobilsports Fuß gefaßt. Für neun Jahre sollte er dieser Klasse wesentliche Impulse verleihen.

Aber aller Anfang ist schwer, und der March 701 erwies sich trotz einiger guter Vorstellungen nicht gerade als Top-Auto.

Ronnie Peterson, dessen verwegener Fahrstil jener Tage an den jungen Jochen Rindt erinnerte, startete 1970 neunmal auf dem gelb lackierten Auto Crabbes, fiel dreimal aus und kam entsprechend sechsmal ins Ziel, doch WM-Punkte gab es vorerst keine. Die beste Plazierung des Mannes aus dem »Reich des Knäckebrotes« war ein achtbarer siebter Platz im Kurvenlabyrinth Monte Carlos.

Es kam das Jahr 1971 und die Begeisterung über die March-Formel 1 Rennwagen hatte sich gelegt. Im ersten Jahr der neuen Firma hatten mit Chris Amon und Jo Siffert (Werkswagen), Jackie Stewart und Johnny Servoz-Gavin (Team Tyrrell), Maria Andretti (STP) und Ronnie Peterson (Antique Automobiles Team) gleichzeitig sechs Fahrer auf March gesetzt. 1971 sah man dann nur noch die offiziellen Werkswagen und einen Wagen, den Frank Williams einsetzte.

Da Chris Amon zu Matra abgewandert war und Jo Siffert in BRM einen neuen Arbeitgeber gefunden hatte, mußten neue Werksfahrer verpflichtet werden. Peterson, der ja den noch zwei Jahre gültigen Vertrag in der Tasche hatte, rückte als Nr. 1 ins Werksteam ein, zweiter Mann wurde der italienische Brillenträger Andrea de Adamich. Petersons 711 hatte Fordpower, der Italiener einen Alfa Romeo-Motor(!) im Rücken, den Peterson nur ein einziges Mal, in Le Castellet, einsetzte. Viermal kam der Schwede 1971 auf den zweiten Platz, je einmal wurde er Dritter, Vierter und Fünfter. Das machte 33 Punkte – nur Jackie Stewart hatte mehr Zähler gesammelt. Ronnie Peterson war Vizeweltmeister und die Branche hatte einen neuen Star.

Nicht viel hätte gefehlt und er hätte schon 1971 seinen ersten Grand Prix gewonnen. Monza erlebte 1971 eine der denkwürdigsten Windschattenschlachten der Grand Prix-Geschichte. Nach 55 Runden passierten die ersten fünf Wagen innerhalb von nur 61 Hundertstel Sekunden die Ziellinie! Ronnie Peterson belegte in diesem Wagenknäuel mit einer Hundertstel

Sekunde Rückstand auf Peter Gethin (BRM) Rang Zwei. Es war der geringste Rückstand, den je ein Zweitplazierter auf den Sieger eines WM-Laufs hatte. Der erste Sieg schien eine Frage der Zeit zu sein. 1972 erfüllten sich Petersons Träume vom Grand Prix-Sieg jedoch noch nicht. Der Schwede leistete in dieser Saison sein – vorläufig – letztes Jahr bei March ab, und die Autos, die ihm die Engländer vorsetzten, taugten nicht sonderlich viel.

Da war zum einen der Typ 721 G, mehr oder weniger ein überarbeiteter 711, dessen auffälligstes Merkmal eine überdimensionale Lufthutze war. Der eigentlich neue Wagen, in den das Team große Hoffnungen gesetzt hatte, war der 721 X. Das Besondere an diesem Rennauto war die Anordnung des Alfa Romeo-Fünfganggetriebes, das zwischen Fahrer und Motor plaziert war. Dies hatte es in der laufenden »3-Liter-Formel 1« noch nicht gegeben.

Die Fahrer – Peterson hatte in dem Österreicher Nikolaus Lauda einen neuen Team-Gefährten gefunden – mußten die beiden Saisonauftaktrennen am Steuer des G-Typs bestreiten, denn die Arbeiten am »X« wurden nicht fristgerecht beendet.

Erst in Jarama, nach einem enttäuschenden Probegalopp während des Champion-Race in Brands Hatch, gab das Mittelgetriebe-Auto sein Debüt. Weniger die Ausfallursachen – Lauda bekam Schwierigkeiten mit dem Gaszug und Peterson stellte seinen March mit einem Leck im Benzintank beiseite – als vielmehr die jämmerlichen Plazierungen zum Zeitpunkt des Ausfalls entmutigten: der Österreicher mit den markanten Schneidezähnen krebste an vorletzter Stelle herum, Peterson war chancenloser Fünfzehnter.

Die nächsten Rennen brachten keine Besserung und so gestanden sich die Verantwortlichen nach den WM-Läufen in Spanien, Monaco und Belgien ein, daß sie mit dem 721 X eine Fehlkonstruktion »auf die Räder« gestellt hatten. Notgedrungen schickte man die Piloten wieder am Steuer der G-Typen in die Rennen. Ein Blick auf das Schlußklassement der 72er-Saison zeigt aber, daß auch diese Maßnahme letztlich nichts mehr hatte retten können. Ronnie Peterson, 1971 noch Vizeweltmeister, erzielte magere zwölf Punkte. Niki Lauda, dessen junge Karriere auf kaum tragfähigen »Darlehens-Füßen« stand – er hatte sich den March-Vertrag mit geliehenem Geld erkaufen müssen – ging leer aus. Nicht gerade das ideale Aushängeschild, wenn man sich um einen Arbeitsplatz im Cockpit eines konkurrenzfähigen Wagens umsieht.

Für March wollten 1973 nämlich weder Peterson noch Lauda fahren. Während Lauda auf seinem Weg nach oben für 1973 bei BRM anheuerte, wo er als dritter Fahrer neben Gianclaudio Regazzoni und Jean-Pierre Beltoise unterschrieb, wechselte Ronnie Peterson – der sich aufgrund seiner bekannten Qualitäten praktisch aussuchen konnte, wo er fahren wollte – zu Lotus. Bei Colin Chapmans Truppe sollte der Schwede gegen Ende der Saison in einen staubaufwirbelnden Zwischenfall verwickelt werden, als bei Lotus die interne Hierarchie ins Wanken geriet und dann sogar kollabierte.

Ronnie Peterson fuhr jetzt seine vierte Saison in der Formel 1 und wartete immer noch auf den ersten Sieg. Wie auch im Fahrstil, so waren auch hier Parallelen zu Jochen Rindt erkennbar, der – als unumstrittener Spitzenfahrer – lange dem ersten Triumph hinterherfuhr.

Was Rindt dann im fünften Jahr seiner Karriere endlich gelang, klappte bei Peterson »schon« in der vierten Saison. Doch erst einmal litt er unter einer Pechserie von fünf Rennen, die ihm vier Ausfälle und einen elften Platz brachte, den er in Kyalami einem sechs Runden während den Boxenstop zur Reparatur des Gasgestänges zu verdanken hatte.

Brasilien, Spanien und Belgien sahen den Schweden jedoch auf der pole position, und damit bewies er bereits nachdrücklich, daß sich die Branche langsam auf den ersten Grand Prix-Sieg eines Schweden seit Joakim Bonnier 1959 in Zandvoort einrichten mußte.

Bereits in Spanien hätte es beinahe zum Sieg gereicht. Der überaus anspruchsvolle, knapp 3,8 km lange Kurs am Stadtrand der Katalanen-Metropole Barcelona, war am 29. April 1972 zum vorletzten Mal Schauplatz eines Formel 1-WM-Laufs. Gegen den Uhrzeigersinn gefahren, vermischte der malerisch gelegene Circuit »Stilelemente« von Monte Carlo und Spa.

Denis Hulme philosophierte während des Trainings 1973 an den Boxen der Montjuich-Strecke: »Wenn du hier in Schwierigkeiten kommst – dann kommst du in Schwierigkeiten.«

Auf dieser Strecke mit ihrem Sprunghügel am Ende der Start- und Zielgeraden, den winkligen, langsamen Bergabpassagen, der »Gegengeraden« und den langgezogenen Bergaufkurven, hatte Peterson schon während der Trainingssitzungen gezeigt, daß er niemand zu fürchten brauchte. Tatsächlich konnte keiner der 21 Mitstreiter das Tempo des Schweden halten, nachdem das 75-Runden-Rennen freigegeben worden war. Fast 40 Sekunden – oder eine halbe Runde – hatte Peterson auf den Zweitplazierten, Emerson Fittipaldi, herausgefahren, als das Getriebe seines Lotus streikte. Der Sieg wäre ihm auf »natürliche« Weise sicherlich nicht mehr zu nehmen gewesen, denn Dreiviertel der Distanz waren zum Zeitpunkt des Ausfalls bereits zurückgelegt.

Nutznießer von Petersons Pech wurde Teamgefährte Emerson Fittipaldi, der trotz eines slow-puncture in einem der Hinterreifen – ganz langsam wich defektbedingt die Luft aus der schwarzen Walze – Erster werden konnte.

Das nächste Rennen, der erste WM-Lauf in Zolder, brachte einen weiteren Ausfall für Peterson, nachdem er in der Eröffnungsphase kurz geführt hatte, dann jedoch einem entfesselt fahrenden Francois Cevert Platz machen mußte.

Die ersten Punkte für die Kombination Peterson-Lotus gab es in Monte Carlo für einen dritten Rang.

In Anderstorp, dem Schauplatz des schwedischen Grand Prix in den Wäldern südlich des Vätternsees, trennten ihn nur gut vier Sekunden vom

Sieg: Platz Zwei hinter Denis Hulme. Es war seine beste Plazierung seit Monza 1971. Die Tendenz zeigte deutlich nach oben.

Die nächsten WM-Punkte wurden in Südfrankreich vergeben, wo auf dem Circuit Paul Ricard zum zweitenmal – nach 1971 – ein französischer WM-Lauf gestartet wurde.

Peterson, der 1973 in neun der 15 Weltmeisterschaftsläufe Trainingsschnellster war, stand in Le Castellet nur auf dem fünftbesten Startplatz. Immerhin reichte das damals noch für die zweite Reihe, denn in jenem Rennen startete man noch nach dem drei-zwei-drei-Modell.

Kaum war der Start freigegeben, katapultierte sich der Schwede auch schon auf den zweiten Platz.

In der Reihenfolge Scheckter, Peterson, Stewart, Hulme, Fittipaldi, Cevert, Reutemann, Ickx und weiteren 17 Fahrern – bis hin zu Fittipaldi, dem Älteren, und Riki von Opel – passierte das Feld zum erstenmal die winklige Virage du Pont.

Eben diese Kurve sollte im späteren Verlauf des Rennens noch Schauplatz eines denkwürdigen Zwischenfalls werden, der für den Zieleinlauf der Erstplazierten entscheidend war.

Doch so weit war es noch lange nicht, und Scheckter behauptete sich zum Erstaunen des fassungslosen Publikums in seinem dritten (!) WM-Lauf weiter an der Spitze.

Er bewies mit dieser Fahrt sowohl Können als auch Nervenkraft, denn als Neuling auf Dauer dem sicherlich ungemütlichen Druck etablierter Spitzenfahrer wie Peterson, Stewart, Hulme und Fittipaldi standzuhalten, war sicherlich nicht leicht. Die Lektion, die der junge Südafrikaner den Formel 1-Assen verpaßte, hielt das Publikum in Atem und die Stimmung entlang des 5,8 km-Kurses war gut, auch wenn nur 25 000 Fans den Weg in die steril wirkende Anlage zwischen Toulon und Marseille gefunden hatten.

In der 18. Runde schied Hulme als erster aus der Meute der Hunde aus, die Jody, den Hasen, jagten. Mit einem neuen Satz Hinterreifen nahm er nach dem notwendigen Boxenstop das Rennen wieder auf – allerdings mit einer Runde Rückstand auf die Spitze, ganz genau einer Runde, denn er reihte sich wieder in die Gruppe der Führenden ein.

Dann fiel Stewart durch einen Stop zurück – auch er brauchte neue Reifen. Scheckter lag immer noch auf Platz Eins. Dicht folgten ihm die beiden schwarzen Lotus-Rennwagen Fittipaldis und Petersons – man hatte teamintern zwischenzeitlich die Plätze getauscht – die in Scheckters Rückspiegeln nicht kleiner werden wollten.

Die Entscheidung im 54-Runden-Rennen fiel zwölf Runden vor Ende des Rennens.

Hinter dem zur Überrundung anstehenden Jean-Pierre Beltoise »staute« sich die Spitze und Emerson Fittipaldi sah seine Chance gekommen, das Greenhorn Scheckter endlich vom ersten Rang zu verdrängen. In der Virage du Pont wollte der Brasilianer innen an Scheckter vorbei, als dieser gerade seinen McLaren, nichts Böses ahnend, auf der Ideallinie nach innen zog. Dabei holperte er mit dem rechten Hinterrad über das linke Vorderrad des Lotus.

Fittipaldi wurde von einem Augenblick zum anderen vom Sieganwärter zum Zuschauer »degradiert«. Bei Scheckter dauerte dieser schmerzliche Prozeß etwas länger, denn sein lädierter Wagen schleppte sich noch über einige Kilometer.

Zusammenstöße in der Formel 1 gehörten damals noch in den Bereich der extremen Ausnahme und die Diskussion über die Schuldfrage wurde noch lange fortgesetzt.

Ein Problem, das Ronnie Peterson nicht berührte, denn die Kollision, die er »erste Reihe Mitte« erleben durfte, hatte ihm den Weg zum ersten Grand Prix-Sieg freigemacht. Francois Cevert, der mit ihm aus der zweiten Start-reihe ins Rennen gegangen war, wurde übrigens Zweiter.

Der Schwede hatte jedenfalls das Siegen gelernt und plötzlich klappte es: Auch in Zeltweg, Monza und Watkins Glen hieß der Sieger 1973 Ronnie Peterson.

Es ist durchaus erlaubt, im Rückblick auf die Saison zu behaupten, daß es bei ähnlich gut verlaufener erster Saisonhälfte durchaus zum Titelgewinn hätte reichen können. Aber auch der dritte Rang in der WM war natürlich ein Erfolg, und die Zukunft zeigte, daß dies Petersons drittbeste Plazierung in zehn Jahren Grand Prix-Sport sein sollte . . .

Am Rande des italienischen WM-Laufs spielten sich übrigens Dinge ab, die nicht unerwähnt bleiben dürfen.

Vor dem Rennen hatte Emerson Fittipaldi noch theoretische Chancen, den Titel erfolgreich zu verteidigen. Bedingung für die Erfüllung der Wünsche des Brasilianers war ein Ergebnis, das ihm mindestens sechs WM-Punkte mehr einbrachte als Jackie Stewart, den Anführer des Zwischenklassements.

In der Schlußphase des Rennens führten die beiden Lotus-Piloten in der Reihenfolge Peterson, Fittipaldi vor Peter Revson, der bereits deutlich zurücklag, und Jackie Stewart. Bei dieser Konstellation wurde ein Boxensignal Colin Chapmans erwartet, das Peterson und Fittipaldi zum Tausch ihrer Plätze aufforderte. Zum größten Erstaunen aller blieb dieses Zeichen aus und Ronnie Peterson sah keinen Grund, aus freien Stücken den ersten Platz zu räumen.

Dieser Vorgang bedeutete das Ende der Verbindung Chapman – Fittipaldi, auch wenn der Brasilianer selbstverständlich die beiden Finalrennen in Übersee noch auf Lotus bestritt. Colin Chapman setzte jetzt voll auf Peterson, den er 1974 zum Weltmeister machen wollte.

Doch diese Rechnung ging nicht auf. Der neue 74er Lotus vom Typ 76 erwies sich als Flop. Weder Peterson noch die neue Nr. 2, Jacky Ickx, kamen mit dem Wagen zurecht, dessen auffälligste Merkmale eine automatische Kupplung à la Porsche-Sportomatic sowie zwei gekoppelte Bremspedale waren, die rechts- wie linksfüßiges Bremsen erlaubten.

In Kyalami, Jarama und Nivelles wurden zwei Autos vom Typ 76 eingesetzt. Später gab es dann noch Soloauftritte auf dem »Ring« unter Peterson sowie in Zeltweg und Monza unter Ickx.

Alle anderen Einsätze wurden auf modifizierten 72er Typen gefahren, doch dieses Modell, das in seiner Grundversion ja bereits 1970 für den Titelgewinn »gut war«, erwies sich endgültig als überholt. Peterson fuhr zwar in Argentinien die pole position heraus und siegte überraschend in Monte Carlo, Dijon und Monza, aber in diesem Zusammenhang ist es schon interessant, sich an Petersons Kommentar nach dem Monaco-Sieg zu erinnern: »Ich habe nur gewonnen, weil die alte Kiste den Weg so gut kannte ...«

Am Ende der Saison sah sich der enttäuschte Schwede auf dem fünften Platz des WM-Schlußklassements. Dem nur »den Umständen entsprechend« guten Ergebnis zum Trotz blieb Peterson bei Chapman.

Es folgte – sieht man einmal von der ersten F 1-Saison des Schweden ab – Petersons schlechtestes WM-Jahr: Sechs magere Pünktchen, zwölfter Rang. Peterson wurde ungeduldig und glaubte, bei Lotus seine Zeit zu verschwenden, war doch weniger der lukrative Vertrag als vielmehr der WM-Titel Motivation Nr. 1 für ihn. So trennten sich, nicht unerwartet, Chapmans und Petersons Wege zu Beginn der 76er-Saison.

Nach nur einem Rennen für Lotus (Brasilien) ging der Schwede zurück zu March, deren Autos er bereits zwischen 1970 und 1972 pilotiert hatte.

Am Steuer des blau-gelb lackierten Boliden siegte Peterson in Monza. Dies war der dritte und vorläufig letzte Sieg eines March-Fahrers nach Jackie Stewart (Spanien, 1970) und Vittorio Brambilla (Österreich, 1975).

Der Wechsel zu March erfolgte weniger, weil Peterson sich kurzfristig große Erfolge versprach, als vielmehr, um einen neuen Anfang auf dem Weg zum WM-Titel zu machen, nachdem der »programmierte« Titelgewinn in Chapmans Diensten an der »Genialität« des Konstrukteurs gescheitert war.

Aber schnell stellte er fest, daß sich bei March seine Ziele nicht verwirklichen lassen würden. Auf der Suche nach einem Siegerwagen für die Saison 1977 stieß Peterson auf Ken Tyrrell, bei dem er neben Patrick Depailler unterschrieb. Ken Tyrrell setzte damals gerade im zweiten Jahr seine »Wunderwaffe« P 34 ein, den legendären six-wheeler.

Der Wagen mit den vier kleinen Vorderrädern und der eher verwegene Fahrstil des Schweden waren auf keinen gemeinsamen Nenner zu bringen. Die offen erwarteten Erfolge blieben aus – wieder war eine Saison verloren. Verloren, weil das olympische Motto, welches das Dabeisein höher bewertet als das Siegen, für Peterson keine Gültigkeit hatte.

Durch die beiden Jahre bei March und Tyrrell und die damit verbundene Erfolglosigkeit, hatte er seine Position im alljährlichen Vertragspoker nicht gerade verbessert. Nur mit Hilfe seines Mäzens, dem italienischen Grafen Zanoni, kam Peterson 1978 in einem Team der »ersten Garnitur« unter. Trotz der zahlreichen Wechsel war der Schwede relativ markentreu, und der neue Arbeitgeber für 1978 war ein alter Bekannter: Colin Chapman.

Ronnie Peterson unterschrieb einen Vertrag als Nr. Zwei hinter Mario Andretti, dem Mr. Lotus, wie 1974 dem Schweden, den WM-Titel »zugesagt« hatte.

Auf den bahnbrechenden Konstruktionen Lotus 78 und 79 erlebte die Welt des Grand Prix-Sports den besten Peterson seit 1973, Siege in Kyalami und Zeltweg, zweite Plätze in Zolder, Jarama, Le Castellet und Zandvoort – die vier Ehrenplätze allesamt hinter Mario Andretti, der Nr. 1 bei Lotus.

Die Vertragstreue des Schweden war vorbildlich: als sich Andretti in Zandvoort beim Beschleunigen aus der Tarzankurve heraus verschaltete, stieg Peterson sogar hart in die Bremsen, um den Team-Leader nicht überholen zu müssen...

Loyal aber unzufrieden hatte Peterson schon einen Vertrag bei McLaren für 1979 unterschrieben, als er am 10. September 1978 in Monza sein letztes Rennen bestritt.

Wenige hundert Meter hinter der Startlinie kam es zu einer Massenkarambolage, deren Ursache nie mit Sicherheit aufgeklärt werden konnte. Peterson, der im Reservewagen ins Rennen gegangen war, zog sich schwerste Beinbrüche und Verbrennungen am linken Arm zu, Verletzungen, denen er am folgenden Vormittag erlag. Die Formel 1 hatte ihren schnellsten Fahrer verloren.

Peter Revson
Erfolg im zweiten Anlauf

Von »Hause aus« war er einer der letzten »Herrenfahrer«, die der Grand Prix-Sport kennt. Am 27. Februar 1939 in New York City in das Kosmetik-Imperium Revlon hineingeboren, mangelte es Peter Jeffrey Revson nie an Geld. Vom Schicksal mit einem allen Spässen gerecht werdenden Vermögen und dem Äußeren eines Bilderbuch-Playboys verwöhnt, war Peter Revson stets gewohnt das zu tun, was ihm gefiel. So studierte er an der Cornell Universität Maschinenbau, an der Columbia Universität »liberal arts« und an der Uni von Hawaii Wellenreiten.

1960 kaufte er sich einen Morgan Plus 4 und beteiligte sich erfolgreich an Clubrennen in den Vereinigten Staaten. Zwei Jahre später ging er nach Europa, gründete »Revson-Racing«, kaufte sich einen Cooper Formel-

Junior und einen alten Bäckerei-Lieferwagen als Transporter und rollende Schlafstätte. Mehr als 25 000 km legte er in einem Sommer in Europa zurück und zeigte sich auf vielen Rennstrecken der alten Welt.

Nachdem er 1964 das monegassische Formel 3-Rennen gewonnen hatte, gab es endlich den sehnsüchtig erwarteten Formel 1-Vertrag. Für Tim Parnell fuhr der Amerikaner auf einem Lotus-BRM die WM-Läufe in Spa, Brands Hatch, auf dem Nürburgring und in Monza. Punkte gab es nicht und es dauerte – Parallelen gibt es wohl keine – sieben Jahre, bis er seine F 1-Karriere fortsetzte. Erst in seiner »zweiten Karriere« feierte er dann die Erfolge, denen er 1964 vergeblich nachfuhr – doch davon später.

Zunächst einmal fuhr er Rennen der US-Straßenmeisterschaft und der CanAm-Serie. Er bestritt diese Läufe auf den unterschiedlichsten Autos – von McLaren über Ford GT 40 bis hin zu Lola – und einige gute Plazierungen sprangen heraus.

1967 mußte er einen schweren Schicksalsschlag überwinden, als sein um zwei Jahre jüngerer Bruder Douglas während eines Formel 3-Rennens in Spanien tödlich verunglückte.

Ohne den großen Durchbruch zu schaffen, fuhr Peter Revson in den Jahren 1968 bis 1970 TransAm- und CanAm-Rennen. In diese Zeit fielen auch seine ersten Einsätze in Indianapolis, wo er 1969 – als »Rookie« – einen beachtlichen fünften Platz erreichte. Schon 1971 wurde er in Indy, hinter Al Unser, Zweiter und im selben Jahr gab ihm Ken Tyrrell in Watkins Glen einen seiner dunkelblauen Formel 1-Rennwagen. Es war der Tyrrell 001, der im Vorjahr Jackie Stewart auf den Leib geschneidert worden war. Der hochgewachsene Revson – er ragte mit dem Kopf über den Überrollbügel hinaus – wurde in dem engen Wägelchen nicht so recht glücklich und kam nur auf die 19. Trainingszeit. Im Rennen stoppte dann ein Kupplungsschaden seine Fahrt schon in der ersten Runde.

Für die Saison 1972 wurde Peter Revson in das von Teddy Mayer geführte McLaren-Team als Nummer Zwei hinter Exweltmeister Denis Hulme engagiert. Es sollte Revsons erste komlette F 1-Saison werden. Der Amerikaner kannte das Team gut, hatte er doch an der Seite Hulmes für die Kiwis die 71er CanAm-Serie bestritten. 1972 wollte er sich ganz auf die Formel 1 konzentrieren, denn Jackie Stewart plante, den CanAm-Part Revsons zu übernehmen. Ein offenes Zwölffingerdarm-Geschwür des Schotten ließ Revson aber letztlich auch in den zweisitzigen Rennwagen unentbehrlich werden. Während es in Übersee nicht so recht klappte – Roger Penskes L & M Porsche-Audi 917-10K erwies sich als äußerst starke Konkurrenz – schlug sich Revson in der Formel 1 mehr als achtbar.

Ein dritter Platz in Südafrika – gerade 26 Sekunden hinter Sieger Denis Hulme –, ein fünfter in Spanien, zwei hintereinander herausgefahrene dritte – in Brands Hatch und Zeltweg –, ein vierter Platz in Monza und ein zweiter in Mosport, Kanada, brachten 23 Punkte. Nur Fittipaldi, Stewart, Hulme und Ickx standen im WM-Schlußklassement besser da als der amerikanische F 1-Spätzünder. Daß er diesen Erfolg ausgerechnet am Steuer eines Yardley-gesponsorten Wagens erzielte, wird man in der Revlon-Konzernspitze wohl mit gemischten Gefühlen beobachtet haben.

Hulme und Revson bildeten auch 1973 – man hatte in der Winterpause vom M 19 auf den M 23 umgerüstet – das McLaren-Team unter Teddy Mayer.

Die neue Saison brachte in der ersten Hälfte einen zweiten (Kyalami), einen vierten (Montjuich) und einen fünften Rang (Monte Carlo) sowie zwei Plazierungen auf Nicht-Punkteplätzen, zwei Ausfälle und einen Startverzicht (Le Castellet) zugunsten eines USAC-Rennens.

Dann kam der 14. Juli. In Silverstone, wo am 13. Mai 1950 der erste aller Fahrer-WM-Läufe ausgetragen worden war, stand der Große Preis von England auf dem Programm. Letztmalig in der Geschichte des Traditions-kurses sollte die »alte Strecke«, das heißt ohne die Schikane bei Woodcote, gefahren werden.

Peter Revson stand, zum drittenmal in einem Formel 1-Rennen, in der ersten Startreihe. Mit der Rundenzeit von 1:16,5 Minuten war er im Training zwei Zehntel langsamer als Ronnie Peterson gefahren. Denis Hulme, auf dem zweitbesten Startplatz – erste Reihe Mitte – hatte ebenfalls 1:16,5 Minuten auf die Bahn gelegt, offensichtlich das Äußerste, was aus dem McLaren M 23 herauszuholen war. Stewart und Fittipaldi standen mit 1:16,7 Minuten in der zweiten Reihe. Nur dem südafrikanischen Wunderknaben Jody Scheckter war eine weitere 16er-Zeit gelungen (1:16,9).

Im 28 Wagen starken Feld waren vier Debütanten: Jochen Mass, Roger Williamson, John Watson und Graham McRae bestritten ihre ersten WM-Läufe.

Als der Start freigegeben wurde, quittierte eine der Antriebswellen an Niki Laudas BRM den Dienst und Jackie Oliver, der heute das Arrows-Team leitet, knallte dem Österreicher ins Heck. Ein kleiner Zwischenfall, der nur scheinbar ohne größere Folgen abging.

An der Spitze des Feldes hatte man sich seit Beckett's Corner auf die Reihenfolge Stewart, Peterson, Reutemann, Scheckter, Hulme, Cevert, Hunt und Revson geeinigt. Das Feld passierte gerade in dieser Ordnung Start und Ziel, als es zu einer – im Grand Prix-Sport – beispiellosen Massenkarambolage kam. Im Anschluß an einen »classical Woodcote corner high speed spin« kam Jody Scheckter von der Piste, schlug gegen die Boxenmauer und blieb schließlich quer auf der Bahn stehen. Es gibt gemütlichere Plätze in Silverstone. Hulme, Revson, Cevert, Hunt, Regazzoni, Fittipaldi, Ganley und Ickx fanden irgendwie ihren Weg Richtung Copse Corner, doch dann brach das Inferno los.

Bei einer Geschwindigkeit von annähernd 250 km/h verloren sieben Piloten die Kontrolle über ihre Wagen. Als sich Staub und Feuerlöschpulver, das zum Glück nur vorsichtshalber eingesetzt worden war, legten, wurde schnell deutlich, daß alles wie durch ein Wunder relativ glimpflich abgelaufen war. Während das Rennen von der Rennleitung, vor deren Augen sich die Beinahe-Katastrophe abgespielt hatte, sofort abgebrochen wurde, sprangen Scheckter, Hailwood, Mass, Williamson, Pace, Beltoise und Follmer aus den Trümmern ihrer Wagen. Einzig den unglücklichen Italiener Andrea de Adamich gab der dazugehörende Blechknäuel nicht frei.

Während sich die Rettungstrupps um de Adamich, der sich Beinbrüche zugezogen hatte, bemühten, trafen die Teams Vorbereitungen für den Neustart, dem sich 19 Teilnehmer stellten.

Auch die Schuldfrage wurde in der eineinhalbstündigen Zwangspause zwischen Abbruch und Neustart diskutiert. Zunächst wurde Jody Scheckter zum Sündenbock gestempelt, hatte der Südafrikaner doch durch seinen Dreher das Unheil ausgelöst. Erstens aber wird man sich ja wohl noch drehen dürfen und zweitens stellte sich bald heraus, daß er just an jener Stelle die Gewalt über seinen McLaren verloren hatte, an der Oliver auf Lauda aufgefahren war – eine Karambolage, an die eine gute Minute nach dem Start nur noch ein Ölfleck erinnert hatte ...

Beim zweiten Start ging alles gut. Nachdem ein nahezu perfekt gestarteter Lauda durch Reifenprobleme und Stewart durch einen Dreher zurückgefallen waren und Emerson Fittipaldi seinen Lotus mit defekter Kraftübertragung abstellen mußte, bildete sich auf den ersten Plätzen ein vierblättriges Kleeblatt: Peterson, Revson, Hulme und Hunt hießen die Piloten, die in hartem Rad-an-Rad-Kampf das Rennen unter sich ausmachen sollten.

Tatsächlich war es dann Peter Revson – er bestritt seinen 22. WM-Lauf – der in diesem Quartett die Oberhand gewann und mit 2,8 Sekunden Vorsprung vor Peterson die Ziellinie kreuzte. Peterson wiederum hatte Hulme zwei Zehntel Sekunden und dem jungen Hunt sechs Zehntel Sekunden abnehmen können – ein Wimpernschlag-Finale.

Peter Revson hatte an diesem 14. Juli 1973 seine »Meisterprüfung« im Grand Prix-Sport abgelegt – einen WM-Lauf zu gewinnen, das gelingt den wenigsten von all jenen, die ausziehen, dieses Ziel zu erreichen.

Noch im selben Jahr siegte Revson auch in Kanada, insgesamt kassierte er 1973 38 WM-Punkte und belegte wie im Vorjahr den fünften Platz im Schlußklassement der WM.

Obwohl sich der Amerikaner zum Spitzenmann in der Formel 1 gemausert hatte, gab es 1974 bei McLaren keinen Platz mehr für ihn. Der Lotus-müde Fittipaldi schloß sich Teddy Mayers Team an und Revson mußte gehen.

Eine Verpflichtung durch Enzo Ferrari scheiterte an Revsons Wunsch, in jedem Fall für das 500-Meilen-Rennen von Indianapolis freigegeben zu werden. Revson unterschrieb schließlich bei Shadow, bei einem der damals insgesamt drei amerikanischen F 1-Rennställe.

Die Auftaktrennen in Südamerika brachten nach ausgezeichneten Trainingsleistungen (Vierter in Argentinien und Sechster in Brasilien) vorzeitige Ausfälle.

Im März standen dann Reifentests in Kyalami auf dem Programm. An Revvies Shadow brach der Bolzen, der die Spurstange mit dem Radträger verbindet – Peter Revson starb noch an der Unfallstelle.

Der Amerikaner mit dem unauffälligen Fahrstil fuhr dreißig WM-Läufe und kam dabei 14 mal in die Punkte. Im Durchschnitt kassierte er 2,03 Punkte pro Einsatz. Damit zählt er zu den erfolgreichsten Piloten seit 1950.

Carlos Reutemann
Der Indianer

Man kannte ihn an allen Rennstrecken der Welt als »El Lole« oder den »Indianer«. Er fuhr 146 Grand Prix-Rennen auf Brabham, Ferrari, Lotus und Williams. Er siegte in zwölf WM-Läufen, doch sein erklärtes Ziel, die Fahrerweltmeisterschaft, erreichte er nicht.

Dafür stellte er einen einsamen Rekord auf, den bis heute kein anderer Fahrer brechen konnte, und den wohl auch so schnell niemand brechen wird: fünfzehnmal hintereinander – von Zolder 1980 bis Zolder 1981 – kam Carlos Reutemann auf einen der ersten sechs Ränge – kam er »in die Punkte«.

Dabei hatte es der Argentinier nicht leicht. Als Landsmann des fünffachen Weltmeisters Juan Manuel Fangio erwarteten die rennsportbegeisterten Fans seiner südamerikanischen Heimat vielleicht zuviel von ihm. Ein Erwartungsdruck, der wahrscheinlich dem sensiblen Piloten in entscheidenden Phasen die Ruhe zum Titelgewinn nahm.

Den für einen Argentinier sicherlich nicht gerade typischen Namen Reutemann hatte er von seinem Großvater väterlicherseits, einem Schweizer. Die Mutter des am 12. April 1942 geborenen Spitzenfahrers war Italienerin.

Im Alter von sieben Jahren – keineswegs ungewöhnlich früh für spätere Weltklasse-Fahrer – amüsierte sich der kleine Carlos auf der Farm seines Vaters am Steuer eines 1928er Ford Modell A. Es dauerte dann allerdings bis ins Jahr 1965, bevor er sein erstes Rennen fuhr. Dieser erste Einsatz endete mit einem Ausfall, doch dann begann die Serie des Erfolgs, die Reutemann vier argentinische Tourenwagen-Titel im Verlauf von zwei kurzen Jahren brachte.

1968 kamen die ersten Rennen auf Formel 2-Wagen und im folgenden Jahr siegte er in zehn der zwölf argentinischen Formel 2-Läufe.

YPF, die staatliche Mineralölgesellschaft, ermöglichte 1970 Reutemanns Szenenwechsel nach Europa. Mit zwei neuen Brabham BT 30 Formel 2-

Rennwagen, acht Motoren, einem großen Transporter und einigen Mechanikern kam Reutemann über den großen Teich, um den Europäern einzuheizen.

Schon im Auftaktrennen in der alten Welt sorgte er – unfreiwillig – dafür, daß sein Name bekannt wurde. Auf der nassen Piste von Hockenheim verursachte er eine Massenkarambolage, die für fünf Fahrer das Aus brachte, ohne daß der Argentinier selbst hätte die Segel streichen müssen. Da unter den eliminierten Piloten mit Jochen Rindt auch der Top-Favorit des Rennens war, wurde dem Vorfall zusätzlich Bedeutung geschenkt.

In der Pause – das Rennen wurde in zwei Läufen ausgetragen – suchte der aufgebrachte Deutsch-Österreicher den Neuling auf und machte ihm Vorwürfe. Indianer, so meinte Rindt, sollten in den heimischen Urwäldern bleiben, auf den Rennpisten hätten sie nichts verloren. Reutemann, der »Indianer«, war geboren.

Gemeinsam mit Vittorio Brambilla und Hubert Hahne belegte er in der Europa-Trophäe der Formel 2 (heute Formel 2-Europameisterschaft) Rang 13. Schon 1971 wurde er in dieser Klasse Vizemeister hinter Ronnie Peterson – eine Plazierung, die ihn für den Grand Prix-Sport empfahl.

Gemeinsam mit Altmeister Graham Hill wurde er 1972 von Bernie Ecclestone engagiert. Den WM-Auftakt 1972 bildete der Große Preis von Argentinien am 23. Januar.

An diesem Wochenende gelang Carlos Reutemann ein Husarenstück ganz besonderer Art, wie es insgesamt in der Geschichte der Fahrer-WM nur zwei Piloten gelungen ist. Wohlgemerkt, Carlos Reutemann fuhr seinen ersten Grand Prix. Nach dem Abschlußtraining stand die Sensation fest: der Neuling hatte den 3,4 km-Kurs schneller umrundet als jeder seiner Konkurrenten – Carlos Reutemann nahm seinen ersten WM-Lauf von der poleposition aus unter die Räder. Eine Leistung, die neben dem Argentinier nur noch Mario Andretti vollbrachte, der 1968 in Watkins Glen als Debütant Trainingsschnellster gewesen war. Es ist interessant, daß diese beiden statistischen »Ausreißer« ihren Hoppla-jetzt-komm-ich-Auftritt jeweils vor heimischem Publikum schafften.

Im Rennen spielte Reutemann ein sehr riskantes Spiel, indem er bei heißen Temperaturen auf superweiche Reifen setzte, die er gegebenenfalls zu wechseln gedachte. Seine Rechnung ging nicht auf. Er führte nur die ersten paar hundert Meter, dann, eingangs der ersten Kurve, gab ihm Jackie Stewart das Nachsehen, der am Start neben ihm gestanden hatte – zur größten Enttäuschung der 70 000 Zuschauer, die nach der überraschenden Trainingsleistung den »neuen Fangio« siegen sehen wollten. Da die weichen Pneus schon recht schnell in ihrer Kontaktfreude nachließen, mußte Reutemann auch Emerson Fittipaldi und Denis Hulme vorbeilassen, etablierte sich aber auf dem – für einen Neuling immer noch imponierenden – vierten Rang.

Diesen Platz, der ja immerhin drei WM-Punkte gebracht hätte, verlor der Rookie erst, als er nach 45 Runden seinen Brabham an die Boxen lenkte, um die endgültig abgewetzten Reifen gegen neue zu tauschen. So sprang nach fast zweistündigem Kampf nur ein siebter Platz mit zwei Runden Rückstand auf Sieger Stewart heraus – es ist noch kein Meister vom Himmel gefallen.

Erst zehn Rennen, oder fast auf den Tag genau acht Monate später, sollte es die ersehnten ersten Punkte geben: Im Großen Preis von Kanada wurde Reutemann Vierter. Die drei mit diesem Rang verbundenen Punkte reichten für einen 16. Platz in der WM-Wertung, den er mit Andrea de Adamich und Carlos Pace teilen mußte.

Mehr schien auch Bernie Ecclestone, der zu Jahresbeginn Jack Brabhams Formel 1-Team, MRD, aufgekauft hatte, nicht von Reutemann erwartet zu haben, denn der Argentinier blieb im Team. Graham Hill hingegen, der alternde Schnauzbart, mußte Wilson Fittipaldi, Emersons älterem Bruder, Platz machen.

Carlos Reutemann beendete die 73er-Saison als Siebter, nachdem er sechsmal in die Punkte gekommen war und in Le Castellet und Watkins Glen, jeweils als Dritter, sogar auf dem Treppchen gestanden hatte.

Um diese Leistung zu beurteilen, muß man sich an das Kräfteverhältnis der Formel 1 in jenen Tagen erinnern. Tyrrell, Lotus und McLaren waren die Top-Teams. Die sechs Piloten dieser Teams zu schlagen, war für die Konkurrenten eine entsprechend schwere Aufgabe. Carlos Reutemann, als haltsuchender, sensibler Fahrer im Brabham-Team, das nach dem Besitzer-Wechsel noch unter Anlaufschwierigkeiten litt, sicherlich nicht optimal aufgehoben, brachte es immer wieder fertig, in die Phalanx der »großen Sechs« einzudringen.

Im spanischen WM-Lauf auf dem malerischen Circuito Montjuic, hätte Reutemann sogar »um ein Haar« den Sieg davongetragen. In der Schluß-phase des Rennens jagte er Emerson Fittipaldi, der sich allerdings aufgrund eines schleichenden Plattfußes nicht mehr richtig zur Wehr setzen konnte. Daß das Duell der beiden Südamerikaner dann zugunsten des Weltmeisters Fittipaldi ausging, war nicht sein Verdienst. An Reutemanns Brabham brach im entscheidenden Augenblick eine Antriebswelle.

Es kam also keineswegs unerwartet, daß Reutemann 1974 seine ersten Siege im Grand Prix-Sport feierte. Gleich dreimal, in Kyalami, Zeltweg und Watkins Glen, holte sich der Argentinier die volle Punktzahl. Da eine verhältnisgerechte Anzahl weiterer Plazierungen auf Punkterängen ausblieb – Reutemann holte sich neben den drei ersten Plätzen nur fünf WM-Punkte – sah er sich nur an sechster Stelle des Endklassements, als zum Saison-Ende Bilanz gezogen wurde.

Immerhin hatte er sich gegenüber dem Vorjahr verbessert, und diese steigende Tendenz setzte sich 1975 fort. Nur ein Sieg, dieser allerdings auf einem soliden »Unterbau« weiterer guter Plazierungen, und Reutemann war

WM-Dritter hinter Niki Lauda und Emerson Fittipaldi. Der Sieg wog viel und brachte dem »Indianer« große Anerkennung, denn er erzielte ihn nirgendwo anders als auf dem Nürburgring, der anspruchsvollsten aller Bühnen des Grand Prix-Zirkus.

Reutemann verdankte diesen Sieg zwar im wesentlichen dem Reifenpech einiger Vorderleute, doch der Triumph war alles andere als unverdient. Er lag während des gesamten Rennens auf einem der vorderen Plätze, Rang Fünf war sein »Tiefstpunkt«, und er fuhr mit 7:7,7 Minuten die zweitschnellste Runde des Sonntags. Nur Clay Regazzoni war mit einer Zeit von 7:6,4 Minuten noch schneller, ein Rundenrekord, der übrigens nie unterboten werden sollte. Daß Reutemann weniger als einige seiner Vorderleute über die Flachbordsteine der Kurvenbegrenzungen und die Seitenstreifen räuberte, war wohl mehr die Besonnenheit des Klassefahrers als Glück, wie manche Kritiker meinten, die nicht wahrhaben wollten, daß der »Indianer« zur Creme der Branche zählte.

Dem Jahr des größten Erfolgs folgte ein Jahr der Enttäuschungen. Team-Chef Ecclestone setzte 1976 nicht mehr auf den Ford-Cosworth als Antriebsaggregat seiner Boliden. Man traf bei Brabham ein Abkommen mit Alfa Romeo und vertraute fortan auf den Alfa-12-Zylinder »33 TT 12«, eine Konstruktion Carlo Chitis. Mit 500 PS zählte dieser Motor zu den stärksten, mit 181 kg war er allerdings auch der schwerste. Eingebaut in den Brabham BT 45 addierte sich ein Kampfgewicht von 620 kg. Damit war der Brabham-Alfa der gewichtigste aller Formel 1-Wagen der 76er-Saison. Zum Vergleich: der von Robin Herd gezeichnete March 761 brachte 580 kg auf die Waage.

Reutemann steuerte das ungelenke Monster in Jarama auf Platz Vier und kassierte dafür drei Punkte. Mehr gab's 1976 für ihn nicht. Mit sieben Zählern war Team-Kollege Carlos Pace, der 1974 zu Brabham gestoßen war, nicht wesentlich erfolgreicher. Reutemann, der sich in der Rolle des Versuchskaninchens nicht sonderlich wohlfühlte und dem Ford-Motor nachtrauerte, überwarf sich mit seinem langjährigen Brötchengeber Ecclestone, bevor die Saison vorüber war.

Niki Lauda war auf dem Nürburgring gestürzt und hatte sich durch das Einatmen giftiger Gase schwer verletzt. Auf der Suche nach Ersatz fiel es Enzo Ferrari leicht, den Brabham-Alfa-müden Argentinier zum Team-Wechsel zu überreden: Zum Großen Preis von Italien 1976 trat Ferrari mit drei Fahrern an. Neben dem überraschend schnell genesenen Lauda und der Standard Nr. 2, Clay Regazzoni, saß Reutemann in einem der roten Wagen mit dem caballo rampante als Wappentier.

Der erste Einsatz nach dem sensationellen Transfer während der Saison wurde wenig beachtet: Das week-end stand ganz im Zeichen von Niki Laudas überraschendem Comeback, das mit einem unerwarteten vierten Platz für den Österreicher endete.

In den beiden Saisonabschluß-Rennen in Übersee trat Ferrari mit dem gewohnten Zwei-Mann-Team, Lauda und Regazzoni, an – Reutemann sollte erst 1977 den Schweizer Regazzoni ablösen.

Gemessen an Reutemanns hohen Erwartungen, die von der Fachwelt geteilt wurden, verlief die 77er-Saison für den Argentinier enttäuschend: 42 Punkte, darunter neun für den Sieg in Brasilien, brachten zwar den vierten Platz in der WM, waren aber weniger als erhofft, zumal Team-Kollege Niki Lauda bewies, daß der Ferrari perfekt lief. Lauda wurde mit 72 Punkten nach 1975 zum zweitenmal Champion. Wieder einmal mußte Reutemann alle Hoffnungen auf den Titel um ein Jahr verschieben.

Die Voraussetzungen waren dann 1978 tatsächlich günstig. Lauda hatte das Team in Richtung Brabham verlassen, und als neue Nr. 1 erwartete Reutemann die Aufmerksamkeit des Teams, die ihm im Schatten des alles beherrschenden Österreichers gefehlt hatte. Wahrscheinlich wäre auch alles gut gegangen, hätten nicht Mario Andretti und Ronnie Peterson, die beiden Lotus-Piloten, über die absoluten Top-Autos der Saison verfügt. Reutemann siegte viermal, nur Andretti kreuzte die Ziellinie als Erster öfter (sechsmal). Wie bereits 1975 wurde »der Indianer« Dritter der Fahrer-WM: mit 48 Punkten erzielte er dabei die zweithöchste Ausbeute in seiner Karriere. Sein bestes Jahr sollte erst noch kommen – aber noch nicht 1979.

Reutemann war zu Lotus gewechselt, zu spät, wie sich herausstellen sollte, denn das Glück hatte sich von Chapman abgewandt und sich für 1979 zur Abwechslung einmal wieder bei Ferrari eingenistet . . .

Im Vergleich zum Vorjahr lief bei Lotus nichts mehr. 20 Punkte, sechster Rang in der WM, kein einziger Sieg – für einen Carlos Reutemann eine verschenkte Saison.

Reutemanns und Chapmans Wege trennten sich wieder. Die 80er Jahre nahm er in einem Williams-Ford unter die Räder. Er hatte ein sehr erfolgreiches Jahr und lernte in Monaco wieder das Siegen. Das gute Endergebnis – dritter Platz mit 42 Punkten – war aber nur der Auftakt für seine beste Saison.

1981, im zehnten Jahr seiner Formel 1-Karriere, griff der Argentinier nach der Krone des Weltmeisters, und er griff knapp daneben. Das ändert nichts daran, daß der »älteste Reutemann, den es je gab«, der beste Reutemann war, den die Formel 1 je sah.

Aber auch der 81er Reutemann blieb seiner alten Unsitte treu: In entscheidenden Augenblicken zeigte er Nerven. In den ersten fünf WM-Läufen der Saison plazierte sich Reutemann zweimal als Sieger, zweimal als Zweiter und einmal als Dritter. Er schien einen Stammplatz auf dem Siegertreppchen zu haben. Mit den bis dahin kassierten Punkten hatte er bereits einen Elf-Punkte-Vorsprung vor Nelson Piquet, seinem hartnäckigsten Verfolger, herausgefahren. In Monaco riß der Faden: Reutemann schied mit Getriebeschaden aus.

Im Jahrhundert-Grand Prix von Spanien – die ersten fünf Fahrer trennten im Ziel gerade 1,24 Sekunden – war er wieder vorne mit dabei: Platz Vier.

Nach einem zehnten Platz in Dijon kam er in Silverstone hinter Überraschungssieger John Watson als Zweiter ins Ziel. Reutemann hatte damit, nach neun von fünfzehn Wertungsläufen, 43 Punkte, Piquet, immer noch Zweiter, brachte es auf 26. Die WM schien zugunsten Reutemanns »gelaufen« zu sein.

In den nächsten drei Großen Preisen von Deutschland, Österreich und Holland gab es dann allerdings nur zwei magere Pünktchen für einen fünften Platz in Zeltweg.

Während in Hockenheim ein Motorschaden jeden Punktgewinn unmöglich gemacht hatte, mußte man die »Niederlage von Zandvoort« dem Argentinier persönlich anlasten. Zu Beginn der 19. Runde – es gab keinen Grund, zu diesem Zeitpunkt etwas »über's Knie zu brechen« – ließ er sich eingangs der Tarzan-Kurve auf eine Brechstangen-Aktion mit Jacques Laffite ein, als jeder der beiden »sturen« Piloten so tat, als sei er allein auf der Piste. Die restlichen 53 Runden durften sich beide von den Boxen aus als Zuschauer ansehen...

Als nach Zandvoort Zwischenbilanz gemacht wurde, standen Reutemann und Piquet Kopf an Kopf mit 45 Punkten vorn.

In Monza hätte Piquet schon die WM-Führung übernehmen können: Vor Reutemann liegend schied der Brasilianer jedoch im Verlauf der letzten Runde aus, er wurde aber noch als Sechster gewertet. Neuer Punktestand: Reutemann 49 Punkte, Piquet 46.

Nächster WM-Lauf: Kanada. Die Titelaspiranten trugen ihr Duell im Keller aus. Im verregneten Montreal kam Reutemann als Zehnter ins Ziel, Piquet immerhin als Fünfter. Damit quälte sich der Brasilianer bis auf einen einzigen Punkt an Reutemann heran. Lachender Dritter war Jacques Laffite, der gewann und plötzlich mit 43 Punkten ebenfalls Titelchancen hatte.

Las Vegas, der Parkplatz-Grand Prix auf der wohl künstlichsten aller F 1-Strecken, mußte die Entscheidung bringen. Der Zieleinlauf in der Spielerstadt sah Alan Jones vor Alain Prost, Bruno Giacomelli und Nigel Mansell.

Wo waren die Stars des Tages? Reutemann wurde Achter, Laffite Sechster und Nelson Piquet schleppte sich, einem Hitzschlag nahe, auf Platz Fünf. Es war wie das Finish eines Weinbergschnecken-Rennens. Ein Punkt entschied den Kampf um den Titel zugunsten Piquets.

Reutemann trauerte den zahllosen Chancen des Spätsommers nach: ganze sechs Punkte hatte er aus den letzten sechs Rennen geholt – knapp vorbei ist auch daneben.

Man darf wohl annehmen, daß es bei einer besseren Betreuung durch Team-Chef Frank Williams und Konstrukteur Patrick Head zum Titelgewinn gereicht hätte, doch das Wohlwollen dieser beiden Herren hatte sich Reutemann schon zu Saisonbeginn verscherzt, als er in Brasilien siegte, obwohl ein Boxensignal ihn aufgefordert hatte, den Spitzenplatz an Team-Kollegen Alan Jones abzutreten.

»Ich habe kein Schild gesehen«, meinte Reutemann nach dem Rennen, doch die Geschichte vom kurzsichtigen Formel 1-Star wollte – zurecht – niemand glauben.

So kam es, daß der »Indianer« im entscheidenden Jahr allein auf dem Kriegspfad war.

Nach einem Rücktritt und anschließendem Comeback innerhalb weniger Wochen bestritt Reutemann noch die beiden Auftaktrennen 1982 für Frank Williams, dann machte er endgültig Schluß und trat ab.

Dank eines zweiten Platzes in Kyalami tauchte er auch im 82er WM-Schlußklassement auf. Sechs Punkte, fünfzehnter Rang – drei Punkte und einen Rang besser als 1972, seiner ersten Saison im Grand Prix-Sport.

Jody Scheckter
Das Naturtalent

Als er im April 1971 im Alter von 21 Jahren nach Europa kam, kannte man ihn in der Rennszene seiner südafrikanischen Heimat schon unter seinem Spitznamen »Sideways-Scheckter«. Diesen Namen verdankte er seiner verwegenen – in Kurven oft querstehenden – Fahrweise am Steuer eines fast serienmäßigen Renault Gordini, auf den er vom Kart umgestiegen war.

Das nicht-serienmäßige an Scheckters Renault – die Rede ist von Jody, nicht von dessen zwei Jahre älteren Bruder Ian, der ja ebenfalls dem Automobilrennsport verbunden war – bestand in einem Turbolader, der dem leichten Wägelchen die notwendige Kraft verlieh, die Kurven »sideways« zu nehmen.

Jody Scheckter, der ungeschliffene südafrikanische Rohdiamant, war nach Europa gekommen, um die Hohe Schule des Autorennsports zu erlernen. Zunächst einmal kaufte er sich – ohne geht's nicht – einen Rennwagen. Seine Wahl fiel auf einen Formel-Ford Merlyn MK 11, den Colin Vanderwell angeboten hatte. Vanderwell selbst, dessen Großvater die legendären Vanwall Formel 1-Wagen hatte bauen lassen, war nicht der erste Besitzer des Merlyn gewesen. Ein Brasilianer mit Namen Emerson Fittipaldi hatte auch schon im Cockpit dieses Wagens europäische Rennluft geschnuppert. Schnell stieg Scheckter in die Formel 3 ein, und auch am Steuer dieser Wagen überzeugte der Südafrikaner.

McLaren-Manager Phil Kerr wurde auf den Nachwuchsmann aufmerksam und bot ihm einen Formel 2-Vertrag für 1972 an. Scheckter hatte auch einige interessante Formel 3-Angebote, doch der junge Mann glaubte, daß »McLaren für mich das Beste ist«.

Obwohl der F 2 schlecht auf der Straße lag – Konstrukteur Ralph Bellamy war zu Brabham gegangen, bevor die Kinderkrankheiten überwunden waren – wurde Scheckter im ersten Rennen Vierter. Dank der Unterstützung durch McLaren F 1-Star Denis Hulme wurde der Formel 2 wesentlich verbessert, und schon im nächsten Rennen, in Chrystal Palace, reichte es zum Sieg.

Als McLaren im August in Silverstone Grand Prix-Wagen testete, nahm man Jody Scheckter mit – eine große Auszeichnung. Der Novize legte eine Zeit von 1:20,7 Minuten auf die Bahn und verpaßte damit den bestehenden Rundenrekord um nur eine Sekunde. Von der Leistung des Formel 1-Boliden zeigte sich Scheckter dabei »etwas enttäuscht« . . . Der Mann schien zu Höherem geboren.

Vor schnellen Autos zeigte er jedenfalls keinen Respekt, bald sollte er auch zeigen, daß er vor »großen Namen« keinen Respekt hatte. Jody Scheckter war gerade 22 Jahre alt, als ihn das McLaren-Team – die Testfahrten in Silverstone hatten wohl die Verantwortlichen überzeugt – zu seinem ersten Grand Prix meldete, dem Großen Preis der USA in Watkins Glen. Ohne Scheu vor dem Establishment fuhr sich Scheckter im Training auf Platz Acht und ließ damit 23 Piloten hinter sich. Unter den Fahrern, die sich dem Rookie im Training beugen mußten, waren mit Mario Andretti, den Brüdern Fittipaldi, Jacky Ickx, Patrick Depailler, Carlos Pace, Mike Hailwood und Jean-Pierre Beltoise durchaus Männer, die wußten, wie man einen Grand Prix-Wagen schnell bewegt.

Am Rande des Trainingsgeschehens zeigte sich die »Entdeckung des Jahres« der Situation weitaus weniger gewachsen. Als Team-Chef Teddy Mayer seinen Nachwuchs-Star am Frühstückstisch begrüßte und sah, wie Scheckter große Stücke eines Apfelkuchens vertilgte, wetterte er los: »Ich gebe Tausende von Dollars aus, um unsere Autos leichter zu machen, und du haust dir hier die Pfunde drauf!« Dem verunsicherten Scheckter verschlug's den Appetit und Boß Mayer hatte seinen Spaß.

Das Leistungsgewicht der Kombination Scheckter/McLaren hatte tatsächlich nicht sonderlich unter dem guten Frühstück gelitten, denn lange Zeit konnte sich der Südafrikaner im Rennen auf Rang Vier behaupten. Ein Dreher, der bei mehr Routine durchaus zu verhindern gewesen wäre, warf ihn dann jedoch so weit zurück, daß er erst als Neunter die schwarz-weiß karierte Flagge gezeigt bekam.

Mit diesem Rennen hatte sich Scheckter einen Namen gemacht und galt in der Branche als das größte Talent seit Carlos Reutemann, der im Vorjahr debütiert hatte.

Dem schönen Einstand zum Trotz bot man Scheckter bei McLaren für 1973 nur sporadische Einsätze an. Mit Denis Hulme und Peter Revson glaubte das McLaren-Team – wie alle Neuseeländer nach dem einheimischen

Schnepfenstrauß gern die »Kiwis« genannt – sicherlich zu Recht, das Zwei-Fahrer-Team optimal besetzt zu haben.

Am Großen Preis von Südafrika, dem dritten WM-Lauf der Saison 1973, durfte Scheckter, der Lokalmatador, natürlich teilnehmen. Welchen Luxus sich Teddy Mayer leistete, ein Talent wie Jody Scheckter als »Ersatzmann« im Team zu haben, zeigten schon die Trainingssitzungen am Mittwoch, Donnerstag und Freitag: Der Südafrikaner fuhr die drittschnellste Zeit. Nur Denis Hulme und Emerson Fittipaldi hatten den 1800 Meter über dem Meeresspiegel gelegenen 4,1 km-Kurs schneller umrundet.

Am Renntag beschleunigten dann die beiden McLaren-Piloten Emerson Fittipaldi unmittelbar nach dem Start aus. Hulme fuhr den neuen M 23, Scheckter den älteren M 19. Daß Hulme die Spitze übernahm, überraschte nicht so sehr, aber Jody Scheckter in seinem zweiten WM-Lauf auf Rang Zwei – die Landsleute des stets etwas tapsig wirkenden Krauskopfes jubelten.

Durch einen dramatischen Zwischenfall in der dritten Runde wurde jedoch zunächst die Aufmerksamkeit vom sportlichen Geschehen auf der Piste abgelenkt. In der Bremszone vor der Crowthorne-Kurve hatte sich an Mike Hailwoods Surtees das linke Hinterrad gelöst. Der manövrierunfähige Surtees kollidierte mit dem völlig überraschten Dave Charlton, der seine Fahrt allerdings bis zu den Boxen fortsetzen konnte. Hailwoods Surtees aber blieb entgegen der Fahrtrichtung in der »Fahrrinne« stehen. Die ersten der Nachfolgenden konnten dem Havaristen noch ausweichen, doch dann, als Jacky Ickx und Clay Regazzoni den Engpaß meistern wollten, reichte der Platz plötzlich nicht mehr aus. Der BRM des Schweizers krachte gegen das Hindernis, das Ex-Motorrad-Weltmeister Hailwood noch nicht verlassen hatte und auch Ickx' Ferrari hatte Feindkontakt.

Der BRM stand augenblicklich in Flammen, doch vom Pistenrand aus waren keinerlei Reaktionen des in Bedrängnis geratenen Piloten erkennbar. Die Streckenposten zeigten sich zwar interessiert, griffen jedoch in das Geschehen nur indirekt ein, indem sie über Telefon die Streckenfeuerwehr zum Einsatz baten. Die passive Haltung der Marshalls ist schnell erklärt: Mit Sommerhemden und kurzen Hosen »ausgerüstet«, wären die »Helfer« sehr schnell selbst in Not geraten, wenn sie sich dem Inferno genähert hätten.

Allein Mike Hailwood fühlte sich in der Rolle des Zuschauers derart unwohl, daß er sich zum Handeln entschloß. Bekleidet mit flammabweisendem Overall, Handschuhen und Helm wagte sich »Mike the Bike« bis zu Regazzoni vor. Den Versuch, den BRM-Piloten aus seiner lebensgefährlichen Lage zu befreien, mußte er jedoch zunächst abbrechen. Erst nachdem er sich selbst von einem Helfer hatte löschen lassen – Hailwoods Overall hatte Feuer gefangen – war er in einem zweiten Anlauf erfolgreich und rettete Clay Regazzoni das Leben.

Eine Tapferkeitsauszeichnung der britischen Königin und der »prix rouge et blanc«, der Jo-Siffert-Preis, wurden dem mutigen Mike Hailwood zum Dank verliehen.

Das Rennen war während des Zwischenfalls nicht unterbrochen worden und das Feld wurde unter dem Eindruck der Ereignisse gewaltig durcheinander gerüttelt. Mehr als alle anderen hatte Jackie Stewart die Verwirrung für sich ausgenutzt und war bis auf Platz Eins vorgedrungen. Dabei mißachtete er allerdings die gelben Flaggen, die zum Schutz der Unfallhelfer geschwenkt wurden. Ein entsprechender Protest wurde nach dem Rennen jedoch abgewiesen, weil sich die Zeugen widersprachen.

Scheckter lag weiter auf Platz Zwei. Doch zwischen der 34. und der 44. Runde verlor er zwei Ränge, als ihn Team-Kollege Revson und dann auch Fittipaldi, der Jüngere, überholten, da Scheckters Reifen nicht mehr richtig mitspielten. Er wäre aber als sicherer Vierter ins Ziel gekommen, wenn nicht – in der 76. von 79 Runden – der Ford-Cosworth seines M 19 kollabiert wäre. Seinen Ruf als Wunderknabe und Senkrechtstarter des Grand Prix-Sports hatte er aber – dem Ausfall zum Trotz – durch den Einsatz im Heimat-Grand Prix gefestigt.

Als Peter Revson aufgrund einer Terminüberschneidung mit einem amerikanischen Rennen den französischen WM-Lauf ausließ, kam Scheckters nächste Chance, erste Weltmeisterschaftspunkte zu holen. Daß es ihm tatsächlich beinahe gelungen wäre, in Le Castellet gleich neun Punkte auf einmal einzustreichen, um letztlich doch wieder leer auszugehen, haben Sie bereits im Kapitel über Ronnie Peterson gelesen.

In Silverstone war er als eine der Schlüsselfiguren in die größte Formel 1-Massenkarambolage der letzten Jahre verwickelt. Da es auch in Kanada und den USA, durch Unfall bzw. einen Hinterradaufhängungsschaden, Ausfälle und damit keine Plazierungen gab, ging die Saison zu Ende, ohne daß Scheckter auch nur einen einzigen der ersehnten WM-Punkte kassiert hätte.

Als das Transfer-Karussel für 1974 auf Touren kam, zeigte sich bald, daß es bei McLaren keinen Drive für den Südafrikaner mehr geben sollte. Es ist tatsächlich erstaunlich, mit welch sicherem Instinkt Team-Chef Teddy Mayer immer die größten Talente entdeckte, ihnen die ersten F 1-Einsätze ermöglichte, um sie dann »großzügig« der Konkurrenz zu überlassen: Jody Scheckter, Gilles Villeneuve, Alain Prost – wer nicht will, der hat schon. Immer war es das »Beste vom Besten«, das McLaren vor die Tür setzte.

Ken Tyrrell sah die Freistellung des hoffnungsvollen Nachwuchsfahrers jedenfalls mit größtem Interesse. Jackie Stewart hatte im Herbst 1973 seinen Rücktritt vom F 1-Sport erklärt und Kronprinz Francois Cevert, der bei Tyrrell das Erbe des Schotten hätte antreten sollen, war Ende 1973 in Watkins Glen den Rennfahrertod gestorben. Das Tyrrell-Team, in jenen Tagen unbestritten eins der Top-Teams, stand jedenfalls plötzlich ohne Piloten da.

Ken Tyrrells Wahl bei den fälligen Neuverpflichtungen fiel auf Jody Scheckter und Patrick Depailler, den Franzosen aus Clermont-Ferrand. Aus dem Edelreservisten Scheckter war der Fahrer Nr. 1 bei Tyrrell und damit der Nachfolger des großen Jackie Stewart geworden.

Neunmal fuhr sich Scheckter 1974 »in die Punkte«, davon – nachdem der Knoten mit einem fünften Rang in Spanien geplatzt war – achtmal in Folge. Das war eine der ganz großen Serien – nur sechs Piloten sind mehr Punktgewinne in unmittelbarer Reihenfolge gelungen.

Mit nur 10 Zählern Rückstand auf Emerson Fittipaldi und sieben auf Clay Regazzoni wurde Scheckter 1974 WM-Dritter. Ein verdienter Platz, berücksichtigt man die Achterserie und zwei Siege in Anderstorp und Brands Hatch.

Aufgrund der erfolgreichen Zusammenarbeit kam es nicht unerwartet, daß der Südafrikaner auch 1975 bei Tyrrell blieb. Diese Saison brachte Jody Scheckter zwar den Sieg im Heimat-Grand Prix, doch sonst klappte nicht viel und – gemessen an den hohen Erwartungen – waren 20 Punkte und damit WM-Platz Sieben eine kleine Enttäuschung.

Auch in den folgenden zwölf Monaten fuhr Scheckter für Tyrrell, nicht zuletzt, weil mit dem Projekt 34 ein neuer Wagen im Entstehen begriffen war, der den Sport revolutionieren und Tyrrell zurück auf die Siegerstraße bringen sollte.

Nachdem der Wagen unter Patrick Depailler in Spanien der Feuertaufe unterzogen worden war und in diesem Rennen zeitweise sicher einen überraschenden dritten Rang halten konnte, saß in Zolder auch Jody Scheckter in dem Sensations-P 34.

Das Besondere an diesem Wagen war die Anzahl der Räder: Der Tyrrell P 34 hatte gleich sechs davon – vier vorne, zwei hinten. Konstrukteur Derek Gardner hatte die theoretischen Vorteile eines solchen Dreiachsers erkannt, die mehr Bodenhaftung, durch die kleineren Vorderräder einen besseren c_w-Wert und ein besseres Verhalten auf nasser Piste versprachen. Aber von vornherein waren auch Nachteile offensichtlich. Der Tatzelwurm war außerordentlich teuer, weil Räder, Reifen und Bremsen nicht aus der »Serie« zu verwenden waren. Sechs Räder wiegen mehr, als deren vier und schließlich liegt es auf der Hand, daß ein eventuell fälliger Reifenwechsel mehr Zeit kostet als bei einem konventionellen Wagen.

Scheckter und Depailler, der das Auto durch die Test-Phase pilotiert hatte, kamen mit dem P 34 gut zurecht. Mit Zolder beginnend, fuhr der Südafrikaner sechsmal hintereinander auf einen der ersten sechs Plätze, darunter in Schweden auf den ersten und in Monaco, England und Deutschland auf den zweiten. Mit 49 WM-Punkten stellte Scheckter zwar einen neuen persönlichen Rekord auf, im Kampf um den Titel mußte er sich jedoch James Hunt und Niki Lauda geschlagen geben, die mit ihrem Zweikampf der WM ein dramatisches Finish gaben.

Nach dieser durchaus erfolgreichen Saison kam es unerwartet, daß Scheckter für 1977 bei Walter Wolf unterschrieb. Walter Wolf, der steinreiche Euro-Kanadier, der sich einen Formel 1-Stall hielt, wie andere eine Modelleisenbahn, hatte 1976 dem ewig »klammen« Frank Williams, der erst Jahre später vom Hinterbänkler der Branche zum Star werden sollte, das Team abgekauft. Er erklärte offiziell den Gewinn der WM zum Saisonziel.

Nachdem es aber 1976 bei Wolf nur Mißerfolge gegeben hatte, mußte 1977 ein Topfahrer her, um das erklärte Ziel zu erreichen – koste es was es wolle. Ein Team mit einem einzigen Fahrer sollte den Erfolg garantieren. Ex-Hesketh-Konstrukteur Dr. Harvey Postlethwaite, der später für Enzo Ferrari zeichnen sollte, wurde engagiert, um einen neuen Wagen auf die Räder zu stellen. Scheckter wurde verpflichtet, diesen Boliden zu bewegen. Nicht wenige Beobachter der Szene waren sich sicher: Jody Scheckter ist sportlich »satt« und wechselt zu Wolf, allein der Gage wegen. Gegen die etablierten Teams würde Walter Wolf Racing wohl kaum eine Erfolgschance haben. Wer andere Theorien vertrat, wurde belächelt.

In Buenos Aires – der argentinische WM-Lauf eröffnete die Saison – schnupperte der Wolf WR 1 zum erstenmal Rennluft. Was am 9. Januar 1977 auf dem Circuito Almirante Brown geschah, hatte die Welt des Grand Prix-Sports zuvor nur zweimal erlebt – ein brandneues Auto, der WR 1, siegte. Dieses Meisterstück war bis dahin nur dem Mercedes W 196 in Reims 1955 und dem Lotus 49 in Zandvoort 1967 gelungen.

Aus der Rolle des materialbedingten Außenseiters war der Südafrikaner also mit Saisonbeginn in die eines ernsthaften Titelaspiranten geschlüpft – die Fachwelt hatte Walter Wolf und seine Mannen unterschätzt.

Es war der erste von insgesamt drei Siegen des tiefblau-goldenen Wagens im Jahr 1977, denn auch in Monaco und Kanada duldeten Scheckter und sein Wolf niemanden vor sich. Hätte es 1977 nicht den nach seinem Ring-Unfall ungeheuer motivierten Niki Lauda auf einem hervorragend präparierten Ferrari gegeben, Scheckter wäre Weltmeister geworden. So mußte sich der Wolf jedoch dem springenden Pferd geschlagen geben – Lauda wurde zum zweitenmal in seiner Karriere Champion, Scheckter nach zwei dritten WM-Rängen Vize.

Auch 1978 trat Walter Wolf Racing mit Jody Scheckter an. Doch 1978 war ein Lotus-Jahr und Scheckter spielte nicht die erwartete Rolle im Kampf um Siege und Punkte. Walter Wolfs und Jody Scheckters Wege trennten sich nach Saisonende. Der Südafrikaner ging zu Ferrari und machte 1979 seinen Traum vom Gewinn der Weltmeisterschaft wahr. Der Multimillionär Wolf unterhielt sein F 1-Team noch ein Jahr, dann verlor er die Lust an seinem »Spielzeug« und verschwand, wie er gekommen war – von einem Tag auf den anderen.

Scheckters Titelgewinn, auf den er seit vielen Jahren hingearbeitet hatte, verlief weitaus weniger glanzvoll, als es ihm und seinen Fans lieb gewesen wäre – es war mehr ein Triumph der Gleichmäßigkeit und Zuverlässigkeit, als der Überlegenheit. Viele schätzten Gilles Villeneuve, Scheckters Team-Kollegen bei Ferrari, höher als den Südafrikaner ein, andere waren von Alan Jones stark beeindruckt: Der Australier hatte vier der letzten sechs WM-Läufe des Jahres 1979 gewonnen und damit Großes angekündigt.

Die Kritiker des Weltmeisters seien aber daran erinnert, daß Scheckter in zwölf von 15 WM-Läufen punktete und immerhin in Zolder, Monte Carlo und Monza als Erster die Zielflagge gezeigt bekam.

Bevor er Ende 1980 zurücktrat, bestritt er noch ein weiteres Jahr bei Ferrari – wohl mehr ein »Anstandsjahr«, als der ernsthafte Versuch einer Titelverteidigung. Mit nur zwei Zählern, die ihm den 19. WM-Rang brachten, war es die mit Abstand »magerste« aller komplett von ihm bestrittenen Rennjahre in der Formel 1. In Kanada leistete er sich sogar eine Nichtqualifikation – seine einzige in neun Jahren Grand Prix-Sport. Zu seiner Ehrenrettung sei allerdings vermerkt, daß sich 1980 die Ferrari in denkbar schlechter Verfassung befanden. Auch Gilles Villeneuve, dem man sicherlich keine Passivität am Lenkrad vorwerfen kann, kam nur auf sechs Punkte . . .

Clay Regazzoni
Zum Kämpfen geboren

Aus zwei Gründen ist das Wochenende vom 5./6. September 1970 in die Geschichte des Automobilrennsports eingegangen. Es war das Wochenende des italienischen Grand Prix in Monza, das dem Deutsch-Österreicher Jochen Rindt den Tod und dem Tessiner Gianclaudio Guiseppe Regazzoni den ersten Grand Prix-Sieg brachte.

Bereits in seinem fünften Formel 1-Einsatz gelang es dem verwegenen Schweizer, solche Fahrer wie Jackie Stewart, Denis Hulme, John Surtees und Jack Brabham – immerhin alles F 1-Weltmeister – zu schlagen. An jenem 6. September fuhr sich Regazzoni in die Herzen der italienischen Zuschauer. Wohl selten hat ein Ausländer in Monza Hausrecht genießen dürfen wie er, sieht man einmal von John Surtees ab, dem die Tifosi sogar den Ehrentitel ›Figlio del vento‹ – Sohn des Windes – gegeben hatten, was gleichermaßen Sympathie und Respekt symbolisierte.

Clay Regazzone wurde am 5. September 1939 in Lugano geboren – sein erster WM-Sieg war also ein selbstpräsentiertes Geburtstagsgeschenk.

Er startete seine Karriere auf einem Austin Sprite, dem ein Mini folgte. Im Alter von 25 Jahren zwängte er sich zum erstenmal in einen richtigen Rennwagen, einen Formel 3-de Tomaso, als er in Monthléry einen Rennfahrer-Kurs belegte.

Sein Formel-Debüt, das er in Imola gab, war ungewohnt farblos, weil sich sein Wagen alles andere als konkurrenzfähig erwies. Das änderte sich, als ihm der damals weitaus bekanntere Schweizer Fahrer Silvio Moser, dessen Rennwagen-Transporter Regazzoni einige Male beherzt bewegt hatte, einen Brabham lieh. Auf diesem Auto schuf sich Regazzoni schnell den Ruf eines talentierten und mutigen Fahrers, der allerdings keinen Dreher oder Total-schaden scheute, wenn es galt, das letzte aus einem Rennwagen herauszuho-len. Tecno bot daraufhin dem wilden Tessiner einen Platz in Temporada-Team für 1966 an. Das kleine Werk beförderte ihn anschließend zum Stamm-Fahrer für die 67er-Saison.

1968 blieb er dem italienischen Team treu und fuhr zweigleisig Formel 3- und Formel 2-Rennwagen. Dabei untermauerte er auf spektakuläre Art und Weise seinen Ruf als Sieg- und Crashpilot.

Im folgenden Jahr offerierte ihm der große Enzo Ferrari ein Auto – auch wenn es noch kein F 1-Bolide, sondern ›nur‹ ein Formel 2-Wagen war, muß man diese Verpflichtung als großes Kompliment verstehen. Die erwarteten Erfolge blieben jedoch aus, was allerdings mehr auf die roten Renner aus Maranello, denn auf den Piloten zurückzuführen war. Der greise Commen-datore war offensichtlich selbstkritisch genug, sich dieses einzugestehen, denn für 1970 wurden dem Schweizer erste F 1-Einsätze versprochen. Großzügigerweise stellte man ihn gleichzeitig für die Formel 2 frei. Dies nutzte Regazzoni optimal, indem er wieder zurück zu Tecno ging und sich die Formel 2-Europa-Trophäe holte.

Die von Ferrari zugesagten F 1-Drives sahen in der Praxis so aus, daß er sich einen zweiten Werks-Ferrari abwechselnd mit Ignazio Giunti teilte, was beide Nachwuchspiloten natürlich unter einen enormen Druck setzte. Den Auftakt in dem Gemeinschafts-Auto machte Ignazio Giunti in Spa-Francor-champs, als Ferrari erstmals seit Mexiko 1969 einen zweiten Wagen ein-setzte. Der Römer nutzte diese Chance souverän und legte im indirekten Duell gegen Regazzoni einen unerwarteten vierten Platz vor.

Der nächste Lauf war der niederländische GP und damit durfte, getreu nach Absprache, Regazzoni ins Lenkrad des zweiten Wagens greifen. Daß da tatsächlich zwei gleichwertige Nachwuchsleute heranreiften, wurde äußer-lich deutlich, als sich Regazzoni ebenfalls in seinem ersten WM-Lauf den vierten Platz holte. Was es heißt, WM-Punkte im ersten Anlauf zu kassieren, sieht man, wenn man bedenkt, daß dieses Husarenstück in den 70er Jahren insgesamt nur sechs Neulingen gelang: Reine Wissel (1970 USA), Ignazio Giunti (1970 Spa), Clay Regazzoni (1970 Zandvoort), Mark Donohue (1971 Mosport), Arturo Merzario (1972 Brands Hatch) und George Follmer (1973 Kyalami).

In Clermont-Ferrand durfte wieder Giunti fahren und Regazzoni mußte zuschauen. Der Italiener lag auf einem guten neunten Rang, als er – das Rennen war noch keine zehn Runden alt – mit stehendem Motor an die

Boxen rollte. Das Bremspedal hatte sich gelöst (!), und bevor dieser Jahrhundertdefekt repariert war, hatte die Spitze natürlich einigemal Start und Ziel passiert. Mit drei Umläufen Rückstand wurde Giunti 14. und Letzter. Die Reihe war wieder an Regazzoni, als der GP-Zirkus nach England aufbrach, um in Brands Hatch aufzutreten. Wie in Zandvoort kam er als Vierter ins Ziel und hätte wohl sogar auf dem Treppchen stehen dürfen, wenn nicht in der Schlußphase des Rennens die Bremsen die Lust an ihrem Job verloren hätten.

In Österreich – jetzt durften Regazzoni und Giunti fahren, da Ferrari gleich drei Autos einsetzte – wurde der Sieganspruch des Schweizers noch deutlicher: erste pole-position für Regazzoni. Im Rennen wurde er Zweiter – sechs Zehntelsekunden hinter seinem Teamkollegen Jacky Ickx. Giunti wurde mit einer Runde Rückstand Siebter, nachdem er einen sicheren vierten Rang durch Reifenwechsel nach 38 Runden verloren hatte.

Der Rhythmus des Fahrerwechsels im zweiten Ferrari wurde unterbrochen, als Regazzoni in Hockenheim den Wagen erneut anvertraut bekam. Der Rennleiter hielt den Schweizer aufgrund seiner Formel 2-Erfahrung auf der badischen Strecke für den Windschattenschlacht-tauglicheren Piloten – mit Recht. Regazzoni dankte das in ihn gesetzte Vertrauen mit einem dritten Rang im Training und einem großartigen Rennen. Erstmals bei einem Grand Prix in Führung liegend, begeisterte er das Publikum und spielte im Kampf um die Spitze lange Zeit eine Schlüsselrolle. Nach gut 30 Runden ging dann allerdings das Getriebe des Wagens fest und der Schweizer verabschiedete sich mit einem unvermeidlichen, gewaltigen Dreher in der Opel-Kurve. Das Rennen hatte allerdings gezeigt, daß der ungestüme Mann drauf und dran war, seinen ersten GP zu gewinnen.

Es folgte das tragische Wochenende von Monza, an dem Jochen Rindt tödlich verunglückte und Regazzoni der ersehnte erste Sieg gelang.

Die Übersee-Expedition zu den Finalläufen in Kanada, den USA und Mexiko unternahmen für Ferrari Jacky Ickx, die Nr. 1, und Clay Regazzoni. In Kanada und Mexiko belegten beide, in der Reihenfolge Ickx, Regazzoni, die Ränge Eins und Zwei. In Watkins Glen patzte Ferrari: Ausfall für Ickx, 13. Platz für Regazzoni, der sich mit defektem Motor um den Kurs quälte.

In nur acht Einsätzen hatte es Regazzoni auf 33 Punkte und Platz Drei in der Weltmeisterschaft gebracht. In nur acht Einsätzen war er einer der begehrtesten (von den Team-Chefs) und beliebtesten (beim Publikum) Fahrer geworden. An seiner unbekümmerten und unerhört einsatzfreudigen Fahrweise sollte sich bis zum Ende seiner Laufbahn im Jahre 1980 nichts ändern. Bis dahin jedoch war es noch ein weiter Weg – 124 WM-Läufe waren dem lebensfrohen Schweizer noch vergönnt, bevor ihm am 30. März 1980 in Long Beach bei Höchstgeschwindigkeit das Bremspedal seines Ensign-Ford brach...

1971 und 1972 blieb Clay Regazzoni bei Ferrari unter Vertrag, die Erfolge der ersten Saison konnte er jedoch nicht wiederholen. Ein siebter und ein sechster WM-Rang machten weder den Tessiner noch seinen Arbeitgeber sonderlich glücklich. Zu Saisonende '72 setzte Enzo Ferrari seinen Lieblingsfahrer vergangener Tage vor die Tür.

Bei BRM fand er ein neues Cockpit, doch das Team aus Bourne befand sich nach Jahren des Erfolges auf einer steilen Bergabpassage in die Bedeutungslosigkeit, die Ende 1975 mit der Auflösung des Teams endete. Die kläglichen Versuche der Jahre 1976 und 1977, das Team wieder aufleben zu lassen, sollte man im Interesse der Verantwortlichen vergessen.

Regazzoni gab dem BRM zwar einige Male spektakulär die Sporen, so stellte er in Buenos Aires letztmalig in der Geschichte des GP-Sports einen BRM auf die pole-position, doch unterm Strich sprangen nur zwei Punkte und der 17. WM-Platz heraus. 1973 war das erfolgloseste von elf Regazzoni-Jahren in der Formel 1, sieht man einmal von der letzten, unfreiwillig abgebrochenen, Saison ab.

Daß die Chefs der F 1-Teams nicht nur unbedingt auf die nackten Ergebnisse potentieller Neuzugänge achten, sondern vielmehr versuchen, die gezeigte Leistung in Relation zum Auto zu sehen, wurde wieder einmal deutlich, als Regazzoni Ende 1973 zurück ins Ferrari-Team berufen wurde.

Schnell zeigte sich, daß er bei BRM tatsächlich nichts verlernt hatte. Mit 52 Punkten wurde er Vizeweltmeister hinter seinem Team-Kollegen Niki Lauda. Sein Sieg auf dem Nürburgring, der schwierigsten Strecke des gesamten Jahresprogramms, bewies, daß er fahrerisch höchsten Ansprüchen gerecht wurde.

Im folgenden Jahr, er bestritt seine fünfte Saison bei Ferrari, machte er sich auf dem ›Ring‹ sogar ›unsterblich‹, als er mit einer Zeit von 7:6,4 Minuten einen neuen Rundenrekord aufstellte, der nicht mehr gebrochen wurde.

Es folgte eine weitere Saison bei Ferrari und dann zwei Jahre bei Ensign (1977) und Shadow (1978), eine Zeitspanne, die nur bescheidene Erfolge brachte. Regazzoni zeigte jedoch einen ungebrochenen Kampfgeist, der ihn in der Gunst von Fans und Fachleuten nach wie vor auf den vorderen Plätzen rangieren ließ.

Als sich im Herbst 1978 der Deutsche Hans Stuck wieder einmal von seiner untalentiertesten Seite zeigte, indem er einen angebotenen Drive bei Frank Williams für die nächste Saison ausschlug, sprang Regazzoni mit Freuden als ›zweite Wahl‹ ein. Es sollte das letzte große Jahr des Schweizers werden, das ihn, in Silverstone, zum fünften Mal als Sieger eines WM-Grand Prix sah. Im WM-Schlußklassement belegte er, wie 1975 und 1976, den fünften Rang. Unverständlich, daß Frank Williams den Vertrag nicht verlängerte – ausgerechnet am Tag seines Triumphes in England nahm Williams Kontakte zu Carlos Reutemann auf, der Regazzoni 1980 dann tatsächlich ablösen sollte.

Regazzoni ging zurück zu Mo Nunn, für dessen Ensign-Team er ja schon 1977 eine Saison bestritten hatte.

Am 30. März stand der US-Grand Prix West in Long Beach auf dem Programm. Nach 50 der 80 zu fahrenden Runden lag der Schweizer hinter Piquet, Patrese und Arnoux auf dem vierten Platz. Ich glaube nicht, daß es seitdem noch einmal einem Piloten gelungen ist, einen Ensign soweit nach vorne zu fahren.

Dann geschah die Katastrophe: Am Ende des Shoreline Drive schoß Regazzoni ungebremst über die Spitzkehre ›Queen's Hairpin‹ hinaus, prallte gegen den abgestellten Brabham Ricardo Zuninos und landete in einem Reifenstapel, der als Schutzwall errichtet worden war. Das Bremspedal hatte der Belastung nicht standgehalten und war gebrochen. Neben leichteren Verletzungen zog sich Clay Regazzoni, der so viele Ausritte ohne Blessuren überstanden hatte, eine schwere Wirbelsäulenverletzung zu, die ihn seitdem an den Rollstuhl fesselt.

Als eine der letzten großen Kämpfernaturen vom Schlage eines Pedro Rodriguez oder Jo Siffert, ist Regazzoni auf allen Pisten unvergessen. Er zählte zu den Rennfahrern, die ihren Beruf als Berufung und nicht als Weg zum großen Geld verstanden – nie hat er sich aus taktischen Gründen mit einem Rang zufrieden gegeben, wenn er die Möglichkeit sah – und sei es in der Zieleinlaufkurve – den Vordermann noch abzufangen.

Clay Regazzoni war ein Vollblutrennfahrer, wohl deshalb hat ihn Enzo Ferrari öfter als jeden anderen Piloten ans Steuer eines seiner Grand Prix-Wagen gelassen.

Charlos Pace
Stille Wasser gründen tief

Es mag viele überraschen, aber die brasilianische Großstadt Sao Paulo ist wohl die Gemeinde auf unserem Globus mit dem größten Output an Grand Prix-Fahrern. Denn nicht nur die Brüder Emerson und Wilson Fittipaldi sowie Nelson Piquet, sondern auch Carlos Pace war Bürger dieser Stadt.

Der Sohn italienisch-stämmiger Eltern, die es in Brasilien mit einer Textilfabrik zu Reichtum gebracht hatten, sollte eigentlich – wie seine Brüder – in die Fußstapfen des Vaters treten und ›in Tuch machen‹. Im Alter von nur 16 Jahren beschloß der am 6. Oktober 1944 geborene Carlos dann allerdings, Rennfahrer zu werden, und der junge Mann nahm seine Pläne sehr ernst. Der Herr Papa wurde zur Kasse gebeten – ein 125 cm^3-Kart mußte ins Haus. Sechs erste Plätze reichten aus, um in der Brasilianischen Meister-schaft Vize zu werden. Wilson Fittipaldi belegte den vierten Rang in dieser Meisterschaft.

1963 nahm Pace dann die nächste Sprosse auf der Leiter nach oben, als er anfing, Tourenwagen-Rennen zu fahren. Das Talent des jungen Mannes wurde schon im ersten Rennen deutlich. Er hatte einen privaten 1-Liter-DKW gemeldet und überzeugte bereits im Training so sehr, daß er für das Rennen einen Dauphine Gordini des renommierten brasilianischen Tourenwagen-Teams ›Team Willys‹ anvertraut bekam, den er dankbar annahm.

Es folgten weitere Einsätze für Team Willys und 1965 reichten die Resultate sogar aus, um die nationale Tourenwagen-Meisterschaft zu gewinnen.

1967 konnte er dann auch die GT-Meisterschaft für sich entscheiden und immer noch gehörten die Fittipaldis zu seinen Konkurrenten. 1969 hörte er natürlich von den Erfolgen Emerson Fittipaldis in Europa und entschloß sich im Oktober dieses Jahres, sich auch einmal in der Welt umzuschauen – aus vielen Rennen der Vergangenheit wußte er: Was Emerson kann, das kann ich auch.

Mit der Hilfe Emerson Fittipaldis bekam er für die Saison 1970 einen Lotus 59 Formel 3-Rennwagen von Jim Russell. Die Sponsorgelder einer brasilianischen Bank hoben ihn dann 1971 ins Cockpit eines Formel 2 March 712 M von Frank Williams. Gleich im ersten Rennen gab es einen dritten Platz, doch unterm Strich verlief die Saison sehr unerfreulich, auch wenn es später in Imola zum Sieg reichte.

Im folgenden Jahr – Emerson Fittipaldi sollte seinen ersten WM-Titel gewinnen – gelang Carlos Pace der Sprung in die Formel 1. Er fuhr für das Team Williams Motul, aber man darf nicht den Fehler machen, das Team des Frank Williams von 1972 mit dem von heute gleichzusetzen. Das Williams Team, für das Pace seine erste F 1-Saison bestritt, gehörte zu den Hungerleidern der Branche. Es verfügte über March-Wagen, einen neuen vom Typ 721 für Henri Pescarolo und einen alten 711 für den Neuling. Der in Brands Hatch eingesetzte, von Len Bailey konstruierte Politoys erwies sich als Niete.

Trotz des miserablen Materials gab es Punkte für Pace: In Spanien wurde er Sechster, in Belgien – es war einer der beiden Läufe in Nivelles – Fünfter. Zu Saisonende trennte sich Pace von Frank Williams, der Brasilianer schloß sich John Surtees an. Diese ›neue Ehe‹ dauerte 22 WM-Läufe oder eineinhalb Jahre und brachte Pace drei Plazierungen in den Punkträngen, wobei ein dritter Platz in Zeltweg 1973 die beste Plazierung war.

Als sich Bernie Ecclestone zu Mitte der Saison 1974 nach einem neuen zweiten Fahrer umsah – an Rikky von Opel hatte er ebenso die Freude verloren, wie zuvor an Richard Robarts –, fiel sein Auge auf Carlos Pace. Ecclestones Vorliebe für südamerikanische Piloten ist tatsächlich auffällig. Ganz vorsichtig, auf dem Umweg über John Goldie Racing with Hexagon – für die sich Pace in Dijon allerdings nicht zum Rennen qualifizieren konnte – wurde der Brasilianer zu Ecclestones Motor Racing Developments gehievt. Damit hatte er endlich den Sprung in ein Team geschafft, das ihm einen

Wagen zur Verfügung stellten konnte, mit dem WM-Läufe zu gewinnen waren. 1974 brachte dann mit einem zweiten Platz hinter Brabham-Fahrer Reutemann in Watkins Glen zwar noch nicht den erhofften Sieg, aber immerhin eine persönliche Bestleistung.

Mit großen Hoffnungen und viel Selbstvertrauen ging Pace in das nächste Rennjahr. Zwar fiel er im argentinischen Saisonauftakt-Rennen aus, doch im zweiten Lauf, in Interlagos, erfüllten sich seine Wünsche. Carlos siegte, es war sein erster Sieg in der Formel 1, der ihm zusätzlich große Genugtuung verschaffte, weil er in direktem Duell Emerson Fittipaldi, den Gegner aus unvergessenen Jugendtagen, um fünf Sekunden schlagen konnte.

In Kyalami setzte sich zunächst Paces Überlegenheit fort, als es ihm gelang, die schnellste Trainingszeit zu fahren. Im Rennen kam es jedoch anders als erwartet: Anfänglich in Führung liegend, fiel er immer weiter zurück und im Ziel war nicht mehr als ein vierter Rang zu holen. Der Grund für den langsamen Abstieg wurde erst nach Rennende bekannt, als Pace mitteilte, daß seine Bremsen nachgelassen hatten, und er jedesmal mit dem Bremspedal pumpen mußte, bevor die gewünschte Verzögerung eintrat.

Der nächste WM-Lauf, das Auftaktrennen des europäischen Saisonteils, fand in Spanien statt. Schauplatz des denkwürdigen Rennens war der Montjuich-Kurs am Stadtrand der nordspanischen Hafenstadt Barcelona. Aus Gründen der Sicherheit für Aktive wie Zuschauer war der malerisch gelegene Kurs den Fahrern ein Dorn im Auge. Als sich vor dem ersten Training herausstellte, daß die Leitplanken äußerst liederlich montiert und an manchen Stellen die von der GPDA geforderten dreifachen Planken nicht vorhanden waren, kam es unter der Leitung Emerson Fittipaldis zum Streik. Allein Jacky Ickx, Vittorio Brambilla und später dann auch Bob Evans und Roelof Wunerink nahmen das Training auf.

Erst unmittelbar vor dem letzten der vier angesetzten Trainingsläufe brach die Streikfront zusammen und der Kampf um Zeiten und Startplätze begann. Auch Emerson Fittipaldi fuhr jetzt. Der Doppelweltmeister bummelte jedoch langsam um den Kurs und fand damit eine neue Form des Protestes.

Daß die Masse der Fahrer dreiviertel des Trainings versäumt hatte, sollte sich gerade auf diesem kompliziert zu fahrenden Kurs am Renntag durch zahlreiche Stürze negativ bemerkbar machen.

Die Katastrophe, die sich später im Verlauf der 26. Runde des Rennens abspielte, war ursächlich jedoch weder auf mangelndes Training, noch auf die unvorschriftsmäßig montierten Leitplanken zurückzuführen.

Zunächst begann das Rennen mit einem Paukenschlag. Nur dreihundert Meter nach dem Start kollidierten Niki Lauda und Clay Regazzoni, die beiden Trainingsschnellsten. Lauda mußte aufgeben, Regazzoni schleppte seinen demolierten Ferrari in langsamer Fahrt zu den Boxen, ließ den Schaden richten und nahm die Fahrt wieder auf. In Runde Zwei erwischte es Patrick Depailler, während Wilson Fittipaldi und Arturo Merzario in

Solidarität mit Emerson Fittipaldi, der bereits abgereist war, aufgaben. Mark Donohue, Alan Jones, der seinen ersten WM-Lauf bestritt, James Hunt, Mario Andretti und Tom Pryce rutschten als nächste in die Leitplanken – zum Glück verlief alles glimpflich und strafte diejenigen Lügen, die behauptet hatten, ein Unfall auf dieser Strecke müßte unweigerlich Fahrer und Zuschauer als Opfer fordern.

Nach Niki Lauda, James Hunt und Mario Andretti hatte das immer kleiner werdende Feld unterdessen in dem Kölner Rolf Stommelen seinen vierten Spitzenreiter. Stommelen führte mit wenigen Metern Vorsprung vor Carlos Pace und Ronnie Peterson, nachdem Mario Andretti ausgefallen war. Die Führung war zwar ›geerbt‹, doch wohlverdient, wenn man bedenkt, daß es dem Rheinländer am Steuer des nur bedingt konkurrenzfähigen Embassy-Hill gelang, Piloten wie Pace und Peterson auf sicherlich besseren Wagen in Schach zu halten. Die Spitze – Peterson war unterdessen auch ausgeschieden – nahm gerade die 26. Runde in Angriff, als an Stommelens Hill in Höhe des Sprunghügels am Ende der Start- und Zielgeraden der Heckspoiler wegbrach. Damit verlor die Hinterachse von einer Sekunde auf die andere den Anpreßdruck. Der Wagen krachte – vom Piloten nicht mehr kontrolliert – auf der linken Streckenseite in die Leitplanken und von dort diagonal über die Piste in die Leitplanken der gegenüberliegenden Seite. Auf diesem Weg streifte er den Brabham Carlos Paces, der ja nur wenige Meter hinter Stommelen gelegen hatte. Während Pace nach 200 Metern Leitplankenkontakt, mit demoliertem Wagen, aber unbeschadet, am Beginn der Links-Haarnadel zum Stillstand kam, erhielt Stommelens Hill Auftrieb und landete nach einem 60-Meter-Flug in der Gasse zwischen Leitplanken und dem Maschendrahtzaun, der die Zuschauer schützen und zurückhalten sollte.

Ein Streckenposten, ein Fotograf, ein Feuerwehrmann und ein kleiner Junge, den der Feuerwehrmann in diese gefährliche Sperrzone eingeschleust hatte, wurden auf der Stelle getötet. Zehn Menschen, unter ihnen auch Rolf Stommelen, wurden zum Teil schwer verletzt – der Unfall sollte insgesamt fünf Menschenleben kosten. Graham Hill, der 1969 an der selben Stelle aufgrund des gleichen Defektes verunglückt war – wie übrigens auch noch Jochen Rindt – kam gemeinsam mit Wilson Fittipaldi von den nahegelegenen Boxen herbeigerannt und fand seinen Fahrer in den Trümmern des Wagens. Die Verletzungen Stommelens – ein Schock sowie schwere Arm-, Bein- und Rippenbrüche – mußten unter den gegebenen Umständen als glimpflich angesehen werden.

Das Rennen wurde nach 29 von 75 Runden abgebrochen, was die chaotischen Bergungs- und Rettungsbemühungen etwas begünstigte. Weil die geforderte Mindestdistanz nicht zurückgelegt worden war – an eine Wiederaufnahme des Rennens dachte niemand – erhielten die sechs Erstplazierten nur die halbe Punktzahl: Jochen Mass, der sich über diesen Sieg verständlicherweise nicht freuen konnte, erhielt 4,5 Punkte, Jacky Ickx drei,

Carlos Reutemann zwei, Jean-Pierre Jarier 1,5, Vittorio Brambilla einen und Lella Lombardi einen ½ Punkt. Der Kurs hatte sein letztes Formel 1-Gastspiel gesehen, das war jedem bei der Abreise aus Barcelona klar.

Carlos Pace, der der spanischen Katastrophe um Haaresbreite entkommen war, stand zwei Wochen später in Monaco als Drittplazierter bereits wieder auf dem Siegerpodest. Es folgten ein fünfter Platz in Zandvoort und ein zweiter in Silverstone. Mit 24 Punkten, die ihm WM-Rang Sechs brachten, war die Saison 1975 die beste seiner Karriere.

Daß es 1976 keine Steigerung geben konnte, war schon vor Saison-Beginn ein offenes Geheimnis. Ecclestone verbannte nämlich den bewährten Ford-DFV-Motor aus seinem Brabham-Team und setzte auf Alfa Romeos Zwölfzylinder. Es handelte sich um den von Carlo Chiti konstruierten Typ 33 TT 12, dessen Hauptmerkmale sein hohes Gewicht und seine enorme Leistung waren. Cordon Murray baute um die italienische Kraftquelle ein neues Fahrgestell, den BT 45. Der britisch-italienische Bolide war in seiner ersten Saison verständlicherweise nur bedingt konkurrenzfähig – Motor und Wagen mußten ebenso zueinander finden, sie waren wie die Ingenieure und Mechaniker grundverschiedene Charaktere. Die sieben Punkte, die Pace 1976 einfuhr, waren unter diesen Umständen ein respektables Ergebnis.

1977 sollte die Saat des Vorjahrs aufgehen und geerntet werden. Tatsächlich gab es im Auftaktrennen in Argentinien Platz Zwei für Pace. In Brasilien führte er sogar für sechs Runden das Feld an, kollidierte dann jedoch mit James Hunt und mußte später aufgeben.

Auch in Südafrika zeigte der Brasilianer seine Sieg-Ambitionen. Als Trainingszweiter versiebte er jedoch den Start, und die anschließende Verfolgungsjagd bekam seinen Reifen derart schlecht, daß er sie zweimal wechseln lassen mußte, was jede Hoffnung auf eine gute Plazierung zerstörte.

Noch im selben Monat stürzte in Brasilien eine kleine Sportmaschine ab – unter den Toten war auch Carlos Pace. Als ein Fahrer, der Talent, Können und Bescheidenheit miteinander verband, zählte Pace zu den sympathischsten Erscheinungen im GP-Sport.

Jochen Mass
Höhen und Tiefen

Er hat 105 Läufe zur Fahrerweltmeisterschaft bestritten, 71 WM-Punkte kassiert, und sein Name unterscheidet sich nur in einem einzigen Buchstaben von dem eines der größten Rennfahrer der Nachkriegszeit. Seinen ersten F 1-WM-Lauf fuhr er 1973, es war das berühmte Crash-Rennen von Silverstone, das nach einer Massenkarambolage am Ende der zweiten Runde abgebrochen werden mußte. Der Neuling der Branche, die Rede ist von Jochen Mass, hatte das Pech, in das Drama verwickelt zu werden, und so war für ihn das Rennen nach 9,4 Kilometern bereits zu Ende. Eine große Enttäuschung für den jungen Deutschen, wenn man bedenkt, wie lange er auf das Ziel ›Formel 1‹ hinarbeiten mußte.

Angefangen hatte alles 1968. Nachdem Jochen Mass mit 17 Jahren die Schule verlassen hatte, trat er zunächst in die Handelsmarine ein, was ihm bis auf den heutigen Tag den Namen ›Exseemann‹ einbrachte. Das Deckschrubben kann ihm nicht sonderlich viel gegeben haben, denn bevor die Ausbildung beendet war, sagte er den sieben Weltmeeren Ade. Statt auf schwankenden Planken tat er nun in der Filiale eines großen Bankhauses Dienst. Als er nach drei Monaten einen Dreijahresvertrag vorgelegt bekam, verweigerte er die Unterschrift und mußte sich mal wieder nach etwas Neuem umsehen. Eile war geboten, denn Vater Staat wollte ihm für 18 Monate den grauen Rock verpassen – nur ein neuer Lehrvertrag konnte ihn ›retten‹.

Es war eine echte Notlösung, daß er sich bei einem Alfa Romeo-Händler als Mechaniker verdingte. Nun war dieser Alfa-Händler ein großer Freund des Motorsports und eh' er sich's versah, pilotierte Jochen Mass eine Giulia Super bei kleineren Bergrennen und Clubveranstaltungen. Der ehemalige Porsche-Werksfahrer Jochen Neerpasch, in jenen Tagen Rennleiter bei Ford-Deutschland, wurde auf Mass aufmerksam und lud ihn zu einem Sichtungslehrgang für junge Talente nach Zandvoort ein. Der Australier Tim Schenken und Dr. Helmut Marko, ein Schulfreund Jochen Rindts, stellten sich übrigens zur selben Zeit Neerpaschs kritischen Blicken.

Jochen Mass bekam tatsächlich einen Ford-Vertrag und durfte auf einem 2,4 Liter-Capri an der Berg-Europameisterschaft teilnehmen. Ein zweiter Platz in seiner Klasse bewies, daß sich seine Entdecker nicht getäuscht hatten, als sie auf Mass setzten.

Der Sprung in einen Monoposto-Rennwagen gelang 1971. Bei sechs Starts in der Formel Super-Vau kam er zweimal als Erster ins Ziel. Dann verhalf Jochen Neerpasch ihm zu einem Brabham BT 35, einem Formel 3, und schon im vierten Rennen gab es einen Sieg. Der Erfolg fand Beachtung, schlug er doch die britischen Formel 3-cracks auf deren ureigenem Territorium.

1972 brachte, neben weiteren Formel 3-Einsätzen, die ersten Gehversuche in der Formel 2 – er durfte Ronnie Petersons Werks-March fahren, wenn dieser durch Langstreckeneinsätze für Ferrari verhindert war.

Im folgenden Jahr bot John Surtees der deutschen Nachwuchshoffnung einen F 2 für die Europameisterschaft an. Damit war der Knoten endgültig geplatzt. Nach drei abgebrochenen Ausbildungen – auf See, in der Bank und in der Montagegrube – hatte Jochen Mass einen Beruf gefunden. Einen Beruf, der ihm Freude bereitete und für den er großes Talent besaß. ›Big John‹ Surtees war von Mass derart beeindruckt, daß er ihm für Silverstone die Teilnahme am britischen Grand Prix anbot. In die geschilderte Massenka-rambolage verwickelt worden zu sein, brachte Mass keinerlei Nachteile. John Surtees hatte klar erkannt, daß den Deutschen nicht die geringste Schuld traf.

Schon auf dem Nürburgring erhielt er seine nächste F1-Chance. Das Unfallauto von Silverstone war für Mass wieder aufgebaut worden und gut genug, den Piloten mit 0,9 Sekunden Rückstand auf Emerson Fittipaldi auf Platz Sieben zu tragen. Zum Saisonende durfte er, als frischgebackener Formel2-Vizemeister, mit in die Vereinigten Staaten reisen, um in Watkins Glen seinen dritten GP zu fahren. Er war im Rennen bereits bis auf Platz Neun vorgedrungen, als der Motor streikte und der Wagen beiseite geschoben werden mußte.

Das nächste Jahr brachte Mass wenig Erfreuliches. Bei Surtees ging alles ›drunter und drüber‹ und die enttäuschten Piloten verfügten nur über Material zweiter Klasse. Die Tatsache, daß Carlos Pace zu Mitte der Saison das Team verließ, und daß das Team Surtees insgesamt mit Carlos Pace, Jochen Mass, José Dolhelm, Derek Bell, Jean-Pierre Jabouille, Dieter Quester und Helmut Koinigg sieben Fahrer einsetzte, spricht für sich. Gerade das Hick-Hack im Personellen ist ein untrügliches Zeichen für den desolaten Zustand eines Teams. Wie Pace warf auch Mass den Krempel hin, bevor die Saison vorüber war. Die Kombination Mass-Surtees trat auf dem Nürburgring zum letzten Mal an.

Daß der Deutsche trotzdem 1974 noch zweimal – Kanada und USA – an den Start gehen konnte, verdankte er dem zweiten McLaren-Team, das für den auf dem Ring schwer gestürzten Mike Hailwood einen Ersatzfahrer suchte. Mass dankte das Angebot mit einem siebten Rang in Watkins Glen.

So waren die ersten Kontakte zu McLaren-Boss Teddy Mayer geknüpft, und als Denis Hulme Ende 1974 seinen Rücktritt vom aktiven Sport erklärte, erinnerte man sich an Jochen Mass und holte ihn als Sekundanten für Emerson Fittipaldi ins Werksteam. Damit stand den ersehnten Erfolgen eigentlich nichts mehr im Wege, denn mit dem McLaren M 23 verfügte Mass über konkurrenzfähiges Material – jetzt war der Fahrer am Zuge zu zeigen, was er konnte. Tatsächlich holte er sich – praktisch aus dem ›Nichts‹, denn er hatte ja in den Vorjahren keinen einzigen Punkt einfahren können – 1975 den siebten Platz in der WM. Er teilte diesen Platz mit Jody Scheckter, der wie Mass 20 WM-Punkte gesammelt hatte.

Wenn er trotzdem mit dem Saisonverlauf nicht ganz glücklich war, dann hatte das zwei Gründe. Da waren zum einen die Ereignisse von Montjuich, die zwar den ersten Grand Prix-Sieg brachten, dies allerdings unter Umständen, die keine Freude aufkommen ließen. Das zweite Rennen, das ganz anders verlief, als Jochen Mass es sich erhofft hatte, war sein Heim-Grand-Prix, der Große Preis von Deutschland auf dem Nürburgring.

Mit 7:1,8 Minuten fuhr Mass in Training die sechstbeste Zeit. Damit hatte er nur 3,2 Sekunden Rückstand auf Niki Lauda, dessen Zeit von 6:58,6 Minuten als Fabelzeit gefeiert wurde. Ein Zeitverlust von 3,2 Sekunden auf einer Strecke von 22,835 Kilometern – ohne Laudas Leistung schmälern zu wollen –, das ist ein Unterschied auf der Uhr, nicht in der Qualität.

Aber wie auch immer, Jochen Mass zählte zum engsten Favoritenkreis für diesen WM-Lauf. Im Rennen lief es auf den ersten Kilometern dann auch vielversprechend. Im Streckenabschnitt Hatzenbach, der ersten anspruchsvollen Passage, lag er bereits auf Rang Vier. Aber noch im Verlauf der ersten Runde kam – zu seiner und des Publikums Enttäuschung – das Aus: In der Fuchsröhre, einem ultraschnellen Bergabstück, platzte ein Vorderreifen seines Wagens! In den Schrecksekunden der Zickzack-Fahrt zwischen den Leitplanken bot der McLaren M 23 dem Piloten zum Glück soviel Schutz, daß er den spektakulären Abgang unverletzt überstand. Das Auto, der M 23/ 4, tauchte allerdings auf keiner Rennstrecke mehr auf. . .

Auch 1976, Mass fuhr weiterhin für Teddy Mayers McLaren-Team, hatte er mit James Hunt eine neue Nr. 1 vor der Nase. Aber ein Triumph lag auf dem Nürburgring wieder im Bereich des Möglichen. Als das Rennen mit mehr als dreißig Minuten Verspätung gestartet wurde, war die Strecke naß. Mit einer einzigen Ausnahme stand das gesamte Feld auf Regenreifen. Der Fahrer, der sich traute, im Reifenpoker so hoch zu reizen und unter diesen Bedingungen auf Slicks zu setzen, war Jochen Mass, dem bei dieser Entscheidung sicherlich seine außergewöhnlichen Ortskenntnisse halfen. Die Rechnung schien aufzugehen.

Während Mass auf der abtrocknenden Piste die Vorteile seiner profillosen Reifen voll ausspielen konnte, mußten die Konkurrenten an die Boxen, um auf Slicks nachzurüsten. Nach nur zwei Runden hatte der Deutsche einen praktisch uneinholbaren Vorsprung und die 250000 Zuschauer stellten sich schon auf den ersten Sieg eines deutschen Fahrers im heimischen GP seit Rudolf Caracciola 1939 ein, als es das Schicksal anders wollte.

Bei Kilometer 10,4, zwischen Exmühle und Bergwerk, verlor Niki Lauda die Kontrolle über seinen Ferrari, und das Rennen mußte unterbrochen werden, weil die Strecke blockiert war. Das Rennen wurde neu – über die volle Distanz – gestartet, doch das Wetter hatte aufgeklart und die Zeit des Pokerns war vorbei. Jetzt standen alle Wagen auf Slicks, und das alte Kräfteverhältnis war wieder hergestellt. Daß Mass auch unter gleichen Bedingungen vorne mithalten konnte, stellte er in den nächsten eindreiviertel Stunden unter Beweis: Hinter James Hunt und Jody Scheckter wurde der Exseemann und Exbankkaufmann als Dritter abgewinkt.

Insgesamt kam Jochen Mass 1976 achtmal in die Punkte und belegte zu Saisonende mit 19 Punkten den neunten Rang im WM-Klassement. Ein achtbares Ergebnis, das ausreichte, auch im folgenden Jahr für McLaren fahren zu dürfen.

Das dritte Jahr bei Teddy Mayer brachte sogar Rang Sechs, die beste Plazierung, die Mass in seiner Karriere erreichte. In Anderstorp trennten ihn weniger als neun Sekunden vom zweiten GP-Sieg, als er sich Jacques Laffite geschlagen geben mußte. Das war allerdings gleichzeitig seine letzte große Gelegenheit, durch einen weiteren Sieg die Bestätigung in der Formel 1 zu finden und die Ereignisse von Montjuich vergessen zu lassen. Der erste Platz von Barcelona fand aufgrund der tragischen Begleitumstände nämlich nie die Anerkennung, die ein GP-Sieg gemeinhin findet.

Als Teddy Mayer für 1978 die Weichen stellte, gab es für den Deutschen keinen Platz mehr bei McLaren. Angeblich waren letztlich die Argumente des Hauptsponsors Marlboro ausschlaggebend für diese Kündigung. Der Franzose Patrick Tambay, der seine Stelle einnahm, war in jenen Tagen fahrerisch jedenfalls nicht höher einzustufen als Jochen Mass. Daß es aber Jochen Mass in drei Jahren auf absolut konkurrenzfähigen Wagen nicht gelungen war, sich einen entsprechend guten Namen zu verschaffen, wurde klar, als er 1978 nirgendwo anders unterkam als bei ATS.

Ein siebter Platz in Brasilien war die beste Plazierung, die Mass auf seinem ATS HS 1 erzielen konnte, die Erfolge vergangener Tage waren nicht zu wiederholen.

Daran änderte sich auch nichts, als Mass nach nur einem Jahr das Team Günter Schmids verließ und bei Arrows unterkam. Dort holte er sich zwar, an der Seite Riccardo Patreses, innerhalb zweier Jahre sieben WM-Punkte, doch das konnte einen Piloten, der immerhin achtmal auf dem Siegerpodest gestanden hatte, nicht befriedigen.

1981 widmete er sich ganz seinem zweiten Standbein im internationalen Motorsport – den Langstreckenrennen – und legte, die Formel 1 betreffend, eine › Denkpause‹ ein. Als es ihm über private Kanäle jedoch gelang, für 1982 einen Formel 1-Sponsor zu finden, stieg er noch einmal in die höchste Klasse des Automobilrennsports ein. Mit dem March-Ford hatte Mass jedoch einen Wagen gefunden, der wohl das schlechteste Auto war, das er in der Formel 1 je pilotierte – den 78er ATS eingeschlossen.

Im Auftaktrennen der Saison 1982, dem Großen Preis von Südafrika, klappte es den Umständen entsprechend gut: 12. Platz mit drei Runden Rückstand auf den Sieger Alain Prost, dessen Renault RE 30 B mit dem March von Mass wohl kaum etwas gemeinsam hatte, sieht man einmal von den vier Rädern ab.

In Brasilien gab es sogar einen zehnten (aus dem am grünen Tisch ein achter wurde) Platz – war der March besser als sein Ruf, oder sahen die Zuschauer den besten Mass, den es je gegeben hatte? Als es dann im dritten Rennen (Long Beach) zu einem neunten Rang reichte, war diese Frage zwar noch nicht beantwortet, fest stand aber, daß Jochen Mass sich offensichtlich nicht nur für's Dabeisein bezahlen ließ – der Deutsche fuhr mit einem Engagement, das an seine frühen Tage erinnerte.

In Imola gehörte das March-Team mit zu den Boykotteuren, dann stand der Große Preis von Belgien auf dem Programm und das Unheil nahm seinen Lauf. Während der zweiten gezeiteten Trainingssitzung des Wochenendes, am Samstag, dem 8. Mai, kreuzten sich um 13.52 Uhr auf der Rückseite des Kursus zwischen dem Hügel und der Terlaemen-Kurve auf verhängnisvolle Art die Wege von Jochen Mass und Gilles Villeneuve, dem kanadischen Weltklassepiloten.

Während Mass relativ langsam war (er war in dieser Runde nicht auf Zeitenjagd), fuhr Gilles Villeneuve, der auf den March auflief, auf Zeit. Die Geschwindigkeitsdifferenz betrug ca. 100 km/h, als Villeneuve plötzlich den Weg vor sich versperrt sah, denn Jochen Mass bewegte seinen Wagen auf der Ideallinie. Die sicherlich leichtsinnige Fahrweise des Deutschen hätte allein die Katastrophe noch nicht ausgelöst, aber leider beging Mass einen zweiten schweren Fehler. Für kaum wahrnehmbare Bruchteile einer Sekunde hatte Villeneuve gezögert, dann hatte er die Situation schon beurteilt und eine Entscheidung getroffen: er lenkte seinen Ferrari auf die rechte Seite der Piste, um die wandelnde Straßensperre zu passieren. In diesem Augenblick zog auch Mass nach rechts und ›machte zu‹ – das Schicksal des unglücklichen Gilles Villeneuve war besiegelt.

Jochen Mass mußte sich in diesem Zusammenhang natürlich zwei Fragen gefallen lassen: Hat er vergessen, in den Rückspiegel zu blicken, bevor er seine Spur änderte? Oder hat er in den Rückspiegel geblickt...? Auch ein Villeneuve konnte jedenfalls die Kollision nicht verhindern. Als das linke Vorderrad des Ferrari mit dem rechten Hinterrad des March in Berührung kam, war die gefürchtete Katapultwirkung unvermeidlich und der Ferrari stieg, ohne sichtbar an Geschwindigkeit verloren zu haben, in die Luft. Der Autor glaubt, in dieser Phase des Unfalls gehört zu haben, daß der Kanadier noch geistesgegenwärtig die Zündung seines Ferrari ausschaltete. Dem Aufprall des Wagens hielten weder die Gurt- noch die Sitzverankerungen stand und der Fahrer wurde quer über die Rennstrecke in die Fangzäune geschleudert. Die Fliehkräfte, denen Villeneuve in diesen Augenblicken ausgesetzt war, werden deutlich, wenn man bedenkt, daß er während des Sturzes Helm, Nomexhaube, Schuhe und Strümpfe verlor.

Die sofort eingeleiteten Rettungsmaßnahmen verliefen kläglich. Das Training wurde zwar sofort unterbrochen, bis zuletzt kam jedoch unverständlicherweise keiner der zahlreichen Krankenwagen an die Unfallstelle. Nur wenige hundert Meter vom neu errichteten Reanimationszentrum entfernt, wurde der äußerlich unverletzte, doch tief Bewußtlose nicht einmal richtig gelagert. Nach fast dreißig Minuten – Herzmassage und Mundzumundbeatmung waren abgebrochen worden – entschloß man sich, den Schwerverletzten in einem Kombifahrzeug der Streckensicherung abzutransportieren. Ein Hubschrauber brachte ihn noch in die Universitätsklinik von

Leuwen, wo die Ärzte kurz nach Mitternacht den Kampf gegen den Tod verloren.

Eine winzige Nachlässigkeit, die in einem anderen Beruf wahrscheinlich gar nicht erkannt worden wäre, hatte ein Menschenleben gekostet.

Nur zehn Wochen nach dem tragischen Wochenende von Zolder schienen sich die Ereignisse zu wiederholen. Auf dem Programm stand der Große Preis von Frankreich, Schauplatz war der Circuit Paul Ricard. In einen Zweikampf mit Jochen Mass verstrickt, versuchte der Arrows-Pilot Mauro Baldi seinen deutschen Kontrahenten eingangs der Courbe des Signes bei annähernd 300 km/h rücksichtslos auszumanövrieren. Während Baldis Wagen ins Abseits kreiselte, kam Mass weniger glücklich davon. Die Rückenverletzungen, die er sich zuzog, bedeuteten für ihn das vorzeitige Aus in der laufenden Saison.

Die Gründe für den Rücktritt von Mass vom GP-Sport zu Saison-Ende liegen wohl gleichermaßen in den Ereignissen von Zolder und Le Castellet. Seitdem ist er im Langstreckensport aktiv, wo er immer noch zu den schnellen und zuverlässigen Fahrern zählt.

James Hunt
Mit den Millionen des Lords

Die Wege, die einen Rennfahrer in die Formel 1 führen, sind oft sehr merkwürdig. So hätte es der Brite James Hunt, der später immerhin Weltmeister werden sollte, nie geschafft, in der Formel 1 unterzukommen, wenn er ›klassisch‹ hätte entdeckt werden müssen.

1972 trieb sich Hunt bereits im vierten Jahr in der Formel 3 herum, ohne es weiter gebracht zu haben als zum inoffiziellen Crash-König dieser Klasse. James ›Shunt‹, wie er deshalb bereits gerufen wurde, einen Formel 2 oder gar Formel 1 anzubieten, kam keinem der etablierten Team-Chefs in den Sinn. Der Traum von der großen Rennfahrerkarriere schien vorbei zu sein, bevor er begonnen hatte.

Im Sommer 1972 kam es dann jedoch zu einer Begegnung, die James Hunt alle Türen zum großen Motorsport öffnen sollte – er traf Lord Alexander, den dritten Baron von Hesketh. Seine Lordschaft, damals nicht älter als 21 Jahre, hatte gerade die Hesketh-Millionen geerbt, nachdem ein Onkel für immer die Augen geschlossen hatte.

Der junge Multimillionär fand Gefallen an dem Bruchpiloten James ›Shunt‹, dem dabei sicherlich erstmals die sündhaft teure Erziehung auf der ›Wellington School‹ zugute kam.

Schnell reiften Pläne heran, im folgenden Jahr gemeinsam ins Grand Prix-Geschäft einzusteigen. Als Team-Manager wurde ›Bubbles‹ Horsley verpflichtet, den seine Lordschaft schon aus den Tagen erster Gehversuche in der Formel 3 kannte. Dr. Harvey Postlethwaite heuerte als Ingenieur bei Hesketh an, nachdem er zuvor an der Seite Robin Herds sein Talent unter Beweis gestellt hatte. Bei John Surtees wurde ein Formel 1-Rennwagen bestellt und schon war das neue Team fertig.

Als sich herausstellte, daß der Surtees nicht rechtzeitig geliefert werden würde, ließ Lord Alexander Top-Manager-Qualitäten durchblicken: Ein March wurde geordert. Um standesgemäß untergebracht zu sein, quartierte man das Team auf seiner Lordschafts Landgut in Towcester ein, einem ehrwürdigen Gemäuer, das von niemand geringerem, als Sir Christopher Wren, dem Architekten der St. Paul's Cathedrale, erschaffen worden war.

Im Juni 1973 war es soweit, in Monte Carlo gab das neue Team seinen Einstand. Es war das erste Rennen auf der ›neuen‹ Strecke, und ließ im wesentlichen in den Bereichen Gasometerkurve, Tunnel und Schwimmbad kaum noch Vergleiche mit dem alten Kurs zu. Was Monte Carlo allerdings geblieben war, waren die unzähligen Möglichkeiten, einen Rennwagen unsanft an die Leitplanken anzulehnen. Daß James Hunt alias James Shunt keine dieser Möglichkeiten wahrnahm, seinen Wagen zu Schrott zu fahren, wurde von Insidern positiv vermerkt. Wenn der ›neue Engländer‹ trotzdem nicht über die volle Distanz kam, so lag das an einem Motorschaden, der ihn in der 74. von 78 Runden stoppte.

Sportlich gesehen, war das Debüt also gelungen, aber auch abseits der Piste machte das Team von sich reden. Als Lord Alexander, ein großgewachsener Zwei-Zentner-Mann, eines Abends in sein Hotel zurückkehrte, mußte er erfahren, daß der Lift außer Betrieb war. Scheinbar mürrisch zückte der Spaßvogel eine 100-Franc-Note, steckte sie dem livrierten Überbringer dieser ›Hiobsbotschaft‹ in die Tasche und knurrte: »Dann tragen Sie mich 'rauf! . . .«

Schon der zweite Einsatz – Schweden hatte man ausgelassen – brachte erste WM-Punkte: James Hunt wurde Sechster in Le Castellet. In seinem Drang nach vorne war das junge Team kaum zu bremsen. In Silverstone – die Hesketh-Basis Towcester liegt in Hörweite der Rennstrecke – griff Hunt zur Freude des Publikums sogar in den Kampf um die Führung ein. Es war übrigens jenes Rennen, das nach einem Massen-Crash in der Eröffnungsphase abgebrochen werden mußte. Auch wenn ihm Revson, Peterson und Hulme im Finale das Nachsehen gaben, änderte dies nichts an der Tatsache, daß James Hunt an jenem 14. Juli der Durchbruch zum ernsthaften GP-Sieganwärter gelungen war: Vierter Platz mit nur 3,4 Sekunden Rückstand auf den Sieger, Fahrer der schnellsten Runde des Rennens und Gewinner des Journalisten-Preises für den einsatzfreudigsten Piloten.

Im nächsten WM-Lauf stand er dann bereits auf dem Treppchen – dritter Platz in Zandvoort. James ›Shunt‹ war vergessen, und England träumte bereits vom ersten englischen Weltmeister seit Graham Hill.

Zeltweg brachte einen Ausfall in der vierten Runde, weil die Benzinpumpe streikte.

In Monza reiste das Team bereits nach dem ersten Training ab. James Hunt hatte ›in Tradition gemacht‹ und in der Ascari-Schikane den March demoliert.

Im kanadischen Regen-Nebel-Reifenwechsel-Chaos-Rennen sprang dann immerhin ein siebter Platz heraus. Doch diese drei Rennen waren nur die Ruhe vor dem Saisonhöhepunkt für Hunt und seinen Lord.

In Watkins Glen wurde er, der noch ein Jahr zuvor als ewiger Formel 3-Fahrer zu versauern drohte, nur mit 0,6 Sekunden Rückstand auf Ronnie Peterson Zweiter. Zur Würdigung dieser Leistung muß man sich noch einmal verdeutlichen, daß dem relativ unerfahrenen Hunt diese blendende erste Formel 1-Saison am Steuer eines March 731 gelang. Dr. Harvey Postlethwaite hatte das Auto zwar in die Mangel genommen, doch wer behaupten will, Hunt hätte 1973 Materialvorteile gehabt, der irrt.

Für Lord Alexander Hesketh war es jedenfalls keine Frage, daß er auch 1974 mit einem eigenen Team dem Grand Prix-Sport treu bleiben würde. Um die Chancen seines Schützlings noch zu verbessern, gab der Lord seinem Konstrukteur den Auftrag, einen neuen Rennwagen zu bauen – der Hesketh-Ford entstand. Erst zum Race of the Champions, einem Rennen, das nicht zur Weltmeisterschaft zählt, wurde der Hesketh 308 fertig. Sein WM-Debüt gab er in Südafrika, nachdem die beiden südamerikanischen WM-Auftaktrennen der Saison in Argentinien und Brasilien noch mit dem alten March bestritten wurden.

Daß es doch ein großer Unterschied ist, ob man einen fertigen Wagen modifiziert, oder ob man ein vollkommen neues Projekt vom Reißbrett auf die Rennstrecke zu bringen versucht, wurde Hesketh und seinen Mannen während der nächsten Rennen klar.

Die ersten Punkte im neuen Auto gab es in Schweden. Es war der fünfte Einsatz des 308, den James Hunt in Anderstorp knapp hinter den beiden Sechsrad-Tyrrells von Scheckter und Depailler über die Ziellinie fuhr. Die Neukonstruktion hatte damit ihre Tauglichkeit unter Beweis gestellt, und so waren die dritten Plätze in Zeltweg und Watkins Glen weniger Überraschung, als Bestätigung. Mit einem vierten Platz in Kanada kam Hunt 1974 auf insgesamt 15 Punkte, einen mehr als im Vorjahr.

Nach diesem verheißungsvollen Anfang fiel Lord Alexander die Entscheidung leicht, weiterzumachen. James Hunt, der aufgrund der gezeigten Leistungen auch in einem der Top-Teams untergekommen wäre, blieb seinem Mäzen treu. Daß diese Entscheidung richtig war, stellte sich bald heraus. In Argentinien wurde James Hunt Zweiter, nachdem er sich, in Führung liegend, gedreht hatte.

Die Saison 1975 umfaßte insgesamt 14 Wertungsläufe, die in zwei Gruppen à sieben Grand Prix eingeteilt waren. Zu den sechs Punkten von Argentinien kam in der ersten Saisonhälfte nur noch ein einziger Zähler hinzu, den sich der Engländer in Brasilien verdiente. Anschließend fiel Hunt ins Mittelfeld zurück, sieht man einmal vom Unglücksrennen in Barcelona ab, das ihn während der ersten sieben Runden in Front sah.

In der zweiten Saisonhälfte platzte dann jedoch endgültig der Knoten im Team des dicken Lords. Hunt fuhr 26 Punkte ein und war damit zweiterfolgreichster Pilot der ›Rückrunde‹, nur Niki Lauda erzielte mit 32,5 Punkten ein noch besseres Ergebnis.

In Zandvoort, es war der 21. Einsatz eines Hesketh in der WM, gelang sogar das Meisterstück, als er für sich und das Team den ersten Sieg herausfuhr. Dabei mußte er immerhin Niki Lauda auf den zweiten Platz verweisen, um die Schachbrett-Flagge als Erster zu sehen.

Obwohl das Team nach der großartigen zweiten Saisonhälfte mit 33 Punkten – die für James Hunt Rang Vier in der WM bedeuteten – erfolgreich Bilanz machen konnte, sperrte Lord Alexander Hesketh Ende 1975 seinen Rennstall zu. Zum einen hatte er sein hochgestecktes Ziel, einen Grand Prix zu gewinnen, erreicht, zum anderen verdarben ihm die hohen Kosten den Spaß am Grand Prix-Geschäft. Der lebenslustige Lord, der während des Trainings kein größeres Vergnügen kannte, als aus dem eigenen Hubschrauber heraus seinem Fahrer ›auf die Finger‹ zu schauen, war nämlich ein kühler Rechner, der keineswegs gewillt war, sein Vermögen einem Hobby zu opfern.

Vor den Toren des Grand Prix-Zirkus stand mit Walter Wolf ein neuer Formel 1-verrückter Millionär, der Alexander Heskeths Teams aufkaufte und Dr. Harvey Postlethwaite gleich mit übernahm. Die Rennwagen hießen fortan nicht mehr Hesketh 308 C sondern FW 05. Die Regie an den Boxen übernahm Frank Williams, der branchenbekannte Hungerleider. Der Pilot James Hunt war allerdings nicht Bestandteil der ›Konkursmasse‹.

Da sich Emerson Fittipaldi nach zwei Jahren bei McLaren gerade in den Kopf gesetzt hatte, eine eventuelle dritte Weltmeisterschaft auf einem brasilianischen Wagen zu erreichen, und Teddy Mayer deshalb Ade gesagt hatte, brauchte James Hunt nicht lange nach einem neuen Arbeitgeber zu suchen.

Mit McLaren hatte James Hunt endlich ein großes Team im Rücken, das alle Voraussetzungen bot, nach der Weltmeisterkrone zu greifen.

Die Saison 1976 wurde zu einer der umkämpftesten in der Geschichte der WM. Erstmals verhärteten sich dabei die Fronten im Kampf um den Titel so sehr, daß wiederholt Entscheidungen auch neben der Piste gesucht und gefunden wurden.

Die Hauptrollen in dieser denkwürdigen Saison spielten Titelverteidiger Nikolaus Lauda, damals bei Ferrari unter Vertrag, und James Hunt. Sechsmal standen im Verlauf der Saison der Österreicher und der Engländer gemeinsam in der ersten Startreihe. Obwohl Hunt Laudas Tempo also durchaus mithalten konnte, behielt der Titelverteidiger zunächst einmal die Oberhand. Lauda siegte in Brasilien und Südafrika, in Long Beach kam ein zweiter Platz hinzu.

In Spanien, wo der europäische Saisonteil begann, traten neue Bestimmungen in Kraft, die im Zeichen der Sicherheit des Piloten die Formel 1-Konstruktionsbestimmungen betrafen. Erstmals konnte sich Hunt – der erst sechs Punkte auf seinem Konto hatte – in der laufenden Saison gegen Lauda durchsetzen und den Österreicher mit 31 Sekunden Rückstand auf den zweiten Platz verweisen.

Die Freude über den Sieg währte aber nur kurze Zeit. Bei der Wagenkontrolle im parc fermé stellten die technischen Kommissare nämlich fest, daß James Hunts Auto gegen die neuen Bauvorschriften verstieß: Im Bereich der Hinterräder war der M 23/8 18 Millimeter breiter, als es die CSI erlaubte. James Hunt wurde disqualifiziert. In Jacques Laffite – der Heckflügel seines Ligier war drei Zentimeter zu weit hinten montiert – fanden die strengen, aber gerechten Kontrolleure noch ein zweites Opfer. Doch der Franzose grämte sich weit weniger als Hunt, hatte er doch nur Rang Zwölf belegt.

Zum ersten Mal in der WM-Geschichte schien also nicht der Erste, sondern der Zweite gewonnen zu haben. Die Atmosphäre im Grand Prix-Zirkus wurde kühl. Als am 5. Juli das Berufungsgericht der FIA in Paris einem Protest des McLaren-Teams nachgab, die Disqualifikation von Jarama aufhob und in eine Geldstrafe umwandelte, wurde offen von einem Skandal gesprochen.

Sollte man sich vorteilverschaffende Regelverstöße in Zukunft ›kaufen‹ können? Niki Lauda wollte schon offiziell anfragen lassen, was es denn, bitte schön, koste, wenn man mit einem 4-Liter-Motor antrete. Der Österreicher nahm die Sache jedoch nicht allzu ernst, stand er doch nach der am 4. Juli in Frankreich abgeschlossenen ersten Saisonhälfte mit 52 Punkten an der Tabellenspitze – James Hunt kam mit 26 Zählern gerade auf die halbe Punktzahl und rechnete sich kaum noch Chancen auf den Titel aus.

Die zweite Saisonhälfte wurde mit dem britischen Grand Prix in Brands Hatch eröffnet. Kaum war das Rennen gestartet, kam es im Scheitelpunkt der Paddock-Hill-Kurve zu einer spektakulären Karambolage, in die Regazzoni, Lauda, Hunt und Laffite verwickelt waren. Nachdem es für kurze Zeit nach einem zweiten ›Silverstone‹ ausgesehen hatte, verlief alles recht glimpflich. Laffites Ligier blieb auf der Strecke, Hunt verließ am Ende der Cooper-Geraden den Kurs und gab mit verbogener Spurstange auf, Regazzoni schlich mit seinem waidwunden Gefährt Richtung Boxen und Niki Lauda schließlich war gänzlich ungeschoren davongekommen.

Die Spitze war noch nicht wieder bei Clearways aufgetaucht, als der letzte Streckenposten besenschwingend die Unfallstelle räumte: Die Piste war klar. In vollkommener Fehlbeurteilung der Lage – erste Meldungen der Streckenposten hatten von einer mittleren Katastrophe gesprochen – ließ die Rennleitung bei Start und Ziel die rote Flagge zeigen, das Rennen war abgebrochen.

Lauda, Depailler, Andretti, Scheckter, Peterson und Brambilla überfuhren jedoch das Stopsignal und konnten erst im Verlauf der zweiten Runde von den Marshalls gestoppt werden. Im allgemeinen Durcheinander, das sich dem Abbruch anschloß, ›vergaß‹ die Rennleitung dann, diese sechs Sünder zu disqualifizieren. Als über Lautsprecher bekanntgegeben wurde, daß zum Neustart über die volle Distanz nur diejenigen Fahrer zugelassen werden sollten, die vor dem Abbruch eine komplette Runde zurückgelegt hatten, drohte Brands Hatch aus den Fugen zu geraten. Die 100 000 Fans, die angereist waren, James Hunt siegen zu sehen, wollten sich nicht mit der Tatsache abfinden, daß ihr Liebling vom Start ausgeschlossen werden sollte. Unter dem Druck der Zuschauer wurde beschlossen, die drei Startrunden-Geschädigten, Hunt, Laffite und Regazzoni, zum Neustart zuzulassen. Der Franzose und der Schweizer stiegen in die Reservewagen ihrer Teams um, bei McLaren hatte man die Unterbrechung genutzt, den M 23/8 wieder fit zu machen.

Die lange Wartezeit machte sich für die Fans bezahlt. James Hunt gab am Steuer seines reparierten Wagens Niki Lauda das Nachsehen und siegte mit großem Vorsprung. Zufrieden zog das Publikum nach Hause. Zwei Monate später war jedoch in der Zeitung zu lesen, daß in Wahrheit Niki Lauda der Sieger des 29. britischen Grand Prix geworden war. Ferrari, Tyrrell und Copersucar hatten gegen Hunts Teilnahme am Rennen protestiert und die FIA hatte ihnen Recht gegeben.

Es folgte der deutsche WM-Lauf, in dessen Verlauf sich Lauda schwerste Verletzungen zuzog. In der hierdruch bedingten Zwangspause, in Deutschland, Österreich und Holland wurden die Punkte ohne den Österreicher verteilt, machte Hunt Boden auf den Titelverteidiger gut. Als es in Monza wieder zu einem Aufeinandertreffen der beiden Rivalen kam, spielten auch die Italiener einen Trumpf am grünen Tisch aus. Um Lauda – oder besser vielleicht Ferrari – vor James Hunt, McLaren und der ganzen ›britischen Formel 1-Mafia‹ zu schützen, untersuchten die Veranstalter das Benzin bei McLaren und Penske. Die Kontrolle bei Penske sollte die allzu auffällige Aktion wohl etwas verschleiern. 101 Oktan durfte der Sprit haben, bei McLaren protokollierte man 101,6 Oktan, bei Penske 105,7. Hunt, Mass und Watson verloren ihre im Training herausgefahrenen Startplätze und mußten ans Feldende rücken. Formel 1 1976, das war Kampf auf und neben der Piste.

Die Rechnung der Italiener ging auf, Lauda dankte die Unterstützung mit einem unerwarteten vierten Platz – James Hunt kam von der Strecke ab.

Die beiden folgenden Rennen in Nordamerika brachten Hunt 18 Punkte, während der nur langsam wieder zur alten Verfassung und Form zurückfindende Lauda ›nur‹ vier Punkte einfahren konnte. Damit war der Vorsprung des Titelverteidigers auf magere drei Punkte zusammengeschmolzen.

Der Große Preis von Japan mußte die Entscheidung bringen. Strömender Regen verzögerte zunächst den Start. Mit mehr als 90 Minuten Verspätung – die Witterung ließ jetzt zumindest ein ›normales‹ Regenrennen zu – wurde der Finallauf gestartet. Die Vorentscheidung fiel bereits nach zwei Runden – Niki Lauda streckte die Waffen. Die Erinnerung an den Nürburgring-Unfall mögen noch zu frisch gewesen sein, zusätzlich wurde er durch eine Verletzung am Augenlid beeinträchtigt – wie auch immer, es war Laudas persönliche Entscheidung, die man akzeptieren mußte.

Bedauerlich war nur die Tatsache, daß der Österreicher wieder einmal seine persönliche Meinung zum Gesetz machen wollte. Er vertrat jedenfalls die Ansicht, daß niemand hätte fahren dürfen, weil man nicht fahren konnte, ohne daß es Tote und Verletzte geben würde. Tatsächlich gab es nur einen einzigen ›Unfall‹, als Jochen Mass auf bereits abtrocknender Piste in die Leitplanken rutschte. Dieser für sich sprechenden Tatsache zum Trotz, fand Lauda wieder einmal zahllose unkritische Claqueure.

Durch Laudas Aufgabe hatte James Hunt die Weltmeisterschaft natürlich noch nicht gewonnen. Zunächst lief aber alles nach Maß für den Briten, er führte das Feld an. Dramatisch wurde es erst, als sich die Reifen an Hunts McLaren aufzulösen begannen. Er fiel auf Rang Drei zurück. Dieser Rang hätte zum Titelgewinn gereicht, doch dann löste sich der linke Vorderreifen vollends auf und vier Runden vor Ende des Rennens mußte Hunt an die Boxen. 27 Sekunden stand der McLaren an der Box, dann erst hatten die übernervösen Mechaniker vier neue Reifen montiert und Hunt konnte den Kampf wieder aufnehmen. Der Reifenwechsel hatte ihn auf Platz Fünf zurückgeworfen. Damit lag Lauda in der WM-Wertung wieder vorne. Neu ›besohlt‹ gelang es Hunt jedoch, in den verbleibenden vier Runden Clay Regazzoni und Alan Jones niederzuringen und damit das Blatt noch einmal zu wenden. Eine dramatisch verlaufene zweite Saisonhälfte hatte mit dem Sieg des Glücklicheren ihr Ende gefunden.

Den 1976 so knapp verpaßten Titel holte sich Lauda in folgendem Jahr, während sich Hunt im Jahr der Titelverteidigung mit 40 Punkten und WM-Rang Fünf zufriedengeben mußte, obwohl er in Silverstone, Watkins Glen und Fuji durch Siege an ›alten Zeiten‹ erinnern konnte. Gleichzeitig schuf er sich durch befremdende Staralüren – in Fuji nahm er nicht an der Siegerehrung teil – Gegner unter den Zuschauern, sein Stern begann zu sinken.

1978 ging es dann wirklich bergab. Auf dem bedingt konkurrenzfähigen M 26 war dies allerdings auch nicht sonderlich schwierig. Hunt tauchte nur noch ein einziges Mal, als Dritter in Le Castellet, auf dem Siegerpodest auf. Es waren die letzten WM-Punkte, die sich der Engländer gutschreiben lassen konnte. In Monza machte er allerdings noch einmal positiv von sich reden, als er sich todesmutig an der Bergung des schwer gestürzten Ronnie Peterson aus dem brennenden Lotus beteiligte.

Am Ende der verpfuschten Saison nahm Hunt Abschied vom McLaren-Team und wechselte zu Walter Wolf, dem rennbessesenen Ölmillionär. Im Team eines Mannes, der mehr Mäzen als herkömmlicher Team-Chef war, stieg Hunt in die F 1 ein, im Team eines solchen Mannes sollte er auch seine letzten Rennen fahren. Mitten in der Saison, am belgischen WM-Lauf hatte er noch teilgenommen, erklärte er unvermittelt seinen Rücktritt: »Das Risiko ist mir zu groß geworden!« Diese Erklärung war sicherlich keine ›faule Ausrede‹, mit dem Ausstieg aus laufenden Werbeverträgen dürfte James Hunt rund eine Million Schweizer Franken verloren haben...

Vittorio Brambilla
Es ist nie zu spät

Er war bereits 36 Jahre alt, als ihm endlich der Sprung in die Formel 1 gelang. Er schaffte zwar nicht mehr den angestrebten großen Durchbruch, doch durch seine ungestümen und zugleich liebenswerten Auftritte hat er sich einen Namen geschaffen, der nicht so schnell verblassen wird. Daß ihm als ›Spätzünder‹ noch 74 WM-Einsätze vergönnt waren, und daß er erst im Alter von fast 43 Jahren den Helm an den Nagel hängte, macht deutlich: Er war Rennfahrer aus Überzeugung.

In Monza geboren, der Hochburg des italienischen Motorsports, repräsentierte er eine Art ›natürlichen Adels‹ der Branche. Wie der Deutsche Jochen Mass hatte er das Pech, für den einzigen GP-Sieg seiner Karriere nur ›halbe Punkte‹ zu bekommen, weil das Rennen vorzeitig abgebrochen wurde.

Gemeinsam mit seinem Bruder Ernesto, dem es nicht vergönnt war, in der Formel 1 Fuß zu fassen, hatte Vittorio über Jahre hin die Formel 2 ›unsicher gemacht‹. Er schien den Gipfelpunkt seiner Karriere bereits überschritten zu haben, als sich ihm 1974 ›die große Chance‹ bot. Die March Engeneering Ltd. stand wieder einmal vor einem ihrer zahlreichen neuen Anfänge. Als Fahrer Nr. 1 verpflichteten die Briten Hans Stuck junior, dem man damals eine große Zukunft als F 1-Pilot vorhersagte. Zweiter Mann war der Neuseeländer Howden Ganley, im Gegensatz zu seinen berühmten Landsleuten, Chris Amon, Bruce McLaren oder Denis Hulme, ein ungewöhnlich langsamer Insulaner. Diesem Ganley kündigte March nach den Rennen in Argentinien und Brasilien die Freundschaft und prompt kam die Stunde des Vittorio Brambilla.

Mit den Sponsorgeldern einer italienischen Werkzeug-Fabrik in der Tasche klopfte der betagte Haudegen an die Türe des March-Rennstalls und hielt um das Steuer des zweiten Werkswagens an. Er bekam den Drive und bestritt am 30. März 1974 in Kyalami seinen ersten Grand Prix. Mit einer Runde Rückstand als Zehnter abgewinkt, bewies Brambilla, daß er den Anforderungen der Formel 1 voll gewachsen war.

Seinen zweiten WM-Lauf bestritt er nicht, wie geplant, in Jarama, denn er war infolge eines technischen Defektes – eine Bremsleitung war zerquetscht worden – während des Trainings von der Bahn geflogen und hatte den March zertrümmert. Obwohl ihn keine Schuld an dem Unfall traf, standen Brambillas Kritiker sofort auf dem Plan und stempelten ihn zum Crash-Piloten. Die Trainingszeit, die er vor dem Unfall gefahren war, hätte ihm einen Startplatz vor Hunt, Scheckter, Jarier, Beltoise, Pace, Stuck und elf weiteren Piloten gesichert.

Wenn man sich diese Leistung in die Erinnerung zurückruft, taucht die Frage auf, was wäre aus diesem Vittorio Brambilla geworden, hätte er in normalen Rookie-Alter in den GP-Sport einsteigen können? Eine müßige Frage, doch darf man sicherlich annehmen, daß er mehr, als nur einen Sieg davongetragen hätte.

In Nivelles belegte er den neunten Platz. In Monte Carlo wurde der Italiener in den Startrunden-Unfall verwickelt, der auch für Hulme, Redman, Pace, Merzario, Schenken und Beltoise das vorzeitige Aus brachte. Denis Hulme war in der Auffahrt zum Casino auf die ›Überholspur‹ gegangen, und als er sich vor der Massenet-Kurve wieder in die Kolonne einfädeln wollte, war niemand bereit, ihm Platz zu machen. Hulmes anschließende Brechstangenaktion brachte für die sieben genannten Piloten den Statuswechsel vom Akteur zum Beobachter.

Auf dem Kurs, der ein Jahr später Schauplatz seines einzigen Sieges in der Fahrerweltmeisterschaft sein sollte, gelang ihm in seinem Debütanten-Jahr der erste Punktgewinn. Leicht hätten es statt des einen Punktes für Platz Sechs auch zwei Zähler sein können, denn nach 54 Runden trennte ihn nicht einmal eine Sekunde von Clay Regazzoni, der vor ihm die Ziellinie kreuzte.

Brambilla, March und Sponsor Beta waren mit dem Saison-Verlauf zufrieden, auch wenn es zu Hause in Monza einen selbstverschuldeten Crash gegeben hatte, als Brambilla für die provisorische Schikane bei Start und Ziel falsch Maß genommen hatte.

1975 schien Vittorio Brambilla zunächst zu einem Spezialisten für sechste Plätze zu werden, denn auch die beiden nächsten WM-Zähler kamen einzeln (in Jarama und Silverstone) auf das Punktekonto des Italieners. In Silverstone hätte auch leicht eine bessere Plazierung herausspringen können: Als nach dem wetterbedingten vorzeitigen Abbruch des Rennens im allgemeinen Wirrwarr um die besten Plätze gestritten wurde, fehlte es dem Mann aus Monza an der notwendigen Lobby.

Fast auf den Tag zwei Monate später schlug dann aber die große Stunde des Vittorio Brambilla. Auf dem Programm stand der Große Preis von Österreich 1975, ein Grand Prix, der leider nicht nur durch Brambillas Überraschungssieg für Schlagzeilen sorgte. Im sonntäglichen freien Informationstraining platzte der linke Vorderreifen am March-Ford des Amerikaners Mark Donohue. Das Schicksal wollte es, daß dieser Materialdefekt ausgerechnet unmittelbar von der sehr schnellen Rechtskurve am Ende der Start- und Zielgeraden auftrat. (Die Schikane wurde an dieser Stelle erst 1976 gebaut.) Bei gut 250 km/h wurde der Pilot zum Passagier. Der ungesteuerte Bolide walzte Fangzäune nieder, rutschte auf der Leitplanke entlang – wobei er einen Streckenposten tötete und einen anderen verletzte – und stürzte schließlich eine Böschung hinunter.

Der Amerikaner schien noch einmal davongekommen zu sein. Im Fahrerlager schilderte er den Unfallhergang, wobei ein ›lauter Knall‹ im Mittelpunkt seiner Schilderungen stand, und ließ den Reservewagen für das Rennen startklar machen. Dann klagte Mark Donohue plötzlich über immer stärker werdende Kopfschmrzen und verlor das Bewußtsein. Nichts ahnend hatte der Amerikaner einen Unfall zu Protokoll gegeben, der ihn das Leben kosten sollte. Der 38jährige wurde noch ins Krankenhaus von Graz geflogen, wo man ein Blutgerinsel im Gehirn diagnostizierte und verstarb dort am Mittwoch nach dem Rennen, ohne das Bewußtsein wiedererlangt zu haben.

An der Rennstrecke war diese Entwicklung natürlich nicht vorhersehbar gewesen. Dort stand zunächst einmal das Wetter im Mittelpunkt des Interesses, denn schwere Regenfälle machten nach Auffassung der Verantwortlichen eine Verschiebung des Starts um mehr als eine Stunde notwendig. Dann endlich, der Regen hatten nachgelassen, wurde der Start freigegeben. Niki Lauda übernahm zur Begeisterung seiner Landsleute die Spitze und konnte sich, als einziger Fahrer mit freier Sicht, zunächst etwas vom Feld absetzen. In der 15. Runde schlossen jedoch James Hunt und ein naßforsch drängender Brambilla auf und beide verdrängten den Lokalmatador auf den 3. Platz. Als die zwei neuen Spitzenreiter den Nachzügler Brett Lunger überrunden wollten, war Hunt für Bruchteile von Sekunden nicht richtig im Bilde und schon war Brambilla vorbei. Hunt konnte zunächst das Tempo des Italieners noch halten, doch dann begann sein Motor zu stottern und Brambilla war ohne Gegner.

Als der Himmel dann seine Schleusen wieder für einen Wolkenbruch öffnete, brach der Rennleiter den Grand Prix ab und Sieger Brambilla verdarb den guten Eindruck seiner phantastischen Regenfahrt gleich wieder etwas, als er mit beiden Händen ins Publikum winkend über die Ziellinie und in die Leitplanken fuhr...

Daß Brambillas Sieg durchaus keine Laune Fortunas sondern wirklich verdient war, zeigten übrigens auch andere 1975 gebotene Leistungen des Italieners.

In Zolder führte er für wenige Runden das Feld in der Anfangsphase des Rennens an und lag anschließend lange auf Platz Drei. In Anderstorp fuhr der oft Belächelte im Training die pole-position heraus und führte über 16 Runden, dann stoppte ihn ein Reifendefekt. Noch ein viertes Mal, jetzt wieder als ›Regenmeister‹ auftrumpfend, lag Brambilla in einem Grand Prix ganz vorne, das war 1976 im verregneten Fuji-Rennen, in dessen Verlauf sich James Hunt den WM-Titel sicherte.

1977 und 1978 verbrachte Brambilla zwei frustrierende Jahre bei John Surtees, der dem Italiener nur bedingt konkurrenzfähiges Material zur Verfügung stellen konnte.

Ein vierter Rang in Belgien (1977) war die beste Plazierung in dieser Zeit.

Dann kam der 10. September 1978. Im Startrundenunfall des italienischen Grand Prix, den Ronnie Peterson mit seinem Leben bezahlen sollte, wurde auch Brambilla schwer verletzt. Sein Wille, Rennen zu fahren, war aber ungebrochen. Ein Jahr nach dem schweren Unfall – Brambilla hatte immerhin einen Schädelbruch auszukurieren – gab er in Monza sein Come-back. Gemeinsam mit Bruno Giacomelli bildete er das neue Alfa Romeo-Werksteam. Er bestritt im selben Jahr auch noch das Rennen in Kanada, dann wurde er zunächst einmal auf einen Testfahrerposten abgeschoben.

Als 1980 der Franzose Depailler bei Versuchsfahrten auf dem Hockenheimring tödlich verunglückte, war Alfa unerwartet in Personalnöten und reaktivierte Brambilla für die WM-Läufe in Holland und Italien (Imola). Dann holte Alfa Romeo den blutjungen Andrea de Cesaris ins Team und Brambilla trat zurück – er war 43 Jahre alt und hätte damit gut der Vater seines Nachfolgers sein können.

Mario Andretti
Von pole zu pole

Mario Gabriele Andretti ist einer der beiden US-Amerikaner, die es geschafft haben, Weltmeister zu werden. 1961 war es der Kalifornier Phil Hill und 17 Jahre später dann Andretti, der schon als Kind in den frühen fünfziger Jahren von einem Leben als Rennfahrer geträumt hatte.

Mario Andretti war damals noch Italiener und wohnte in der Nähe der Stadt Florenz, wohin es die Andrettis nach dem Krieg verschlagen hatte. Die eigentliche Heimat, die istrische Halbinsel, war zu jugoslawischem Territorium geworden. Auf dem Umweg über ein Flüchtlingslager war die Familie Andretti zum Arno weitergezogen.

Hier kam der Kontakt zum Motorsport zustande, der kleine Mario sah sich die Mille Miglia an und das Rennfieber infizierte ihn. Gemeinsam mit Zwillingsbruder Aldo träumte er von Alberto Ascari, dem unumstrittenen Idol der beiden kleinen Italiener.

Als die Familie 1955 nach Pennsylvania in die Vereinigten Staaten auswanderte, änderte dies nichts am Wunsch der Zwillinge, in Ascaris Fußstapfen treten zu wollen, auch wenn sie bei ihren Eltern auf wenig Gegenliebe mit solchen Plänen stießen.

In der kleinen Autowerkstatt eines Onkels präparierten Mario und Aldo den ersten Rennwagen. Mario fuhr zwei Siege heraus, und – wie sollte es bei Zwillingen anders sein – Aldo wurde auch zweimal Erster. »Aldo war der bessere Fahrer, er fuhr ruhiger als ich, ohne langsamer zu sein«, urteilte Mario später über seinen Bruder.

Aldos junge Karriere erhielt aber bald einen empfindlichen Dämpfer, als er stürzte und mit einem Schädelbruch eine ganze Woche in Koma lag. Für kurze Zeit versuchte Mario, seiner Mutter gegenüber die Theorie aufrecht zu erhalten, Aldo sei als Rennzuschauer von einem Lastwagen gefallen, den er als Tribüne mißbraucht hätte.

Während sein Zwillingsbruder nicht mehr zu seiner alten Form zurückfinden und den Rennsport kurz darauf aufgeben sollte, entwickelte sich Mario in wenigen Jahren zum nationalen Spitzenpiloten, der 1965, als Drittplazierter, das Siegerpodest in Indianapolis bestieg.

Colin Chapman wurde auf das Talent aufmerksam und gab ihm 1968 in Watkins Glen eine erste Chance in der Formel 1. ›Europäischen Rennsport‹ hatte Andretti zuvor als Mitglied der Ford-Werksmannschaft kennengelernt, die sich damals stark im Langstreckensport engagierte. Die Formel 1-Truppe erwartete in Watkins Glen also kein unbeschriebenes Blatt.

Der Einstand des Italo-Amerikaners im Grand Prix-Sport verlief sensationell: Sieben Hundertstel Sekunden schneller als Jackie Stewart stand der Lokalmatador auf der pole-position. Ein Neuling auf dem besten Startplatz, so etwas hatte es in der Fahrerweltmeisterschaft noch nicht gegeben.

Im Rennen bestätigte er die im Training gezeigten Leistungen voll und ganz. Am Heck des Stewart'schen Matra klebend, enteilte Andretti dem Feld und wer von diesen beiden am Ende des Rennens vorne liegen würde, war absolut offen. Ein technischer Defekt stoppte dann jedoch recht früh die Fahrt des Amerikaners, was aber den blendenden Eindruck, den er hinterließ, nicht mehr trüben konnte.

1969 kam es zu drei weiteren Einsätzen für Lotus. Um Andretti für die komplette Saison zu verpflichten, fehlte Chapman das Geld. Das Gehaltsgefälle zwischen den Vereinigten Staaten und good old Europe machte Andretti die Wahl seiner Rennsportbühne leicht.

Daß er auf Anhieb zur ersten Garnitur im F 1-Sport zählte, bestätigte er schon bei seinem zweiten Auftritt. In Kyalami lag Andretti wieder auf Platz Zwei, wieder hinter ›Jack the hair‹ und wieder stoppte ihn ein Defekt. Er brauchte jetzt nichts mehr zu beweisen. Das wäre ihm in den beiden nächsten Rennen auch sehr schwer gefallen. Colin Chapman setzte seinen amerikanischen Piloten nämlich sowohl auf dem Nürburgring, als auch in Watkins Glen in den Lotus 63, den vierradgetriebenen Wagen. Am Steuer dieses Autos war kein Blumentopf zu gewinnen und Andretti mußte weiter auf erste Punkte warten.

Auch in den nächsten Jahren kam Andrettis Formel 1-Karriere nur sehr schleppend auf Touren. In diesem Punkt gibt es wohl keine Parallele: Ein Fahrer, der bereits in seinem ersten Grand Prix Ansprüche auf den Sieg geltend machte, widmete sich diesem Sport nur halbherzig. Erst 1977 sollte Mario Andretti seine erste komplette Saison in der Formel 1 bestreiten.

1970 fuhr er fünf Einsätze im STP-March, wobei es in Spanien für den dritten Platz auch erste Punkte gab.

1971 ging für den geborenen Italiener der Kindheitstraum in Erfüllung, als er von Enzo Ferrari ein Angebot bekam. Gleich der erste Einsatz brachte den schon zwei Jahre zuvor möglichen Sieg: In Südafrika gewann Mario Andretti vor Jackie Stewart, dem Rivalen der ersten Stunde, und seinem Team-Kollegen Clay Regazzoni.

Nach neun weiteren GP im Zeichen des springenden Pferdes verließ Andretti die Ferrari-Werksmannschaft.

1973 warteten die F 1-Fans vergeblich auf ihn. Erst Ende 1974 tauchte er unvermittelt wieder auf und nahm an den Rennen in Kanada und den Vereinigten Staaten teil. Diesmal sollte es ›auf amerikanisch‹ klappen. Andretti saß am Steuer des Parnelli VPJ 4, einer amerikanischen Konstruktion. Maurice Phillippe, der schon den legendären Lotus 72 gezeichnet hatte, war für die technische Seite des Projektes verantwortlich. Kanada brachte für die Neukonstruktion Platz Sieben, und in den USA überraschte das junge Team mit dem dritten Startplatz, dem im Rennen leider eine Disqualifikation folgen mußte.

Parnelli Jones entschloß sich nach diesem verheißungsvollen Auftakt weiterzumachen und Fahrer Andretti blieb bei der Stange. Zwölf der vierzehn WM-Läufe des Jahres 1975 sahen das amerikanische Paar am Start. Fünf Punkte waren jedoch eine frustrierend geringe Ausbeute, auch wenn Andretti in Barcelona für einige Runden an der Spitze gelegen hatte.

Team-Chef Parnelli Jones verlor langsam die Lust. Nachdem sein Team in den USA alles gewonnen hatte, stellte sich die Formel 1 als zu hohe Hürde für den Amerikaner heraus. Anfang 1976 kam es zu einem schleichenden Wechsel Andrettis von Parnelli Jones Racing zurück zu Lotus. Im brasilianischen Auftaktrennen steuerte Andretti einen Lotus, ohne jedoch offizielles Mitglied der Chapman-Truppe zu sein. In Kyalami und Long Beach saß er dann wieder im VPJ 4, es war das letzte Aufflackern des amerikanischen F 1-Projektes. In Jarama war das Hick-Hack-Spiel Andrettis endlich beendet: Es gab kein Parnelli Formel 1-Team mehr und Andretti hatte endgültig, als Nr. 1, bei Capman unterschrieben. Ohne daß 1976 ein großes Lotus-Jahr gewesen wäre – mit Andretti als Gallionsfigur wollte Chapman den Weg aus einem ›Wellental‹ finden –, stellte Andretti mit 22 Punkten einen persönlichen Rekord auf, der ihm den sechsten WM-Platz brachte.

Mit zunehmender Saisondauer fanden die Lotus-Rennwagen zu ihrer alten Schlagkraft zurück und im Finallauf in Fuji kreuzte Andretti sogar als Erster die Ziellinie: Zum ersten Mal seit Monza 1974 konnte Colin Chapman wieder eine seiner Mützen abschreiben. Er pflegte nämlich siegenden Lotus-Wagen seine typische Kopfbedeckung bei der Zieldurchfahrt vor die Räder zu werfen.

Der Sieg hatte Andretti soweit motiviert, daß er sich entschloß, die komplette F 1-Saison 1977 zu bestreiten. Er sollte diese Entscheidung nicht bereuen. Der Mann, der schon vor neun Jahren gezeigt hatte, daß er keinen Konkurrenten im GP-Sport zu fürchten braucht, spielte nämlich eine der Schlüsselrollen im Kampf um den Titel. Er siegte in Long Beach, Jarama, Dijon und Monza – keiner seiner Gegner brachte es wie er 1977 auf vier Siege – ließ sich 47 Punkte gutschreiben und wurde WM-Dritter. Nicht wenige Beobachter der Szene sahen sogar in Mario Andretti den ›moralischen Weltmeister‹, weil nur sehr viel Pech den Amerikaner an weiteren Punktgewinnen gehindert hatte.

Den Titelgewinn vor Augen, nahm er ›Nachschlag‹ bei Colin Chapman. Für den schwer erkrankten Gunnar Nilsson war Ronnie Peterson als neuer ›zweiter Mann‹ ins Team gekommen. Mario Andretti erlebte von Januar bis Ende August eine Saison nach Maß. Am Steuer des MK 78 und später des MK 79 beherrschte der Amerikaner die Konkurrenz nahezu nach Belieben.

In Argentinien, Belgien, Spanien, Frankreich, Deutschland und Holland siegte Andretti, und in Südafrika, Schweden, England und Italien fehlte nicht viel zum Gewinn des Punktemaximums. Nur zwei Piloten waren imstande, das Tempo des Seriensiegers mitzugehen, und nur einen dieser Kollegen brauchte er zu fürchten: Carlos Reutemann. Der argentinische Ferrari-Pilot kam immerhin viermal als Erster ins Ziel, doch fehlte es ›der Diva‹ an der notwendigen Zahl weiterer guter Plazierungen, um sein Punktekonto aufzubessern. Reutemann siegte, oder aber er ›patzte‹.

Dem zweiten Fahrer, der Andretti folgen konnte, waren die Hände gebunden. Es war der große Schwede Ronnie Peterson, Andrettis Team-Kollege. An seinen Nummer-Zwei-Vertrag hielt sich der Skandinavier in bewundernswerter Art. Peterson folgt Andretti wie ein Schatten, und nur wenn der Amerikaner ausfiel, durfte er seine Möglichkeiten voll entfalten, wie er bei seinen Siegen in Kyalami und Zeltweg zeigte. Vier zweite Plätze hinter Andretti waren Petersons Loyalitätsbeweis.

Einen weiteren zweiten Platz, den Peterson in seinem Heimat-Grand Prix in Anderstorp leicht hätte erreichen können, vereitelte Riccardo Patrese. Der Italiener sperrte Peterson unverfroren und verhinderte durch eine unvergleichliche Zickzack-Fahrt auf selten unfaire Art und Weise einen Platzverlust.

106

Es war Ironie des Schicksals, daß Andretti, der ›moralische Weltmeister‹ des Vorjahrs, endlich alle Trümpfe in der Hand hatte und gleichzeitig mit Peterson in ›Sachen Moral‹ so schnell einen würdigen Nachfolger gefunden hatte ...

Im September änderte sich nach Petersons Tod alles. Die Zeit der Siege war vorbei. Die reiche Ernte des langen Sommers sicherte zwar Andretti den Titel und Peterson posthum die Vizemeisterschaft, doch dann lief bei Lotus nichts mehr.

Dennoch blieb Andretti bei Chapman unter Vertrag, da die langanhaltende Phase der Erfolglosigkeit nicht annähernd abzusehen war. Die Anziehungskraft der Lotus-Wagen war sogar noch so stark, daß der Argentinier Reutemann der Versuchung nicht widerstehen konnte, einen Lotus-Vertrag für 1979 anzunehmen.

Die Saison verlief für alle Beteiligten, Chapman, den Weltmeister und Reuteman enttäuschend. Im Jahr der Titelverteidigung brachte es Andretti auf müde 14 Punkte, und ein dritter Platz in Jarama war die beste Plazierung des Mannes, der noch vor Jahresfrist von Sieg zu Sieg gefahren war. Ursache für das schlechte Abschneiden war keineswegs mangelnde Motivation – ein Fehler, den man amtierenden Weltmeistern leider allzu oft nachsagen muß – sondern die Technik des Lotus. Chapmans Konkurrenten hatten dessen technischen Vorsprung aufgeholt. Neue Ideen von Mr. Lotus, die den alten Vorsprung wieder herstellen sollten, erwiesen sich als Fehlschläge.

Während Reuteman das ›sinkende Schiff‹ fluchtartig wieder verließ, um sich nach einem anderen Wagen umzusehen, der ihm endlich die ersehnte Weltmeisterschaft ermöglichen sollte, biß sich Mario Andretti bis zum bitteren Ende durch.

14 WM-Läufe umfaßte die Saison 1980. 13 mal ging Andretti leer aus, dann gab es in Watkins Glen den Ehrenpunkt. Auch dem stürmischen de Angelis, der von Shadow zu Lotus gekommen war, und dem sporadisch eingesetzten Nigel Mansell wollte nichts gelingen.

Als ›gelerntem Italiener‹ kam Mario Andretti ein Angebot von Alfa Romeo gerade recht. Beide Vertragspartner versprachen sich viel von der Saison 1981. Alfa Romeo hatte im Vorjahr den französischen Routinier Patrick Depailler durch Unfall verloren und brauchte dringend einen Fahrer, der diese Lücke schließen konnte. Der Mann mußte schnell sein und über reiche Formel 1-Erfahrung verfügen, um dem noch jungen Team auch auf dem Test- und Entwicklungssektor nützlich zu sein. In Andretti glaubte Alfa, diesen Fahrer gefunden zu haben.

Der Italo-Amerikaner wiederum versprach sich viel vom frischen Elan der Mannschaft, die ja erst vor ihrer dritten Grand Prix-Saison stand – sieht man einmal von den Rennjahren 1950 und 1951 ab, die unterdessen ja zur Historie geworden waren.

Die hochgesteckten Erwartungen beider Seiten erfüllten sich nicht. Gleich im ersten WM-Lauf, dem Rennen von Long Beach, kam Andretti zwar auf Platz Vier und der Amerikaner sprach schon vom ›ersten Alfa-Sieg, der vor der Türe steht‹, doch auf eine weitere Plazierung in den Punkten wartete der Optimist vergeblich.

Andrettis und Alfa Romeos Wege trennten sich wieder. Ein Vertrag mit Frank Williams für 1982 kam nicht zustande, weil sich die Verhandlungen unerwartet in die Länge zogen und Andretti bereits entnervt für eine amerikanische Rennserie unterschrieben hatte, als Frank Williams endlich grünes Licht gab.

Trotzdem kam es zu einem Einsatz auf einem Williams-Ford, als Long Beach auf dem Programm stand und der Exweltmeister gerade ein freies Wochenende hatte.

Als Ferrari im Laufe der Saison durch die Unfälle Villeneuves und Pironis in ärgste Schwierigkeiten kam, wurde Andretti noch einmal ein Gastspiel angeboten. Gemeinsam mit Patrick Tambay hielt er in Monza die Farben Ferraris hoch.

Mit dem Rennen in Monza verabschiedete sich Mario Andretti vom Grand Prix-Sport, und er tat es in derselben überlegenen Manier, in der er 14 Jahre zuvor sein Debüt gegeben hatte: Mit der pole-position!

Mit dieser Leistung steht Mario Andretti in der Fahrer-WM einzig da – woran sich auch so schnell nichts ändern dürfte.

Gunnar Nilsson
Zwei kurze Sommer

Als Colin Chapman 1976 einen energischen Anlauf unternahm, die Mißerfolge der jüngsten Vergangenheit vergessen zu machen, setzte er – nach personellen Wirren zu Saisonbeginn – auf die beliebte Kombination eines schnellen, erfahrenen Stars – diesen Part vertraute er Mario Andretti an – an der Seite eines hoffnungsvollen Nachwuchstalentes – hierfür suchte Mr. Lotus den Schweden Gunnar Nilsson aus.

Der am 20. November 1948 geborene Schwede war damals ein relativ unbeschriebenes Blatt im internationalen Motorsport und seine Verpflichtung durch Chapman kam mehr als überraschend. Als Referenzen brachte er den britischen Formel 3-Titel und einige mäßige F 2-Einsätze mit.

Da Colin Chapman in der Vergangenheit bei der Auswahl seiner Nachwuchspiloten einigemal bös danebengegriffen hatte – man denke nur an Fahrer wie John Miles, Dave Walker oder Jim Crawford – überwog die Skepsis, als die Chancen des ›neuen Schweden‹ beurteilt wurden.

Aber im Fall Nilsson hatte sich Chapman nicht getäuscht. Èr war übrigens von March Engineering Ltd. auf den 25jährigen aufmerksam gemacht worden, die Nilsson als Formel 2-Fahrer unter Vertrag hatten und ihn als Tauschobjekt für den Lotus-müden Ronnie Peterson anboten und Colin Chapman mit dieser Offerte überzeugten.

Der Schwede, der noch viel zu lernen hatte, begann das Abenteuer Formel 1 auf die denkbar enttäuschendste Art: Sowohl in Kyalami als auch in Long Beach stand Nilsson als der langsamste aller qualifizierten Fahrer in der letzten Startreihe.

Aber schon im dritten Rennen platzte aus heiterem Himmel der Knoten. Auf dem Lotus 77/2, dem Auto, mit dem sich sein Kurzzeit-Teamkollege Bob Evans in Long Beach nicht hatte qualifizieren können, wurde Gunnar Nilsson in Jarama Dritter. Weitere Punktgewinne in Deutschland, Österreich und Japan ließen sein Konto auf insgesamt elf Zähler wachsen, eine stattliche Summe, auf die so mancher Fahrer stolz wäre, wenn er sie in einem Jahr zusammenfahren würde...

Gunnar Nilsson, von Zivilberuf Chef eines Transportunternehmens, hatte sich in nur einem Jahr zum Lotus-Stammfahrer entwickelt, dessen Vertragsverlängerung ›reine Formsache‹ war.

Damit stand der Schwede vor seiner zweiten und bereits letzten Formel 1-Saison und schon am 5. Juni 1977 gelang ihm in Zolder der große Wurf.

Als Trainingsdritter machte er sich zwar vom Start weg Hoffnungen auf eine gute Plazierung, doch der Favorit des Großen Preises von Belgien war er sicherlich nicht. Dafür war die erste Startreihe ganz einfach zu stark besetzt. Da stand ein Mario Andretti auf der pole-position, der im Training eine Klasse für sich dargestellt hatte, und neben ihm lauerte John Watson am Steuer seines Brabham-Alfa Romeo, der endlich seinen zweiten Grand Prix-Sieg erzielen wollte.

Das Regenwetter, das am Renntag herrschte, versprach einen interessanten Rennverlauf. Mit dem Startsignal beschleunigte Watson den Amerikaner auf der regennassen Piste aus und führte das 26 Wagen starke Feld durch die ersten Kurven an.

Als gelte es, ein Rennen auf den ersten Kilometern zu gewinnen, fuhr der ›Anti-Computer‹ Mario Andretti vor der ersten Schikane einen ungestümen Angriff gegen den führenden Brabham-Piloten. Viel zu spät auf der Bremse, geriet der schwarze Lotus aus seiner Kontrolle, rammte den roten Brabham und – die beiden Favoriten standen im Sand!

Das zweite Glied der Startaufstellung, Jody Scheckter und Gunnar Nilsson, übernahm nach diesem Zwischenfall das Kommando in der genannten Reihenfolge. Während Scheckter einen größer werdenden Vorsprung herausfahren konnte, hatte Nilsson Mühe, seine Mitstreiter Mass und Reutemann auf Distanz zu halten.

Nach einem guten Dutzend Runden schloß der Himmel seine Schleusen. Langsam begann die Ideallinie abzutrocknen und zeichnete sich als heller Streifen auf dem sonst dunklen Asphalt ab. Das große Umrüsten auf Slicks begann, und die Führer von Rundentabellen wurden vor eine der härtesten Prüfungen der Saison gestellt.

Die Ereignisse überstürzten sich. Im Verlauf der 17. Runde rutschte Spitzenreiter Scheckter ausgangs der Kanal-Kurve von der Bahn. Weil er fremde Hilfe brauchte, um wieder flott zu werden, fuhr er von diesem Augenblick an außer Konkurrenz, denn im Falle einer guten Plazierung wäre mit Sicherheit ein wasserdichter Protest eingelegt worden.

Mit Jochen Mass hatte das Rennen, nach Watson und Scheckter, jetzt den dritten Leader. Nilsson, der ja seit der ersten Runde allein die Lotus-Farben vertrat, war bis auf Rang Dreizehn zurückgefallen. 1,34 Minuten hatte er an den Boxen verloren, als er seinen Wagen von Regenreifen auf Slicks umrüsten ließ – die »Chapmänner« hatten das linke Vorderrad nur unter Mühen lösen können.

Mass hielt die Spitze für zwei Runden, dann drehte er ebenfalls in die Boxenstraße ab, um den in diesem Rennen obligatorischen Reifenwechsel durchführen zu lassen. Auch Vittorio Brambilla, der das Feld nach Jochen Mass anführte, war ein irregulärer Spitzenreiter, weil er noch auf Regenreifen unterwegs war und damit den Stop noch vor sich hatte. Am Ende der 22. Runde holte John Surtees den Italiener zum Reifenwechsel ›rein‹, und damit war der Weg für Niki Lauda frei. Er verdankte die Führung einem Blitzstop an den Boxen, der nur 16 Sekunden gedauert hatte.

Gunnar Nilsson, der nach dem langen Stop nichts mehr zu verlieren hatte, war unterdessen im Verlauf einer verwegenen Aufholjagd auf Platz Acht vorgedrungen – 47 Runden waren noch zu fahren.

Als zehn Runden später wieder leichter Regen einsetzte, der einen erneuten Reifenwechsel allerdings nicht rechtfertigte, kam die Stunde der Skandinavier. Sowohl Nilsson, als auch sein weitaus berühmterer Landsmann Peterson, wurden mit den schlüpfrigen Streckenverhältnissen am besten fertig und machten gewaltig Boden gut. Das schwedische Tandem fuhr zunächst bis auf die Plätze Drei und Vier vor, dann erhielten sie unerwartete Hilfe von Jochen Mass, der immer noch hinter Lauda an zweiter Stelle lag. Der Deutsche zeigte Nerven und drehte sich in relativ kurzen Abständen dreimal. Der dritte Dreher brachte den Ausfall.

Nilsson war jetzt so in Fahrt, daß auch ein Niki Lauda ihn nicht aufhalten konnte, zumal der Österreicher wie Mass patzte und durch einen Dreher wertvolle Sekunden verlor.

In der 50. Runde tauschten die beiden Führenden die Plätze und die Reihenfolge für den Zieleinlauf stand endlich fest: Nilsson siegte vor Lauda und Peterson. Einer der turbulentesten WM-Läufe der letzten Jahre endete mit einem Überraschungssieg.

Es war Nilssons erster und einziger Grand Prix-Sieg. In Champans Diensten holte er noch in Frankreich und England Punkte, was ihm in der Addition 20 Punkte und den achten WM-Platz einbrachte.

Aus dem Vertragspoker für die Saison 1978 verabschiedete sich Nilsson unauffällig. Von körperlichem Unwohlsein war die Rede und davon, daß er sich in ärztliche Behandlung begeben hatte. Gunnar Nilsson war an Krebs erkrankt.

Die Pläne, 1978 einen privaten Lotus, der von einer amerikanischen Fluggesellschaft finanziert werden sollte, einzusetzen, gerieten in Vergessenheit und die neue Saison begann ohne Gunnar Nilsson. Körperlich nur noch ein Schatten seiner selbst, besuchte er im Sommer den britischen Grand Prix in Brands Hatch und fachsimpelte mit den alten Freunden. Voller Hoffnung, die Krankheit überwunden zu haben, glaubte er fest an ein Comeback. Zunächst wollte er sich im Tourenwagensport die verlorenengegangene Kondition zurückholen, dann sollten größere Taten folgen.

Als am 15. September 1978 in Örebro sein Landsmann Ronnie Peterson zu Grabe getragen wurde, war Nilsson unter den Trauergästen. Sein Zustand hatte sich aber wieder verschlechtert und er begab sich erneut nach London in die Behandlung seiner Ärzte.

Gunnar Nilsson starb in den Morgenstunden des 20. Oktober.

Alan Jones
Vom Buhmann zum Champion

Der Australier Alan Jones hatte bereits in recht unauffälliger Manier 17 Weltmeisterschaftsläufe hinter sich gebracht, als er zum erstenmal im Rampenlicht stand. Das war 1976 in Zandvoort.

Vier Wochen zuvor war Lauda auf dem Nürburgring verunglückt und so war Ferrari – nachdem man in Zeltweg durch Abwesenheit geglänzt hatte – mit nur einem Auto für Clay Regazzoni am Start. Der Eidgenosse hatte die Aufgabe, der Konkurrenz – allen voran James Hunt – Punkte ›wegzuschnappen‹, um seinem bettlägerigen Team-Kollegen im Kampf um den Titel hilfreich zu sein.

Tatsächlich lief das Rennen in der Schlußphase auf ein Duell zwischen James Hunt und Clay Regazzoni, der einen tapferen ›Stellvertreterkrieg‹ führte, hinaus.

Die Helden der ersten Runden, Ronnie Peterson und John Watson, hatten zu diesem Zeitpunkt bereits die Waffen strecken müssen. Die Situation war äußerst brisant. James Hunt führte und Clay Regazzoni, der von Enzo Ferrari eigens ins Rennen geschickt worden war, diesem Piloten die Butter vom Brot zu nehmen, war ihm auf den Fersen. Regazzoni fuhr um Alles oder

Nichts, denn vor dem Start hatte man ihm deutlich gemacht: Entweder du kommst vor Hunt ins Ziel oder du kannst im nächsten Jahr in einem anderen Team fahren.

Als das Spitzenduo in der letzten Runde auf den unbekannten Nachzügler Alan Jones auflief, ließ dieser James Hunt passieren und ›machte zu‹, bevor auch Regazzoni vorbeigehuscht war. Im Ziel fehlte Regazzoni dann eine knappe Sekunde zum Sieg.

Ja, wenn dieser Alan Jones – warum läßt man so einen überhaupt mitfahren? – nicht so rücksichtslos gewesen wäre . . .

Der Kritiker waren viele. Hunt war der große Sieger, Regazzoni der große Verlierer und Jones der große Buhmann des niederländischen Grand Prix 1976.

Der frühere Bundeskanzler Konrad Adendauer hat einmal gesagt, es sei egal, ob man eine gute oder eine schlechte Presse habe, die Hauptsache sei, man habe überhaupt eine Presse.

Diese These bewahrheitete sich am Beispiel des Alan Jones. Er hatte eine denkbar schlechte Presse, doch es gab keinen Beobachter der Szene mehr, der den Australier nicht kannte.

Der am 2. Februar 1946 geborene Alan Jones hatte 1975 in Barcelona seinen Einstand im Grand Prix-Zirkus gegeben, war in vier Rennen für Harry Stiller Racing einen Hesketh gefahren, wechselte anschließend für vier weitere Rennen in Graham Hills Embassy Team und dann, für die Saison 1976, zu John Surtees.

Team-Wechsel prägten also den Beginn der Formel 1-Karriere des Australiers, dem niemand eine große Zukunft zu prophezeien wagte.

So war es dann auch nicht erstaunlich, daß er nach seinem wenig ruhmreichen Zandvoort-Auftritt wieder eine kaum beachtete Rolle als Formel 1-Hinterbänkler spielte.

1977 war bei Surtees kein Platz mehr für den Australier und auch keiner der anderen Rennställe nahm ihn unter Vertrag.

Es mußte erst einer der tragischsten Grand Prix-Unfälle passieren, bevor er wieder eine Chance erhielt.

Dieser Unfall geschah am 5. März 1977 auf der 4,1 km langen Rundstrecke von Kyalami, die seit 1967 den südafrikanischen WM-Lauf beherbergt.

Tom Pryce und Renzo Zorzi fuhren die beiden Shadow-Werkswagen, und der Ausfall des einen sollte indirekt den Tod des anderen veursachen. Das Unglück ereignete sich auf der Start- und Zielgeraden, man schrieb die 23. Runde. Renzo Zorzi hatte einen Defekt an der Kraftstoffleitung zu spät entdeckt, um noch in die Boxenstraße abbiegen zu können. Er stellte sein Auto auf der linken Pistenseite, gegenüber den Boxen, auf den Randstreifen. Das Unheil nahm seinen Lauf. Der Italiener sprang aus seinem qualmenden Shadow und brachte sich mit wenigen Schritten in Sicherheit, die Gefahr schien gebannt. Zwei Streckenposten in der Boxenstraße reagierten jedoch kopflos und glaubten offenbar, in Sekundenschnelle eingreifen zu müssen. Ohne dem ›fließenden Verkehr‹ die notwendige Aufmerksamkeit zu schenken, rannten die beiden Helfer quer über die Piste, um den weißen Shadow mit der Startnummer 17 zu löschen.

Bevor sie mit ihren Handfeuerlöschern die rettende linke Straßenseite erreicht hatten, kam die Dreiergruppe Stuck, Pryce, Laffite mit gut 270 km/h herangeflogen. Hans Stuck verfehlte die Helfer um Zentimeter, Tom Pryce aber erfaßte den 19jährigen van Vuuren. Der Aufprall tötete den jungen Mann augenblicklich. Die erschreckten Augenzeugen registrierten aber zunächst nicht, daß der Unfall ein zweites Menschenleben gefordert hatte, da Stuck, Pryce und Laffite ihre Fahrt in vollem Tempo fortsetzten. Auf dem Weg Richtung Crowthorne Corner kam Pryce dann jedoch nach rechts von der Piste ab und fuhr über den Randstreifen. Unmittelbar vor der Rechtskurve schien er den Wagen wieder unter Kontrolle zu haben, doch als der Shadow dann ohne den geringsten Lenkeinschlag geradeaus in die Fangzäune raste und dabei auch noch den überraschten Franzosen Laffite mit von der Bahn riß, zeichnete sich das wahre Ausmaß der Katastrophe ab.

Die Untersuchungen ergaben, daß Tom Pryce im gleichen Augenblick wie van Vuuren gestorben war. Der Feuerlöscher des Marshalls hatte den Waliser bei 270 km/h am Kopf getroffen und erschlagen. Den Weg von der Unfallstelle bis in die Crowthorne Corner hatte der Shadow mit einem toten Passagier an Bord zurückgelegt.

Mit Tom Pryce verlor der Grand Prix-Sport einen mutigen Fahrer. In seiner kurzen, 42 WM-Läufe andauernden GP-Karriere hatte er zwar keinen Sieg erringen können, doch als einer der ganz großen Regenspezialisten hatte er sich viel Ruhm und Anerkennung erworben.

Der Alltag nahm keine Rücksicht auf Gefühle und schon sechs Wochen später, in Long Beach, saß der Nachfolger vom Pryce im Shadow Nr. 16.

Für viele überraschend war es der schon fast vergessene Alan Jones, der den begehrten Drive bekam. Nachdem er im ersten Anlauf gescheitert war, erhielt der Australier damit seine zweite Chance im GP-Sport. Er sollte sie nutzen. Punktgewinne in Monte Carlo und Zolder, wo er Sechster bzw. Fünfter werden konnte, wurden wenig beachtet, wertete man sie doch nach mäßigen Trainingsleistungen sportlich gesehen als ›Abstaubererfolge‹.

Während des Trainings in Schweden, Frankreich und England machte er durch einen deutlichen Formanstieg auf sich aufmerksam. In Anderstorp und Silverstone stand er in der Startaufstellung immerhin vor dem Ferrari-Piloten Carlos Reutemann, und in Dijon war er nur vier Hundertstel Sekunden langsamer gefahren als Niki Lauda – eine wirkliche Empfehlung.

Trotz dieser ›Vorwarnung‹ war es eine Riesenüberraschung, als Alan Jones am 14. August 1977 in Zeltweg siegte. Er hatte an jenem verregneten Sonntag an den Ufern der Murr zwar das Glück, daß Andretti, Nilsson und Hunt ausfielen, doch der Sieg war ehrlich verdient. Vom Start weg hatte sich der Trainungsvierzehnte (!) auf den Weg nach vorne gemacht und nacheinander Depailler, Peterson, Reutemann, Mass, Lauda, Merzario, Tambay, Stuck und Scheckter überholt, das war eine der größten Fahrten ›quer durchs Feld‹, die die Formel 1 je erlebte.

Zandvoort 1976 war damit endgültig ad acta gelegt und die Fans von down under träumten bereits von einem neuen Jack Brabham. Fünf WM-Läufe standen noch aus und Alan Jones fuhr sich noch dreimal in die Punkte.

In Monza stand er als Dritter sogar wieder auf dem Treppchen. Allgemein begann man zu ahnen, daß Zeltweg kein Zufall gewesen war.

1978 sah Frank Williams – nach ersten Gehversuchen mit March und dem Belgier Patrick Neve – wieder als selbständigen Rennstall-Chef, nachdem er zuvor aufgrund chronischen Geldmangels ein Angestelltenverhältnis bei Walter Wolf eingegangen war.

Drei Komponenten prägten dieses Comeback, die letztlich der Grundstein für den eindrucksvollen Aufstieg des Frank Williams vom ›Bettler‹ zum Chef eines Top-Teams waren.

Da waren zum einen dollarschwere arabische Sponsoren, dann hatte er mit Patrick Head einen jungen Konstrukteur angeheuert, der bald zu den besten seiner Branche zählen sollte, und schließlich nahm er Alan Jones unter Vertrag, der das 1-Fahrer-Team auf der Piste vertrat.

Diesen günstigen Voraussetzungen zum Trotz war 1978 noch kein Erfolgs- sondern ein Lehrjahr für das neue Team von Frank Williams. Aber im Gegensatz zu 1977 ging es deutlich bergauf. Im Training zählte Alan Jones oft zu den Besten, doch sein Williams FW 06 erwies sich letztlich noch als zu unzuverlässig. Ein zweiter Platz hinter Carlos Reutemann im vorletzten Lauf der Saison zeigte jedoch, daß das Team auf dem richtigen Weg war.

Der Durchbruch gelang dem Team und dem Fahrer Alan Jones, jetzt Nr. 1 in einer Zweier-Equipe, in der zweiten Saisonhälfte des folgenden Jahres. Vier der letzten sechs WM-Läufe 1979 gingen an Alan Jones und der Eindruck, den er so hinterließ, war stark genug, Jody Scheckter, dem neuen Weltmeister, die Show zu stehlen.

Frank Williams und Alan Jones hatten Image und Auftreten von Mitläu- fern abgelegt, und als WM-Dritter ging der Australier als einer der Favoriten in die Saison 1980.

Schon oft hatte es Fälle gegeben, daß ein Pilot der ersten Garnitur ein durchschnittliches Team ›nach oben‹ führen, oder daß sich ein bis dahin namenloser Fahrer in einem guten Team aufrichten konnte. Im Fall Frank Williams/Alan Jones war es aber so, daß sich zwei ›graue Mäuse‹ gemeinsam an den Haaren aus dem Sumpf der Bedeutungslosigkeit herauszogen. Tatsächlich riß die im Sommer 1979 begonnene Erfolgsserie im nächsten Jahr nicht ab. Die Hoffnung der etablierten Favoriten, Williams Grand Prix Engineering Ltd. hätte nur ein Strohfeuer abgebrannt, erfüllte sich nicht.

Dies machte Alan Jones schon im ersten Rennen, dem Großen Preis von Argentinien am 13. Januar, mit der pole-position und einem nie gefährdeten Start-Ziel-Sieg nachdrücklich klar.

In Interlagos, Brasilien, mußte er sich zwar René Arnoux und Elio de Angelis geschlagen geben, doch reichten der dritte Platz und die dazugehörenden vier WM-Punkte aus, die Spitze im Weltmeisterschafts-Zwischenklassement zu verteidigen.

Kyalami und Long Beach brachten, durch Getriebeölverlust bzw. eine Kollision mit Bruno Giacomellis Alfa Romeo, Ausfälle und damit keine weitere Verbesserung des Punktekontos.

Den nächsten großen Auftritt hatte Alan Jones in Le Castellet an Frankreichs Südküste, wo ihm das Husarenstück gelang, die neun Siegerpunkte aus der Höhle der ›Löwen‹ Renault und Ligier zu holen. Die französische Viererbande – Pironi, Laffite, Jabouille und Arnoux pilotierten die blau-gelbe ›forche de frappe‹ – mußte sich zum Entsetzen der 70000 Zuschauer dem Mann vom fünften Kontinent geschlagen geben. Jones zeigte sich dabei in bester Kämpferlaune und traf zudem die richtige Reifenwahl.

Um 14 Tage später auch in Brands Hatch zu gewinnen, brauchte er jedoch mehr, als ein großes Kämpferherz, er brauchte das Pech der Ligier-Fahrer, die er aus eigener Kraft in diesem WM-Lauf nicht hätte besiegen können. Didier Pironi und Jaques Laffite hatten schon das Training beherrscht und im Rennen setzte sich diese Überlegenheit zunächst eindrucksvoll fort. Scheinbar mühelos fuhr das blaue Tandem dem Australier davon und lag bereits zehn Sekunden vor ihm, als sich das Blatt zu wenden begann: Pironi bemerkte einen schleichenden Plattfuß und fuhr nach 19 Runden an seine Boxen. Ein Reifenwechsel war offensichtlich das Letzte, worauf man bei Ligier gefaßt war, denn Pironi mußte das komplette Feld passieren lassen, bevor er das Rennen wieder aufnehmen konnte. Für das Publikum hatte die Schneckentempo-Einlage der Ligier-Mechaniker den Vorteil, daß anschließend eine großartige Aufholjagd geboten wurde.

Während sich Pironi wie ›das heiße Messer durch die Butter‹ im Feld nach vorne arbeitete, ging auch dem zweiten Ligier die Luft aus. Bei Laffite war es einer der Hinterreifen, der schlapp machte. Diesmal war man zwar an den Boxen gewarnt, doch Laffite schaffte es erst gar nicht mehr, die rettenden Helfer zu erreichen. In der nach dem Weltmeister des Jahres 1958 benannten Hawthorn-Corner quittierte der aufgeheizte Pneu den Dienst, und der Franzose testete unfreiwillig Fangzäune und Leitplanken, die sich dem 250 km/h-crash gewachsen zeigten. Damit hatte Alan Jones freie Bahn.

Der Doppelschlag Le Castellet-Brands Hatch bedeutete für die WM 1980 eine Vorentscheidung zugunsten des Australiers. Nach dem Großen Preis von Italien in Imola(!) lag er zwar für kurze Zeit, mit einem Punkt Rückstand auf Nelson Piquet, auf Rang Zwei des Zwischenklassements, doch in den beiden Saison-Abschlußrennen in Übersee machte er mit zwei Siegen endgültig alles klar und wurde mit 13 Punkten Vorsprung vor dem Brasilianer Weltmeister.

Für Australien bedeutete der Erfolg von Alan Jones den vierten Titelgewinn, nachdem zuvor Jack Brabham schon in den Jahren 1959, 1960 und 1966 die meisten Punkte geholt hatte.

Daß Jones ernsthaft gewillt war, seinen Titel zu verteidigen, stellte er gleich zu Beginn der Saison 1981 unter Beweis, als er in Long Beach siegte. Am Ende einer für den Australier jedoch nicht immer glücklichen, durch den Zweikampf Piquet gegen Reutemann aber unerhört spannenden, Saison fehlten Jones lächerliche vier Punkte zur Titelverteidigung. Mit seinem dritten WM-Platz zeigte er aber deutlich, daß er – im Gegensatz zu so manchen seiner Vorgänger – im Jahr der Titelverteidigung mit ungebrochenem Ehrgeiz unterwegs war.

Obwohl ihn Team-Chef Frank Williams drängte und einen verlockenden Scheck in die Verhandlungsschale warf, gab Alan Jones Ende 1981 seinen Rücktritt vom Formel 1-Sport bekannt.

Ein Comeback-Versuch im Jahr 1983 wurde nach nur einem Rennen in Long Beach wieder abgebrochen, weil ihm die gebotene Gage nicht genügte. Am Steuer eines Arrows-Ford hatte der untrainiert wirkende Australier dabei sportlich nicht an alte Zeiten erinnern können. Diesen Fehlschlag zum Trotz wird es seitdem in den Fahrerlagern nicht ruhig um Alan Jones. Vielleicht kommt er doch noch eines Tages zurück in die Formel 1.

Patrick Depailler
Tod in der Ostkurve

Der Franzose Patrick Depailler war schon viele Jahre als schneller und zuverlässiger Formel 1-Fahrer bekannt, ohne daß er allerdings den Sprung zum unumstrtittenen Spitzenfahrer geschafft hätte.

Als er dann 1979 endlich ganz vorne mitfuhr, zog er sich Mitte der Saison außerhalb des Autorennsports eine schwere Verletzung zu, die ihn für den Rest des Jahres außer Gefecht setzte.

Im Massif-Central, vor den Toren seiner Heimatstadt Clermont-Ferrand, hatte sich Depailler – in seiner Eigenschaft als Hobby-Drachensegler – vom 1465 Meter hohen Vulkankegel Puy de Dôme gestürzt und war gegen einen Felsen gesegelt. Diagnose: dreifacher Bruch des rechten Handgelenks, doppelter Bruch des rechten Oberschenkels, Bruch des linken Fußknöchels. Allein die erste Operation dauerte fünf Stunden.

20 WM-Punkte hatte der Franzose bis zu seinem Unfall geholt und lag damit zehn Punkte hinter Jody Scheckter auf dem dritten Rang des Zwischenklassements der Saison 1979. Es ist sicherlich nicht übertrieben, wenn

116

man rückblickend behauptet: Patrick Depailler hatte 1979 reelle Titel-chancen.

Als Gewinner des Formel 3-Rennens in Monte Carlo hatte sich Depailler bereits 1972 für höhere Aufgaben empfohlen und bekam tatsächlich noch im selben Jahr zweimal einen Tyrrell-F 1 angeboten, um erste WM-Luft zu schnuppern. Das Debüt am 2. Juli 1972 brachte auf seiner Hausstrecke, dem Circuit Charade bei Clermont-Ferrand, einen unauffälligen 20. Platz mit fünf Runden Rückstand auf seinen Team-Gefährten Jackie Stewart, der das Rennen gewann. Seine zweite Chance erhielt er drei Monate später in Watkins Glen. Im Training ließ er 20 Kollegen hinter sich, darunter auch ›große Namen‹, wie Jacky Ickx, Carlos Pace oder Mike Hailwood, den Ex-Motorradweltmeister. Diesmal verlor er nur eine Runde auf Stewart, der wieder siegte. Als Siebtplazierter verpaßte Depailler seinen ersten WM-Punkt nur denkbar knapp. Trotz der überzeugenden Vorstellung gab es zunächst keinen Formel 1-Vertrag für ihn. Er hielt sich in der Formel 2 in Form.

Aber auch ein Sieg auf der Nordschleife des Nürburgrings und ein dritter Platz im Europameisterschafts-Endklassement hätten Depailler noch keinen F 1-Vertrag eingebracht, wenn nicht ein tragischer Schicksalsschlag eingetreten wäre: Am 7. Oktober verunglückte Francois Cevert in Watkins Glen, der Stätte seines ersten und einzigen Grand Prix-Sieges, tödlich. Kurzfristig mußte ein Nachfolger gefunden werden, und Ken Tyrrells Wahl fiel, sicherlich auch vom französischen Sponsor Elf beeinflußt, auf Patrick Depailler.

Als Nr. 2 verpflichtet, lernte der Franzose gleich in seiner ersten kompletten F 1-Saison, was sich hinter dem Begriff ›Stallregie‹ verbirgt. Auf Anordnung Tyrrells kreuzte er in Anderstorp im Windschatten Jody Scheckters, der offizieller Stewart-Nachfolger und Nr. 1 bei Tyrrell war, die Ziellinie und begnügte sich so kampflos mit dem zweiten Platz.

Insgesamt gab es 14 Punkte für den 30jährigen, der sich zusätzlich über eine erfolgreiche Formel 2-Saison freuen durfte. Vor dem Deutschen Hans Stuck wurde Patrick Depailler F 2-Europameister 1974.

Vier weitere Jahre blieb der Franzose seinem Entdecker treu. Dabei machte er sich insbesondere um den revolutionären Sechsrad-Tyrrell P 34 verdient, der in der Testphase von Jody Scheckter skeptisch beurteilt wurde, weshalb Depailler verantwortlich die Tests fuhr.

Den ersten Sieg gab es aber erst zu einer Zeit, in der der Tausendfüßler bereits im Museum stand. Ausgerechnet in Monte Carlo, wo mehr zum Siegen gehört, als auf den meisten anderen Strecken, holte sich der F 3-Sieger von 1972, sechs Jahre später den Grand Prix. Vom fünften Startplatz aus katapultierte er sich auf den ersten Metern des 75-Runden-Rennens nach vorne auf Rang Zwei hinter den Iren John Watson. Bereits in der Startrunde nahm das irisch-französische Gespann der nachhetzenden Meute 200 Meter ab. Der Vorsprung vergrößerte sich mit Fortdauer des Rennens, doch an der Reihenfolge Watson, Depailler änderte sich zunächst nichts. 66 Grand Prix-Schlachten hatten den Franzosen ›weise‹ gemacht, offensichtlich sah er keinen Grund, in diesem Stadium des Rennens eine Entscheidung herbeizuzwingen. Im Leitplankenkanal von Monte Carlo ist jeder Überholvorgang mit einem Risiko verbunden.

Das Problem Watson erledigte sich für Patrick Depailler dann später ganz von allein. Der Brabham-Fahrer bekam ernsthafte Schwierigkeiten mit den Bremsen seines Wagens und konnte so dem Druck des Franzosen nicht länger standhalten. Als Watson in der 38. Runde vor der Hafenschikane nicht mehr die erforderlichen Verzögerungswerte erreichte und den Notausgang nehmen mußte, nutzte nicht nur Depailler, sondern auch der unterdessen aufgerückte Niki Lauda die Gelegenheit zu einer Positionsverbesserung. Jetzt fuhr man in der Reihenfolge Depailler, Lauda, Watson rund ums Casino. Depailler hatte den Sieg zwar vor Augen, doch Kyalami war noch in schlechtester Erinnerung des Franzosen.

Im März hatte Depailler auf dem südafrikanischen Kurs von der 64. bis in die 78. und letzte Runde geführt und wurde dann noch von Ronnie Peterson abgefangen. Jetzt spürte er den ›heißen Atem‹ Laudas im Nacken. Ende der 46. Runde konnte er jedoch behutsam anfangen, an seinen ersten GP-Sieg zu glauben, denn der Österreicher bog ausgangs der Virage de la Rascasse in die Boxenstraße ab. Während sich Lauda Reifen wechseln ließ, enteilte der Franzose. Auch wenn der Österreicher nach seinem Boxenstop noch einmal gewaltig Dampf machte: Nach neun zweiten Plätzen sah Patrick Depailler als Erster die Schachbrett-Flagge.

Die Freude im Team schien grenzenlos, denn auch Ken Tyrrell hatte ungewöhnlichen Grund zum Feiern: Der letzte Sieg eines seiner Wagen lag fast zwei Jahre zurück. Auf den nächsten Sieg sollte er übrigens vier Jahre warten müssen . . .

Die Saison 1978 beendete Depailler als Fünfter mit 34 Punkten.

Sechs Jahre bei Ken Tyrrell, die fragmentarische Saison 1972 mitgerechnet, waren offensichtlich genug für den Franzosen, denn im Herbst sprang er erstmals auf das Transferkarussell und unterschrieb bei Guy Ligier.

Schon bei den winterlichen Testfahrten in Le Castellet stellte sich heraus, daß der neue Ligier JS 11 eine überdurchschnittlich gute Konstruktion war.

In Buenos Aires spielten die beiden Ligier-Fahrer – neben Depailler war auch ›Stammfahrer‹ Laffite im Team – mit der Konkurrenz Katz' und Maus. Während Laffite siegte, kam Depailler ›nur‹ als Vierter ins Ziel, weil er wenige Runden vor Rennende einen Boxenstop hatte einlegen müssen, um Kühlwasser nachfüllen zu lassen.

In Brasilien gab es dann einen Ligier Doppelsieg in der Reihenfolge Laffite, Depailler – die Formel 1 wandelte sich unerwartet zur Formule-France.

Vater des Erfolges war Ligier-Chefkonstrukteur Gerard Ducarouge, der später auch in anderen Teams die Autos ›auf Vordermann‹ bringen sollte. Ducarouge, von Hause aus Luftfahrt-Ingenieur, hatte zuvor bei Matra Raketen das Fliegen gelehrt.

In Südafrika riß der Faden des Erfolges, als beide Fahrer durch Unfälle ausfielen. Dieses Rennen sowie der WM-Lauf in Long Beach, der Depailler als Fünften sah, waren jedoch nur die Ruhe vor dem Sturm, denn bereits in Jarama war die Überlegenheit südamerikanischer Tage wieder hergestellt: Depailler siegte souverän. Es war der zweite Sieg des Franzosen, der plötzlich mit zu den WM-Favoriten zählte, auch wenn Zolder wieder einen Ausfall brachte, nachdem er sich zweimal an die Spitze gefahren hatte und der bestimmende Fahrer des Rennens war. In Monaco, der Stätte seines ersten Sieges wurde er Fünfter.

Bevor mit dem Großen Preis von Frankreich die ›Rückrunde‹ im Kampf um die 79er WM begann, wollte sich Depailler als Drachenflieger die Zeit vertreiben. Bis die Sturzverletzungen ausgeheilt waren, war die Saison längst vorüber. Der langwierige Heilungsprozeß war aber abgeschlossen, als das Rennjahr 1980 begann.

Sein neuer Arbeitgeber war Alfa Romeo – die Italiener hofften auf die große Erfahrung Depaillers. Der Neuanfang war schwer, doch schon im dritten Lauf der Saison zeigte ein siebter Trainingsplatz, daß es aufwärts ging. Selbstvertrauen und Kraft kamen zurück und in Long Beach reichte es bereits für einen dritten Trainingsplatz. Der Alfa Romeo 179 erwies sich jedoch als sehr unzuverlässig, Ausfall folgte auf Ausfall.

Um den deutschen Grand Prix gut vorbereitet bestreiten zu können, führte Alfa Romeo am 1. August Testfahrten in Hockenheim durch. Aus nie geklärten Gründen – wahrscheinlich dichtete eine Schürze nicht richtig und der ground-effect ging verloren – fuhr Depailler in der langgezogenen Ostkurve geradeaus. Bei ca. 270 km/h hatte der Pilot keine Überlebenschancen, als der Wagen an der Leitplanke zerschellte.

Auf den Tag 21 Jahre, nachdem der französische Meisterfahrer Jean Behra auf einer deutschen Rennstrecke sein Leben ließ, starb Patrick Depailler in Hockenheim. Wenige Tage vor seinem 36. Geburtstag wurde er in Clermont-Ferrand zu Grabe getragen.

Neun Tage später erinnerte während des Rennwochenendes im Badischen – offiziell – nicht einmal eine Gedenkminute an den großen Kämpfer. »Das ist ja bei privaten Tests passiert und nicht im offiziellen Training!« meinte der ohnehin eher auf simple Späße spezialisierte Streckensprecher – wohl in Einvernehmen mit dem Veranstalter.

Gilles Villeneuve
Der Gigant

Fast jede bedeutende Sportart kennt ein, zwei Ausnahmeathleten, die – sei es in ihrer aktiven Zeit, oder erst später – zur Legende wurden.

Da es an objektiven Kriterien zur Bemessung dieses ›Status‹ fehlt, ist eine Beurteilung zweifelsohne recht schwierig. Sportlicher Erfolg allein, das steht jedenfalls fest, ist nur einer der Gründe, die bestimmte Sportler von der Masse abheben. Herkunft, Verlauf der Karriere, ungewöhnliche Einzelleistungen, die persönliche Ausstrahlung und natürlich auch große Triumphe können aus einem Spitzensportler eine ›Legende‹ machen.

Auch der Automobilrennsport kennt selbstverständlich dieses Phänomen, und der Italiener Tazio Nuvolari ist wohl der Mann, dessen Name in diesem Zusammenhang am häufigsten genannt wird.

Hier soll jetzt nicht die knappe Handvoll weiterer Fahrergrößen beleuchtet werden, die vielleicht in einem Atemzug mit dem ›Fliegenden Teufel von Mantua‹ angeführt werden könnten. Dieses Kapitel handelt vielmehr vom jüngsten Beispiel dieser Ausnahmekategorie, dem Franco-Kanadier Gilles Villeneuve, der – zwischen 1977 und 1982 – 67 Grand Prix-Rennen fuhr.

Niki Lauda nannte ihn den ›Giganten‹ und dieses Urteil ist von großer Bedeutung. Zum einen konnte der Österreicher seinen kanadischen Konkurrenten, als direkten Gegner in vielen großen Rennen, besser als viele andere beurteilen, zum anderen geht Niki Lauda – der nur ungern andere Persönlichkeiten neben sich bestehen läßt – mit Lob sehr sparsam um.

Der Ruf, ein hochtalentierter Nachwuchsfahrer zu sein, war Gilles Villeneuve schon über den Nordatlantik vorausgeeilt, als er am 16. Juli 1977 in Silverstone seinen ersten Weltmeisterschaftslauf bestritt. McLaren-Chef Teddy Mayer hatte ihm einen Werkswagen angeboten. Es war zwar keiner der neuen M 26, sondern nur ein M 23, und zwar der M 23/8, den zuletzt James Hunt in Monte Carlo bewegt hatte. Es war aber keine Frage, daß Villeneuve den Drive annahm.

Schon im ersten Training sorgte der Mann mit dem Knabengesicht für eine deftige Überraschung, indem er schneller nach Stowe-Corner und zurück fuhr, als McLaren-Stammfahrer Jochen Mass. Nachdem am Freitag das Training beendet war, fand man ihn als Neuntplazierten in der Startaufstellung. Zu diesem Zeitpunkt hatte auch kein Journalist mehr Schwierigkeiten mit der Namensschreibweise des Rookie aus dem fernen Kanada.

Unbekümmert und schnell, wie er die Trainingssitzungen angegangen war, zeigte er sich auch am Renntag. Das Feld kam in der Reihenfolge Watson, Lauda, Scheckter, Hunt, Andretti, Nilsson und Villeneuve aus der ersten Runde. Jochen Mass fiel es sicherlich nicht leicht, hinter dem kanadischen Debütanten herfahren zu müssen. Neun Runden lang behauptete Villeneuve

Das Leichtgewicht und der Pechvogel – Jacques Laffite (1) und Jean-Pierre Jarier.

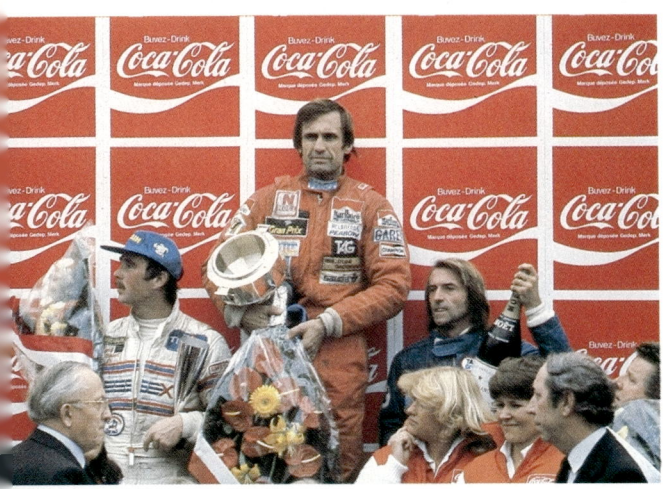

Indianer mit Pokal. Reutemann, Mansell und Laffite nach dem belgischen Grand Prix 1981.

Die Kolonialherren kehren zurück. Laffite gewinnt im franko-kanadischen Montreal den kanadischen WM-Lauf 1981.

Gas weg und ›auf der Bremse‹ in die Goodyear-Schikane von Monza.

Casino-Platz in Monte Carlo. Parken verboten. . .

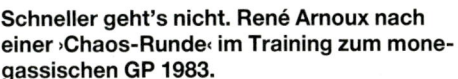

Start in ein neues Zeitalter der Formel-1 – Detroit.

John Watson – schnell und nervös.

Schneller geht's nicht. René Arnoux nach einer ›Chaos-Runde‹ im Training zum monegassischen GP 1983.

Lauda im Training: »Baut mir den TAG-Porsche ein!«

Wald, Fachwerk und Formel-Sport. Seit 1983 gastiert der GP-Zirkus wieder auf dem idyllischen Kurs von Spa-Francorchamps.

ATS-Triumvirat 1983: Konstrukteur Brunner, Pilot Winkelhock und Boss Schmid.

Elio de Angelis. Römischer Wagenlenker im F-1-cockpit.

Wie Phönix aus der Asche – Patrick Tambay am Steuer des Turbo-Ferrari.

Glücksspiel in Monte Carlo. 27 –
Rot – unpaar.

Der Vater war Tierarzt, der Sohn
liebt Pferdestärken. Keke Rosberg.

Frank Williams und Patrick Head. Meistermacher dank Petro-Dollars.

Playboy in Monza. James Hunt und Groopies.

Martina Winkelhock. »Setz den Helm auf Manfred!«

Will siegen wie Siffert und Regazzoni: Mark Surer – der ›neue Schweizer‹.

Vermummung im Dienst der Sicherheit. Emerson Fittipaldi: Ready for take-off.

den sensationellen siebten Platz, dann registrierten seine aufmerksamen Augen beim routinemäßigen Instrumenten-check auf einer der langen Geraden eine alarmierend hohe Wassertemperatur. Sofort ging er vom Gas und steuerte die McLaren-Boxen an, wo man den Fehler schnell feststellte: das Thermometer war defekt – das Kühlwasser wohltemperiert!

Aussichtslos zurückgeworfen, fädelte er sich wieder in das Feld ein und konnte aber wie zuvor mühelos die Rundenzeiten der Spitzengruppe erreichen. Trotz des – gemessen an der Trainingsleistung – enttäuschenden elften Platzes wurde der 24jährige zum ›driver of the meeting‹ gewählt und hatte seine Bewährungsprobe mit Auszeichnung bestanden.

Noch im selben Jahr erhielt er weitere Gelegenheiten, sein Talent unter Beweis zu stellen. Jetzt allerdings nicht mehr in McLarens Diensten, sondern im ›Team der Teams‹, der Mannschaft Enzo Ferrari. Ursprünglich als ›dritter Mann‹ für seinen Heimat-Grand Prix und den japanischen WM-Lauf in Fuji angeheuert, bestritt er diese Rennen überraschend als echte Nr. 2. Die Verantwortung hierfür trug der frischgebackene Weltmeister Niki Lauda, der drei Stunden vor Trainingsbeginn des kanadischen WM-Laufs in Mosport seiner verdutzten Team-Leitung bekannt gab, daß er fortan nicht mehr für das Team vom springenden Pferd fahren werde. Zwei Jahre später sollte der Österreicher zeigen, daß er als Mann der Überraschungen noch ganz andere Pfeile im Köcher hatte...

Der in Silverstone so überzeugend aufgetretene Villeneuve enttäuschte am Steuer des Ferrari vor heimischem Publikum und machte nur durch mehr oder weniger spektakuläre Dreher negativ auf sich aufmerksam. Gleich sechsmal kreiselte er im Training über die Piste.

Nachdem er sich im Rennen bis auf Rang Acht nach vorne gefahren hatte, fabrizierte er wenige Runden vor Schluß des Rennens den Dreher Nummer Sieben des Weekends und schied aus. Diesmal hatte er allerdings eine plausible Erklärung für die Pirouette: Auf Andrettis Motoröl hatten die Ferrari-Pneus den Kontakt zur Straße verloren. Der gute Eindruck, den er bei seinem Debüt in England hinterlassen hatte, war ausgelöscht. In nur drei kurzen Tagen hatte er sich das neue Image des Crash-Piloten zugelegt.

Im japanischen Finallauf sollte es noch schlimmer kommen. Aus der drittletzten Startreihe nahm der Lauda-Nachfolger das Rennen auf, eine schwache Leistung, für die der noch unerfahrene Pilot – wohl zu Recht – das kaum zu übersehende Untersteuern seines Boliden verantwortlich machte. Im Rennen schaffte er es dann gerade bis in die sechste Runde. Dann wollte er am Ende der Start- und Zielgeraden den Schweden Ronnie Peterson ›auf der Bremse‹ überholen und trat im entscheidenden Augenblick – ins Leere. Der gewünschte und dringend erforderliche Tempoverlust blieb aus, die Bremse war defekt. Die beiden Wagen kollidierten, der Ferrari stieg auf und mähte – nach einer Zwischenlandung auf der Piste – jenseits der Leitplanke eine Gruppe Fotografen und verbotswidrig vorgedrungener Zuschauer nieder. Zwei Tote und sieben Verletzte waren die grausame Bilanz. Vor dem Hintergrund des folgenschweren Unfalls fragte niemand mehr nach der Unfallursache und der unverletzt der Katastrophe entkommene Gilles Villeneuve wurde von der Öffentlichkeit zum Sündenbock gestempelt.

Durch Villeneuves Auftritte in Kanada und Japan war die Verpflichtung des Kanadiers durch Ferrari für die Saison 1978 unerwartet in Frage gestellt. Lange hielten sich die Gerüchte, daß Villeneuve zugunsten des jungen Amerikaners Eddie Cheever zurücktreten müßte, doch schließlich trat die ruhmreiche Scuderia – wie ursprünglich geplant – mit Carlos Reutemann und Gilles Villeneuve an.

Nach glücklosem Saisonauftakt setzte sich Villeneuve in Long Beach, es war das vierte Wertungsrennen des Jahres, groß in Szene. Mit dem Grünlicht übernahm er die Führung, als der vor ihm gestartete Reutemann patzte, und führte das Feld 38 Runden lang fehlerfrei vom Ocean Boulevard durch die Linden Avenue, den Shoreline Drive und die Pine Avenue zurück zu Start und Ziel. Im Verlauf der 39. Runde lief der Spitzenreiter dann auf den Schweizer Clay Regazzoni auf, der zur Überrundung anstand. Villeneuve hätte genügend Zeit gehabt, sich in Geduld zu üben und den Ort des Überholmanövers auf eine der langen Geraden zu legen, doch – es fehlte wohl noch die Routine – er brach die Aktion übers Knie. Als eine Kollision unvermeidlich schien, riß er seinen Ferrari noch zur Seite, wodurch die Situation aber unerwartet an Gefährlichkeit zunahm. Von der Bordstein-kante zurückgeworfen, stieg sein Wagen in die Luft – das kannte er ja unterdessen – überflog Regazzonis Shadow-Ford und landete in den Planken.

Wie knapp die GP-Truppe an einer Katastrophe vorbei gekommen war, stellte sich in seiner ganzen Tragweite erst nach dem Rennen heraus: Am Sturzhelm des Shadow-Piloten wurden Reifenspuren ausgemacht, die von den Gummiwalzen des Villeneuve'schen Ferrari stammten ...

Auf die erste Plazierung in einem der Punkteränge mußte der Franco-Kanadier bis zum 21. Mai warten. In Zolder, auf dem Kurs, der vier Jahre später zu seiner Schicksalsstrecke werden sollte, belegte er den vierten Platz. Hinter dieser Plazierung verbarg sich aber weit mehr, als drei WM-Punkte ahnen lassen. 39 Runden lang lag Villeneuve an zweiter Stelle, dann platzte ihm der linke Vorderreifen. Er fing den schleudernden Wagen ab und fuhr die vier Kilometer bis zu den Boxen auf drei Rädern. Auf abgeschliffener Felge kam er aus der 40. Runde zurück und ließ den Schaden beheben.

Anschließend startete er eine Aufholjagd, die sicherlich mehr Kraft und Können erforderte als so manche Siegesfahrt.

Die kämpferische Fahrweise trug erst in Zeltweg wieder Früchte, als er Dritter wurde. Vierzehn Tage später gab es in Zandvoort den nächsten Punkt.

In Monza – es war das letzte Rennen des Ronnie Peterson – führte Villeneuve über 34 Runden des auf 40 Runden verkürzten Rennens, wurde dann von Andretti abgefangen, kreuzte als Zweiter die Ziellinie und belegte... Rang Sieben!

Die Rennleitung warf Andretti und Villeneuve vor, das Rennen bereits aufgenommen zu haben, bevor die Startampel Grünlicht zeigte: Frühstart. Beide bekamen eine Strafminute aufgebrummt, die die Rückstufung in der Ergebnisliste erklärt. Monza zeigte aber, daß sich Villeneuve endgültig ›eingeschossen‹ hatte. Den Beweis hierfür trat er nur ein Rennen später an, als er seinen Home-Grand Prix in Montreal gewinnen konnte.

Der neunte WM-Platz, den er mit 17 Punkten 1978 einnahm, machte weder die Anstrengungen deutlich, die Villeneuve unternommen hatte, noch ließ er Rückschlüsse auf das wirkliche Können des Kanadiers zu.

Daß er sich tatsächlich unter Wert verkauft hatte, zeigte er 1979. Mit nur vier Punkten Rückstand auf Weltmeister Jody Scheckter wurde Villeneuve Vize. In Kyalami, Long Beach und Watkins Glen hatte er gesiegt. In jenen Tagen wurde er zwar schon als ›Weltmeister von morgen‹ gefeiert, tatsächlich hatte er aber mit der Vizemeisterschaft bereits das beste Ergebnis seiner Karriere erreicht.

Fünfmal war er die schnellste Runde des Rennens gefahren und hatte auch damit gezeigt, daß er zu den Besten zählte.

Ob es 1979 zum Titelgewinn gelangt hätte, wenn bei Ferrari nicht Scheckter, sondern Villeneuve der Nr. 1-Fahrer gewesen wäre, ist eine Frage, auf die es keine Antwort geben kann. Die vier entscheidenden Punkte dürfte der Nr. 1-Bonus jedoch ausgemacht haben.

Gehörten die Ferrari 1979 unumstritten zur ersten Garnitur der Branche, so verloren die tomatenroten Boliden aus Maranello im nächsten Jahr ihre Top-Stellung. Das unverändert besetzte Team erntete 1980 gemeinsam (!) ganze acht WM-Punkte. Für Villeneuve war es wohl nur ein schwacher Trost, daß er selbst drei Viertel der Ausbeute einfuhr.

In einem Rückblick auf die Saison meinte er: »Ich mußte dieses Jahr doppelt so hart fahren wie 1979, als ich ohne große Anstrengung Rennen gewinnen konnte. Jetzt mußte ich oft am absolut letzten Drücker fahren – jenseits von Gut und Böse. Ich weiß nicht, wieviele Zuschauer das mitbekommen haben.«

Die Zuschauer hatten es mitbekommen. Denn ob ein Fahrer resigniert, weil er eine Fehlkonstruktion lenken muß und deshalb lieber ›auf die nächste Saison wartet‹, oder ob er auch auf den hinteren Rängen kämpft, als hinge das Leben von einer Positionsverbesserung ab, registriert das Publikum nicht nur, es zollt auch Anerkennung für solche Auftritte.

Villeneuve verlor jedenfalls 1980 nicht einen seiner Anhänger, im Gegenteil, die Gemeinde seiner Fans wuchs. Gilles Villeneuve, das erkannten viele, war ein Rennfahrer aus Überzeugung, kein Taktiker, der sich vor dem

Start im Fahrerlager überlegte, ob es nicht viel sinnvoller wäre, dem Feld hinterher zu fahren und auf Ausfälle der Konkurrenz zu warten. Er ging ins Rennen, um die bestmögliche Plazierung zu erreichen.

Diese Einstellung paarte sich mit einer schier unglaublichen Fahrzeugbeherrschung, die oft den Eindruck erweckte, physikalische Gesetze würden widerlegt.

1981 fuhren Villeneuve und sein neuer Teamkollege Didier Pironi, der den zurückgetretenen Ex-Weltmeister Jody Scheckter abgelöst hatte, den neuen Turbo-Ferrari. Zwangsläufig mußte das erste komplette Turbo-Jahr für Ferrari und seine Fahrer ein Lehrjahr werden. Davon konnte Vorreiter Renault ein mehrstrophiges Lied singen, und auch Hart, BMW, Alfa Romeo und später dann TAG-Porsche sollte es nicht besser gehen.

Um so erstaunlicher war es, daß Gilles Villeneuve am Steuer des neuen Turbos in den letzten Wochen des Frühlings ein eindrucksvoller Doppelschlag gelang. Sowohl in Monte Carlo wie auch in Jarama, beides alles andere als klassische Turbo-Kurse, siegte der Franco-Kanadier.

Das Rennen in Spanien bezeichnete er später als den wohl umkämpftesten Sieg seiner Karriere. Tatsächlich kreuzten nach langem Rad-an-Rad-Kampf die ersten fünf Wagen innerhalb von 1,24 Sekunden die Ziellinie. Es war ein echter Kampf jeder gegen jeden, denn jeder der fünf Fahrer gehörte einem anderen Team an. In der Reihenfolge Villeneuve (Ferrari), Laffite (Ligier), Watson (McLaren), Reutemann (Williams) und de Angelis (Lotus) ging einer der spannendsten Weltmeisterschaftsläufe zu Ende.

Zusätzliche Anerkennung gewinnt Villeneuves Leistung, wenn man bedenkt, daß er den Grand Prix seit Mitte der 13. Runde anführte und die Spitze bis ins Ziel nicht mehr abgab. Bei einer derart dicht beieinanderliegenden Spitzengruppe liegen im Finale die besseren Plätze nämlich hinter dem Anführer des Feldes, denn solche Rennen werden in der Regel ›aus dem Windschatten‹ gewonnen.

Das Lehrjahr ging mit einem dritten Platz in Montreal zu Ende. Was 1981 gesät worden war, sollte im nächsten Jahr geerntet werden, und der Saisonverlauf 1982 zeigte tatsächlich, daß die Ferrari wieder zu den besten Wagen zählten.

Villeneuve sollte von dieser Renaissance allerdings nicht mehr profitieren. Einmal stand er noch auf dem Treppchen, als er im – von der FOCA boykottierten – GP von San Marino Zweiter wurde, nachdem Team-Kollege Pironi die Stallregie mißachtet hatte.

Dann kam der 8. Mai 1982 und Villeneuve fuhr seine letzten Runden. Wenige Wochen vor den tragischen Ereignissen von Zolder hatte er noch in einem Interview von den Gefahren für einen GP-Fahrer gesprochen. Daß er im Training gezwungen sei, die kurze Lebensdauer der Qualifikationsreifen auszunutzen und in einer solchen Runde an der Grenze des Möglichen auf einen unkonzentrierten Konkurrenten treffen könnte, war seine große

Sorge. Diese Befürchtungen traten am 8. Mai ein. Gilles Villeneuve, der schnellste Fahrer seiner Zeit, starb in Belgien den Rennfahrertod.

Für die Rennsport-Fans in aller Welt lebt er aber bis heute weiter. Während mancher seiner Kollegen viel zu schnell vergessen wurde, weckt der Ferrari mit der Startnummer 27, Villeneuves 27, immer wieder Erinnerungen. Gilles Villeneuve wurde zur Legende. Er, der einmal befürchtet hatte, die Zuschauer könnten übersehen, daß er dem Rennsport mehr gab, als sich aus Ergebnislisten ablesen läßt, hatte sich in diesem Punkt geirrt.

Jean-Pierre Jabouille
Der »Turbovater«

Als Alternative zum herkömmlichen Saugmotor kennt der Motorenbau den ›zwangsbeatmeten‹ Motor – je nach Bauweise als Kompressor- oder Turbomotor bekannt.

Diese aufgeladenen Motore sind weit älter, als häufig angenommen. Schon im Dezember 1902 meldete Louis Renault dieses Patent an: »Einrichtung zur Druckerhöhung des in die Zylinder eines Explosionsmotors eingeführten Gases, bewirkt durch den Einbau eines Ventilators oder kleinen Kompressors in ein Rohr zwischen dem Vergaser und den Zylinder.«

In der 1950 ins Leben gerufenen Fahrerweltmeisterschaft wurde bereits der erste Titel an einen Piloten vergeben, der einen Wagen mit Kompressormotor fuhr: Dr. Nino Farina auf Alfa Romeo 1,5 Liter. Sein Nachfolger steuerte den gleichen Wagen. Einem Verhältnis von 1:3 entsprechend durften die Sauger in jenen Tagen 4,5 Liter Hubraum haben.

Mit dem Rennjahr 1952 gerieten die aufgeladenen Motore im GP-Sport zunächst in Vergessenheit. In den Jahren 1952 und 1953 wurde die Fahrer-WM nämlich auf Formel 2-Rennwagen ausgetragen. Hierfür sahen die Bestimmungen 2 Liter-Saugmotore oder 500 cm^3-Kompressormotoren vor. Nach Wissensstand des Autors ließ sich kein Bewerber auf das 500 cm^3-Abenteuer ein.

Von 1954 bis 1960 galt die 2,5 Liter-Formel (Sauger), die ›Alternativen‹ durften jetzt 750 cm^3 Hubraum haben. Anläßlich der WM-Läufe sah man ausschließlich 2,5 Liter-Wagen, doch 1955 tauchte in Pau ein 750 cm^3-Kompressor-Formel 1-Wagen auf. Zu allem Überfluß handelte es sich um eine vierradgetriebene Konstruktion! Das Ergebnis war derart ernüchternd, daß der von Charles Deutsch und René Bonnet konzipierte Renner schnell wieder von den Pisten verschwand.

In der von 1961 bis 1965 gültigen 1,5 Liter-Formel waren Kompressormotoren schließlich gar nicht mehr zugelassen.

Das änderte sich erst wieder 1966, als die bis heute aktuelle 3-Liter-Formel in Kraft trat, die – jetzt war das Verhältnis 1:2 – auch wieder ›Aufgeladene‹ zuließ. Da die Entwicklung weiter fortgeschritten war, sollten nun anstelle der Kompressormotoren sogenannte Turbomotoren den normal beatmeten Kraftquellen Konkurrenz machen. Bis der erste Konstrukteur der neuen Formel es wagte, den Turbo-Weg zu gehen, der gleichermaßen Kraft und Anfälligkeit versprach, vergingen fast elf lange Jahre.

Dann, im Juli 1977, war es soweit: In Silverstone ging der Renault RS/01 unter Jean-Pierre Jabouille an den Start. Angetrieben wurde das konventionell konstruierte Fahrgestell von einem 1,5-Liter-Turbo.

Der Pilot hatte zu diesem Zeitpunkt seine Qualitäten bereits unter Beweis stellen können. Schon zwei Jahre zuvor war er seinen ersten – und bis zum Turbo-Debüt einzigen – Grand Prix gefahren, als ihm Ken Tyrrell in Le Castellet eine Chance gegeben hatte. 1976 war er dann Europameister der Formel 2 geworden. Als ›Turbo-Versuchskaninchen‹ war zunächst allerdings nicht an weitere Erfolge zu denken. Zuerst einmal mußte der am 1. Oktober 1942 geborene Franzose gemeinsam mit den verantwortlichen Technikern versuchen, die ›Kinderkrankheiten‹ der Neukonstruktion auszumerzen. Die geschmiedeten Kurzschaftkolben des Sechszylinders brachen, Ventile gaben ihren Geist auf oder der Lader quittierte den Dienst. Viermal trat Jabouille mit dem Renault 1977 an – und viermal fiel er aus. In Kanada reichte es dann nicht einmal zur Qualifikation.

Erst im achten GP, dem monegassischen WM-Lauf 1978, kam der Renault erstmals über die Runden und Jabouille wurde Zehnter. Im selben Jahr gab es in Watkins Glen, der erste Einsatz lag 15 Monate zurück, erstmals Punkte für einen Turbo-Piloten, als der Franzose Platz Vier belegte.

Viele kritisierten damals das Turbo-Projekt, dem auch von namhaften Experten keine Aussichten auf Erfolg eingeräumt wurden. Warum, wurde gespottet, geht der mächtige Staatskonzern Renault diesen dornenreichen Weg, dessen Ende nicht abzusehen ist? Nun, die Renault-Ingenieure wußten, daß sie auf dem richtigen Weg waren, die Idee vom 1,5 Liter-Turbo, der die 3-Liter-Sauger schlagen sollte, war gut, es galt eben ›nur‹ mechanische und thermische Standfestigkeit zu erzielen. Es hatte sich nämlich schnell herausgestellt, daß die Leistungsentwicklung der Turbos weitgehend eine Frage der Material-Technik ist, ganz besonders auf den Gebieten Kolben, Kolbenringe und Laufbüchsen.

Nach eineinhalb mehr oder weniger frustrierenden Experimentierjahren bekam Jean-Pierre Jabouille, der den F1-Turbo zur Reife gefahren hatte, mit René Arnoux einen Team-Gefährten. Trotz dieser Verstärkung blieb Jabouille der Fahrer, den Fachleute wie Fans mit der neuen Formel 1-Technik indentifizierten. Er war es dann auch, dem der erste Turbo-Sieg gelang.

Das historische Ereignis geschah am 1. Juli 1979 in Dijon. Jabouille war die schnellste Trainingszeit gefahren – wie schon zu Jahresbeginn in Kyalami – und lag 46 Runden lang hinter Villeneuve auf Platz Zwei. Als dann der Ferrari-Fahrer Probleme mit den Reifen bekam, ging Jabouille zur Begeisterung des Publikums an ihm vorbei und fuhr auf und davon. Im Ziel hatte er 15 Sekunden Vorsprung herausgeholt – Sieg und neun Punkte. Fast 28 Jahre waren seit dem letzten GP-Sieg eines zwangsbeatmeten Motors vergangen, als Jabouille auf Renault-Turbo die neue Ära dieses technischen Konzepts einläutete.

Auch wenn es trotz der überlegenen Vorstellung in Dijon – René Arnoux wurde knapp geschlagen Dritter – für 1979 der einzige Sieg bleiben sollte: Die Weichen für die Zukunft waren gestellt. Langfristig gesehen, sollte es kein zurück vom Turbo-Pfad mehr geben. Ob man diese Entwicklung begrüßt, oder ob man den langsam aussterbenden dröhnenden 3-Liter-Saugmotoren nachtrauert – technisch gesehen, sind die Turbos ein Schritt nach vorne. Auch die Rückkoppelung für die Serienwagen auf unseren Straßen bringt durch die schadstofffreiere Verbrennung der Turbos Vorteile.

Der Name Jean-Pierre Jabouille ist mit dieser Entwicklung eng verbunden, auch wenn er nur noch einmal einen Renault zum Sieg führen konnte – 1980 in Zeltweg.

Im letzten Lauf der 80er Saison hatte er dann einen schweren Unfall und brach sich beide Beine. Es kam überraschend, daß er anschließend Renault verließ und zu Ligier ging, war man doch bei Renault nach dreieinhalb Jahren endlich ›über den Berg‹. Aber Jean-Pierre Jabouille, der Mann, der äußerlich an Danny Kaye erinnert, sah sich wohl am Ziel, weil er den Renault endgültig ausgetestet hatte.

Für seinen neuen Arbeitgeber bestritt er nur drei Rennen, dann mußte er einsehen, daß die Nachwirkungen seiner Sturzverletzungen eine Fortsetzung der Karriere unmöglich machten.

Insgesamt bestritt er 49 Grand Prix-Rennen, 45 davon auf Renault. Er kam nur dreimal in die Punkte, erzielte dabei jedoch zwei Siege. Eine ungewöhnlich ›kopflastige‹ Ausbeute. Endgültig befriedigt hat ihn, den ewigen Tüftler, diese Karriere nicht, denn noch im Sommer 1983 sagte er: »Wenn man mir einen guten Wagen anbietet, dann steige ich sofort wieder ein.«

Didier Pironi
Kurzschluß im Regen

Im Jahr 1976 präsentierte sich der Franzose Didier Pironi erstmals einer großen Publikumskulisse. Am Tag des Grand Prix von Monaco nahm er am sonntäglichen Vorrennen, dem Formule-Renault-Lauf, teil. Der Mann mit dem italienisch klingenden Namen gewann dieses Rennen, doch wer beachtet schon das Hors d'Oeuvre, wenn alle auf das Hauptgericht warten!

Zwölf Monate später verlud er an der selben Stelle wiederum alle Mitstarter, doch unterdessen war er in die Formel 3 aufgerückt und als Formel 3-Sieger in Monaco wird man nicht nur vom Publikum gefeiert, sondern zusätzlich von den anwesenden Formel 1-Bossen begutachtet und meist für gut befunden.

So war es dann kein Wunder, daß der am 26. März 1952 geborene Fabrikantensohn 1978 in Monte Carlo das Casino in einem Grand Prix-Wagen umkreiste: Didier Pironi, der kleine Mann mit dem Pokerface, hatte es geschafft. Kompromißlos und geradlinig war er auf sein Ziel zugegangen und hatte es auf dem kürzesten Weg erreicht. Dabei half ihm nicht nur sein eiserner Wille, sondern auch seine Liebe zum Autorennsport:»Motorsport gibt mir alles, was ich brauche. Als ich noch jünger war, habe ich verschiedene Sportarten betrieben, Laufen, Schwimmen, Tennis, Speerwerfen. Jede Sportart hat mir irgendwie Freude gemacht, aber bei jeder habe ich auch immer irgend etwas vermißt. Der Motorsport gibt mir hingegen alles – das ist schwer in Worte zu fassen. Ich fahre gern Auto, ich muß physisch fit sein, ich muß geschickt sein, ich kann meine Persönlichkeit zum Ausdruck bringen. Er ist für mich die totale Erfüllung.«

Anders als viele seiner Kollegen betrachtete Pironi den Sprung in die Formel 1 nur als Zwischenziel, die erklärten nächsten Schritte waren Grand Prix-Siege und der Gewinn der Weltmeisterschaft. Er hatte bei Ken Tyrrell, dem großen Talententdecker, unterschrieben und fand in seinem Team-Gefährten Patrick Depailler einen guten Lehrmeister.

Daß er in der höchsten Klasse des Autorennsports von Anbeginn mit selten hohem Einsatz fuhr, belegt eine Episode, die sich am Rande des Trainings zu Pironis zweitem WM-Lauf abspielte. Karl Kempf, Ken Tyrrells Computerfachmann, beobachtete die Neuverpflichtung und sinnierte: »Wenn Pironi nicht Weltmeister wird, dann ist es nicht seine, sondern unsere Schuld.« Bereits dieses Rennen brachte Pironi einen WM-Punkt.

Die Kritiker, die vor Saisonbeginn nicht hatten verstehen wollen, daß anstelle von Hans Stuck, dem Sohn eines berühmten Vaters, der unbekannte Franzose Didier Pironi ein freies Formel 1-Cockpit anvertraut bekam, begannen, die Hintergründe dieser Entscheidung zu ahnen.

Bereits im August stand Pironi in der Startaufstellung zu einem WM-Lauf, dem österreichischen, erstmals vor seiner Nr. 1, Patrick Depailler. Als nach 16 WM-Läufen Bilanz gezogen wurde, lag er mit sieben Punkten auf dem 15. Platz. Weniger die absolute Punktzahl, als vielmehr die für einen Neuling ungewöhnliche Zuverlässigkeit bewies, daß mit Didier Pironi einer der Großen die Manege des Grand Prix-Zirkus betreten hatte. Praktisch in jedem dritten Rennen punktete der Franzose.

Im nächsten Jahr verdoppelte er die Punktzahl, was ihm einen um fünf Ränge besseren WM-Platz sicherte. In dieser Saison verlor er jedoch das Vertrauen in den Tyrrell-F 1. Bei schweren – technisch bedingten – Stürzen in Kyalami und Dijon beschäftigte er gleich mehrere Schutzengel. In Südafrika war ein Rad abgebrochen und später in Frankreich eine Halbachse kollabiert. Insgesamt brach siebenmal das Chassis! Pironi wechselte zu Guy Ligier.

Damit stand ihm ein Wagen zur Verfügung, der 1980 zum Besten vom Besten gehörte. Er fuhr in Monte Carlo und Brands Hatch seine ersten pole-positions, in Zolder reichte es sogar – mühelos, wie er sagte – zum Sieg. Hätte es nicht Probleme mit den Felgen gegeben, die sich ebenso zwangsläu-fig wie nachteilig auf die Reifen auswirkten, der WM-Titel wäre möglich gewesen. Pironi glaubte jedenfalls eine Zeitlang fest an seine Chance, Jody Scheckters Nachfolger zu werden: »Leider hatten wir kein Geld, die auftretenden Probleme schnell genug zu beseitigen, deshalb mußten wir den Titel verschenken.«

Am Ende des Jahres zog sich Scheckter aufs Altenteil zurück und Enzo Ferrari, der den Wagen neu besetzen mußte, verpflichtete Pironi. Damit verfügte das Ferrari-Team mit Gilles Villeneuve und dem Franzosen über das stärkste Fahrer-Paar. Eine Rangordnung in der Minibelegschaft sollte es nicht geben, keine Nummer 1 oder Nummer 2, sondern zwei gleichgestellte Piloten mit gleichen Voraussetzungen und gleichem Material. Gilles Ville-neuve, der Superkämpfer, kommentierte die Verpflichtung Pironis lako-nisch: »Die Stoppuhren werden zeigen, wer der Bessere ist.«

Die erwarteten Erfolge blieben aus; Didier Pironi glänzte zwar einigemal, so in San Marino und Zolder – beide Rennen hätte er um ein Haar gewon-nen – doch die Punktgewinne hielten sich in engen Grenzen: Neun WM-Zähler, das waren gerade zwei mehr, als in seinem Debütenjahr 1978.

Es ist keine Frage, daß Pironi 1981 unter Wert geschlagen wurde. Die tiefe Enttäuschung, die der Vollblutrennfahrer in diesem Jahr empfinden mußte, ließ er sich nicht anmerken. Die stoische Gelassenheit, mit der er zuvor die frühen Triumphe zu ›tragen‹ pflegte, zeigte er auch nach den Niederlagen und Ausfällen am Steuer des Turbo-Ferrari, der in seiner ersten vollen Saison natürlich noch nicht ausgereift sein konnte. Oft legte man Pironi seine ausdruckslose Mimik als Gleichgültigkeit oder Gefühlsarmut aus. Er selbst kommentierte sein Pokerface mit den Worten: »Das sagt nicht aus, daß ich nichts empfinde, mich nicht freuen oder ärgern kann. Es liegt einfach nicht in meiner Natur, das nach außen zu zeigen.« Auch als ihn Hans Stuck nach dem Procarlauf in Hockenheim vor aller Welt als ›Mörder‹ bezeichnete, blieb er ›seiner Natur‹ treu und reagierte äußerst sachlich.

Dann kam die Saison 1982. Oft ist man versucht, mit dem Schicksal zu hadern und diskutiert die Wenns und Abers durch, die sich auch im GP-Sport immer wieder anbieten.

Was wäre gewesen, wenn sich Chris Amon anstatt den glücklosen den erfolgreichen Teams angeschlossen hätte? Wer wäre 1976 Weltmeister geworden, wenn Niki Lauda in Fuji nicht gleich zu Beginn des Rennens auf den ›Horror-Trip‹ gegangen wäre? Wäre Andretti 1978 Champion geworden, wenn es bei Lotus keine Stallregie gegeben hätte? Wo stünde Hans Stuck heute, wenn er Ende 1978 den von Frank Williams angebotenen Vertrag unterschrieben hätte? Gleich drei oder vier solcher Fragen wirft fast jede WM-Saison auf.

Antworten auf diese Fragen gibt es natürlich nicht. Chris Amon hätte vielleicht – durch das Pech, das ihm an den Füßen klebte – jedes Team von der Gewinner-Straße abgebracht. Niki Lauda wäre vielleicht aufgrund der Sehbehinderung durch seine Augenlidverletzung tatsächlich von der Piste gekreiselt. Andretti und Peterson hätten sich vielleicht gegenseitig gehetzt, bis ihre Wagen kollabiert wären, und Hans Stuck schließlich, hätte vielleicht wirklich die Lederhose in den Fahrerlagern der Formel 1 salonfähig gemacht.

1982 aber gab es ein ›was wäre gewesen, wenn‹, auf das es nach menschlichem Ermessen die richtige Antwort gibt: Wenn Didier Pironi statt zehn, alle 16 WM-Läufe der Saison bestritten hätte, dann wäre er Weltmeister geworden! Warum? Weil er sich trotz dieses Handicaps mit nur fünf Punkten Rückstand auf Keijo Rosberg die Vizemeisterschaft holen konnte. Gerade auf dem mit Beginn des europäischen Saisonteils voll konkurrenzfähigen Ferrari hätte der Franzose die fehlenden Punkte wohl mühelos gewonnen.

Nach einem kurzen Probagalopp im Sommer des Vorjahrs, blühte der Turbo-Ferrari in Imola 1982 auf und gehörte von diesem Rennen an für den Rest der Saison unumstritten zur ersten Garnitur.

Der WM-Lauf in Imola, wo der 2. Große Preis von San Marino ausgetragen wurde, war ein Rennen ganz besonderer Art. Der seit Jahren schwelende Machtkampf zwischen FISA und FOCA führte am Südostrand der Po-Ebene zum schwersten Zwischenfall seit Jarama 1980.

Hatten damals in Spanien die FISA-treuen Bewerber das Rennen bestreikt, was eine Annullierung des WM-Status der Veranstaltung zur Folge hatte, streikten jetzt die FOCA-Teams. Der Boykott war die Antwort Bernie Ecclestones und seiner Vasallen auf die Disqualifikation Piquets und Rosbergs in Brasilien. Dank der Streikbrecher ATS und Tyrrell addierte sich die Anzahl der Starter auf insgesamt 14, zwei mehr, als das Reglement vorschreibt, um den WM-Status zu erhalten.

Wer geglaubt hatte, die Tifosi würden sich vom Besuch des Grand Prix abhalten lassen, weil Arrows, Brabham, Ensign, Fittipaldi, Lotus, March, McLaren, Talbot-Ligier und Williams fehlten, der hatte sich getäuscht. Italien ist ein Land echter Rennsportbegeisterung und so reisten 70000 an, um den Kampf von nur sieben Teams mitzuerleben. Als sich zwei Fahrer, Derek Warwick in der Aufwärmrunde und Brian Henton während des ersten

Umlaufs, sehr früh verabschiedeten, kamen die schlimmsten Befürchtungen auf: Erreichen überhaupt genügend Fahrer das Ziel, um alle 25 WM-Punkte zur Verteilung kommen zu lassen?

Unerwartet verlief das Rennen dann aber sehr abwechslungsreich und die Zuschauer kamen voll auf ihre Kosten. Nacheinander führten Prost, Villeneuve, Prost, Villeneuve, Pironi, Villeneuve, Pironi, Villeneuve und schließlich wieder Pironi. Der GP-Zirkus hatte schon fadere Vorstellungen gegeben...

Zusätzliche Würze verlieh die überraschende Stallregie Ferraris dem Rennen, die sich für die stallinterne Reihenfolge zugunsten des Franco-Kanadiers festlegte. Als Villeneuve jedoch merkte, daß Pironi die entsprechenden Boxensignale ignorierte, war es für ihn zum Konter zu spät: Seine verwegenen Attacken gegen den ›Revoluzzer‹ fruchteten auf den letzten Kilometern nicht mehr. Nicht viel hätte gefehlt und der Bruderkampf hätte einem lachenden Dritten Platz gemacht.

War das Verhältnis zwischen Pironi und Villeneuve bis dahin neutral gewesen, so standen die Zeichen jetzt auf Sturm. Bevor es zur dringend notwendigen Aussprache kam, verunglückte Gilles Villeneuve in Zolder tödlich. Nach dem Unfall, der sich im Training ereignete, verzichtete Didier Pironi auf seinen Startplatz in der dritten Reihe und die Teilnahme am Rennen. Während diese Geste zur Ehrung des toten Rivalen Pironi Anerkennung brachte, verschwerzte sich Jochen Mass bei vielen Zuschauern die Sympathien, als er – der eine Schlüsselrolle im Unfallgeschehen gespielt hatte – fröhlich ins Publikum lachend in die Präsentationsrunde vor dem Start ging.

Für Pironi folgten ein zweiter Platz in Monte Carlo, ein dritter in Detroit und ein 9. Platz in Montreal.

Den dritten Grand Prix-Sieg seiner Karriere erzielte er in Zandvoorts Dünenlandschaft, dem sich ein zweiter Rang hinter Niki Lauda in Brands Hatch anschloß. Der pausbäckige Franzose führte das WM-Zwischenklassement mit neun Punkten Vorsprung an und der Titel kam in greifbare Nähe, nachdem er in Le Castellet noch einmal vier Punkte nachlegte. Vierzehn Tage später ereignete sich die Katastrophe.

Im ungezeiteten Samstagstraining zum Großen Preis von Deutschland auf dem Hockenheimring stürzte Didier Pironi in strömendem Regen schwer. Im Spritzwasser seiner Vorderleute beurteilte er eingangs des Motodroms die Lage falsch und kollidierte mit Prost. Nach kapitalen Überschlägen konnte der Fahrer von Glück sprechen, mit dem Leben davongekommen zu sein. Schwere Beinverletzungen – tagelang hieß es, ein Bein müsse amputiert werden – beendeten jedoch vorläufig seine Karriere.

Erst ein Jahr nach dem schrecklichen Unfall war Pironi wieder soweit, daß er sich einen Formel 3-Wagen kaufen konnte, um sich wieder langsam an die Bewegungsabläufe im Cockpit zu gewöhnen und das Gefühl für Wagen und Geschwindigkeit wieder aufzufrischen.

139

Die elf Asse

Elio de Angelis
Ein römischer Wagenlenker

Der Sohn folgte zwar nicht den Spuren des Vaters, doch weit fiel der Apfel nicht vom Stamm. Während de Angelis Senior begeisterter aktiver und passiver Motorbootsportler war, ist Junior Elio zwar auch Motoren und der Geschwindigkeit verfallen, doch zieht er das gewundene Asphaltband der Rennpiste als Unterlage seiner sportlichen Aktivitäten den Gewässern vor.

Der Vater verzieh dem Sprößling den Landgang und förderte ihn nach Kräften. Da er eines der bedeutendsten Architektur- und Maklerbüros der italienischen Hauptstadt besitzt, mangelte es dem jungen Elio an nichts, als er sich 14jährig dem Kartsport zuwandte. Talentiert und optimal ausgerüstet, brauchte er nur vier kurze Jahre, um zweimal italienischer Meister, Europameister und Vizeweltmeister zu werden. Als Mitglied der italienischen Kart-Nationalmannschaft war er übrigens Kollege von Patrese, Cheever, Gabbiani und Necchi!

Mit dem Erwerb des Führerscheins stieg Elio de Angelis vom Kart in den Rennwagen um. Der Vater zückte wieder das Portemonnaie und zahlte einen Rennfahrerkurs in Vallelunga, stellte allerdings die Bedingung, daß Elio ein Architekturstudium aufnahm – einer muß schließlich einmal die Firma übernehmen.

Als er sich später anhören mußte, er habe seine Rennfahrerkarriere nur dem väterlichen Geld zu verdanken, konterte er sachlich: »Mein Vater kaufte mir die Autos – nicht die Siege!«

Die Erfolge hielten sich jedoch zunächst in Grenzen: Siebter der Formel 3-Europameisterschaft 1977, vierzehnter der Formel 2-Europameisterschaft 1978. Da er 1977 in Monaco das Formel 3-Rennen nicht hatte gewinnen können – Pironi hatte sich den Lorbeer gesichert – unternahm er als unterdessen gestandener Formel 2-Fahrer 1978 einen zweiten Versuch und siegte tatsächlich. Mit diesem Erfolg über die »Hintertreppe« verschaffte er sich die Eintrittskarte in den Grand Prix-Sport.

1979 sah man ihn am Steuer eines Shadow-Ford in der Formel 1. Diesen Sprung hatte er aber nicht nur dem Monaco-Sieg zu verdanken, zwei weitere Faktoren waren hierfür entscheidend. Zum einen griff der Herr Papa mal wieder tief in die Tasche, zum anderen versprach er Teamboß Don Nichols, die finanzielle Unterstützung zwei weitere Jahre lang fortzusetzen.

Einen Vogel, der solche goldenen Eier legt, vergrault man natürlich nicht und so wurde Elio de Angelis bei Shadow weitaus besser bedient, als sein Stallgefährte Jan Lammers, der als amtierender Formel 3-Europameister ins Team gefunden hatte. Für beide Piloten war das Jahr bei Shadow jedoch frustrierend, da das zur Verfügung gestellte Material nur bedingt konkurrenzfähig war. Trotz dieses Handicaps bewies Elio de Angelis bereits in seinem ersten GP seine F1-Tauglichkeit. Mit nur einer Runde Rückstand wurde er in Argentinien Siebter und ließ immerhin Fahrer wie Jochen Mass, Alan Jones, Clay Regazzoni und Derek Daly hinter sich.

Am 20. März 1958 geboren, war er damals der jüngste Fahrer der Formel 1 und die italienischen Fans hofften bereits auf einen neuen nationalen Spitzenfahrer. Der junge Pilot selbst träumte von einem Ferrari-Vertrag und dem Weltmeistertitel.

Der Shadow-Ford war natürlich nicht der richtige Wagen für einen Neuling, und auch umgekehrt waren die beiden Formel 1-Grünschnäbel de Angelis und Lammers nicht die richtigen Fahrer für das im Existenzkampf befindliche Team. Bis zum letzten WM-Lauf der Saison mußte der Italiener auf erste Punkte warten, dann – in Watkins Glen – wurde er Vierter. Eine solche Leistung sollte nicht unterschätzt werden, und wer dies bezweifelt, ist gut beraten, die beiden ersten F1-Jahre von Manfred Winkelhock unter die Lupe zu nehmen.

Das Erfolgserlebnis von Watkins Glen konnte de Angelis aber nicht mehr über die lange, enttäuschende Saison hinwegtrösten und mit Shadow versöhnen. Das Team war ganz einfach ›das Geld nicht wert‹. Einige Vertragsrechtler mußten her und der ursprünglich auf drei Jahre an Shadow gebundene de Angelis war wieder frei.

Elio de Angelis wechselte zu Lotus. Hier fand der junge Nachwuchsfahrer alles das, was Shadow nicht zu bieten hatte. Das Team besaß Erfahrung und Geld, und mit Mario Andretti stand zudem ein echter Lehrmeister zur Verfügung. Während der Italiener de Angelis mit dem Lotus 81 das beste Auto fahren durfte, das man ihm bis dahin anvertraut hatte, war der Wagen für den Ex-Italiener Andretti eine Enttäuschung. Das Engagement der beiden ließ dies sehr schnell deutlich werden. De Angelis' brennender Ehrgeiz brachte ihm vier Plazierungen in den Punkten, darunter ein zweiter Platz in Brasilien. Der alte Fuchs Andretti kam zum Vergleich nur einmal auf Platz Sechs und mußte sich mit einem einzigen Punkt begnügen.

Im folgenden Jahr, 1981, wechselte Andretti zu Alfa Romeo und de Angelis wurde, im Alter von nur 22 Jahren, die jüngste Nummer 1, die Chapman je unter Vertrag nahm. Neu ins Team kam Nigel Mansell, der sich zuvor als Testfahrer bewährt hatte und 1980 auch sporadisch an WM-Läufen teilnehmen durfte.

1981 war das Jahr des vierblättrigen Kleeblatts Piquet, Reutemann, Jones und Laffite. Elio de Angelis hatte am Steuer seines Lotus 87 keine Chancen, ganz vorne mit dabei zu sein.

Dennoch zog er sich bemerkenswert gut aus der Affäre: Er glänzte durch Beständigkeit. 15 Läufe umfaßte das Programm, und dabei konnte sich der – unterdessen von Rom nach Monte Carlo umgezoge – Italiener gleich achtmal unter den ersten Sechs plazieren, was ihm 14 Punkte und den achten WM-Rang brachte. Er war damit immerhin drei Punkte und einen WM-Platz besser als René Arnoux, der sicherlich mit dem Renault-Turbo über den besseren Wagen verfügte.

Mit den 1981 gezeigten Leistungen hatte sich de Angelis endgültig zu einem Stammfahrer des GP-Zirkus entwickelt. Auch wenn sein Verhältnis zu Colin Chapman nach wie vor nicht gerade herzlich war, blieb er bei Lotus, als die Cockpits für 1982 neu verteilt wurden. Weder der Ex-Römer noch sein schnauzbärtiger Kollege Mansell, der wieder als Nummer 2 bei Lotus unterschrieb, sollten diesen Schritt bereuen. Nigel Mansell, weil er noch einmal für zwölf Monate die Gelegenheit bekam, sich den Ruf des Unent-behrlichen zu ›erfahren‹, Elio de Angelis, weil er sich endlich einmal neun WM-Punkte auf einen Streich gutschreiben lassen durfte.

Bis zum Großen Preis von Österreich war de Angelis fünfmal auf einem der Punkteränge gelandet und setzte damit die Zuverlässigkeitsserie des Vorjahres fort. Da er dabei allerdings nicht über vierte Plätze hinausgekom-men war, ahnte die Konkurrenz nichts Böses, als er seinen schwarzen Lotus auf dem 5,9 Kilometer langen Ö-Ring in der Steiermark für den siebten Startplatz qualifizierte. Favorisiert waren die beiden Brabham-BMW unter Piquet und Patrese, die sich die zwei besten Startplätze sicherten. Auch die Franzosen Arnoux und Prost wurden mit ihren Renault-Turbo zwangsläufig höher eingestuft, als irgendeiner der Sauger-Piloten, denen auf dem ultra-schnellen Kurs von der Papierform her die Statistenrollen zukommen mußten.

In der Reihenfolge Patrese, Piquet, Prost und Arnoux übernahmen die Turbo-Fahrer dann auch wie erwartet im Rennen das Kommando. Der Ferrari-Fahrer Patrick Tambay, nach seinem 14 Tage zurückliegenden Sieg in Hockenheim auch nicht gerade als Außenseiter an die Ufer der Murr gereist, fiel auf den letzten Platz zurück. Er hatte mit seinem linken Hinterrad Minitrümmer aufgelesen, die von einer Startkarambolage stammten, welche für de Cesaris, Giacomelli und Daly das frühe Aus bedeutet hatte.

Aus dem Spitzenquartett verabschiedete sich René Arnoux als Erster – Laderschaden. Zwei Runden später, man schrieb die 17. Runde, überraschte Nelson Piquet seine Boxencrew mit dem Wunsch nach neuen Reifen. Als hätte er die Windpocken, war der erste Set mit Blasen übersät. Bis die neuen Pneus montiert waren und Sprit für die restlichen 36 Runden nachgefüllt war, vergingen gut dreißig Sekunden. Auf den vierten Platz zurückgeworfen, war für den Brasilianer ›Polen noch nicht verloren‹. Doch schnell stellte sich heraus, daß der Motor an Biß verloren hatte, und in der 32. Runde rollte der Brabham-BMW kraftlos aus.

Elio de Angelis, der als ›schnellster Sauger‹ von Rennbeginn an hinter den vier überlegenen Turbos gelegen hatte, war inzwischen – durch Arnoux' Ausfall und Piquets Boxenstop – auf den dritten Platz hinter Patrese und Prost aufgerückt. Nach 24 Umläufen faßte Spitzenreiter Patrese Reifen und Benzin nach, ohne seinen Platz zu verlieren. Doch schon vier Runden später platzte sein BMW-Triebwerk und auf dem eigenen Motoröl verlor der Brabham den Kontakt zur Piste und flog im Bereich der Texaco-Schikane in die Wiese – de Angelis war Zweiter.

25 Runden galt es noch zu fahren. Während der Italiener selber keine Chance hatte, den vor ihm liegenden Alain Prost einzuholen, wurde er selber von Keke Rosberg gejagt. Anfangs kaum beachtet, flog der Finne immer näher an de Angelis heran und das Publikum freute sich bereits auf ein beinhartes Finale um Platz Zwei, als aus diesem Duell unerwartet der Kampf um die Spitze wurde: In der 49. von 53 Runden kam Prost langsam durch das Hella-Licht-S gerollt – das Heck seines Renault stand in Flammen!

Unerwartet den Sieg vor Augen, fand Rosberg den Windschatten des Lotus, als es in die entscheidende letzte Runde ging. Im schnellen Bergauf-Rechtshänder ›Flatschach‹ setzte er an, de Angelis zu überholen und fiel – die Benzinpumpe saugte für Sekunden ins Leere – wieder einige Meter zurück. Mit einer Zehntelsekunde Vorsprung rettete sich de Angelis als Erster ins Ziel. Erstmals seit Zandvoort 1978 konnte Colin Chapman eine seiner Kappen den Vorderrädern eines siegenden Lotus übergeben.

Patrick Tambay kreuzte übrigens nach phantastischer Aufholjagd als Vierter die Ziellinie. Ohne den Reifendefekt in der Anfangsphase des Rennens hätte es für ihn wohl zum Sieg gereicht.

1983 war de Angelis nicht mehr auf das Pech der Turbo-Piloten angewiesen. Colin Chapman hatte kurz vor seinem überraschenden Tod im Dezember 1982 dafür gesorgt, daß seine Autos mit Renault-Turbomotoren ausgerüstet wurden. Im Jahr der Umstellung wurden natürlich noch keine Bäume ausgerissen, auch wenn de Angelis und Mansell in Zandvoort und Brands Hatch bewiesen, daß der nächste Lotus-Sieg nur eine Frage der Zeit war. Neben den gallischen Sechszylindern war für den frischen Wind bei Lotus auch Konstrukteur Gerard Ducarouge verantwortlich, der zuvor schon bei Ligier und Alfa Romeo Wunderdinge geleistet hatte. Grund genug für Elio de Angelis, seinem Team auch im fünften Jahr die Treue zu halten.

Nelson Piquet
Der Virtuose mit Bayern-Kraft

Die große fahrerische Entdeckung des Jahres 1979 war der junge Brasilianer Nelson Piquet. Nachdem der argentinische Meisterfahrer Juan Manuel Fangio bereits in den 50er Jahren fünfmal Weltmeister werden konnte und Emerson Fittpaldi in den 70er Jahren Brasilien im GP-Sport hoffähig gemacht hatte, schien mit dcm Wunderknaben Piquet ein weiteres südamerikanisches Fahrer-As heranzureifen.

Daß er die Laufbahn eines Profissportlers einschlug, war ganz im Sinne seines Vaters Dr. Estacio Sautomajor. Der 1974 verstorbene ehemalige Gesundheitsminister seines Landes, hatte sich eigentlich jedoch gewünscht, daß Nelson ein Tennischampion wird. Da sich in unserer Zeit die Söhne erfolgreich gegen die Pläne ihrer Väter durchzusetzen pflegen, gab auch Sautomajor Junior die Hatz nach dem weißen Ball schnell auf und versuchte, sich nach eigenen Vorstellungen zu verwirklichen.

Mit Hilfe des späteren March-Werksfahrers Alex Ribeiro, der von sich reden machte, weil er gerne die Werbeflächen seiner Boliden religiösen Themen widmete, wechselte Nelson Sautomajor zum Rennsport. Um den Namen des politisch aktiven Vaters nicht gegen dessen Willen auf den Rennpisten bekannt zu machen, startete er unter dem Mädchennamen seiner Mutter – Piquet.

Nelson Piquet zeigte sich sehr talentiert und wurde auf Anhieb nationaler Kart-Meister des Jahres 1971. Dann stieg er auf ›richtige‹ Rennautos um und feierte, in den verschiedensten Kategorien startend, bis 1976 zahlreiche Erfolge.

Sein berühmter Landsmann Emerson Fittipaldi gab ihm daraufhin den Ratschlag, seinem Beispiel zu folgen und nach Europa überzusiedeln, um dort das internationale Parkett des Motorsports als Formel 3-Fahrer zu betreten. Er nahm diesen Rat an und flog, die Taschen voll Geld, nach England. Die Umstellung fiel ihm nicht gerade leicht: »Ich habe bis in den Sommer 1977 gebraucht, bis ich heimisch in der Formel 3 wurde.«

Doch dann setzte sich seine Klasse durch. In den letzten sechs Läufen zur F 3-Europameisterschaft 1977 punktete er fünfmal. In Kassel-Calden und Jarama gab es die ersten Siege. Der unbekannte Mann vom fernen Strand der Copacabana wurde hinter Piercarlo Ghinzani und Anders Olofsson Europameisterschafts-Dritter.

Da für ihn die Formel 2 »nie ein Thema war« und an einen Formel 1-Vertrag vorläufig noch nicht zu denken war, nahm er auch die 78er Saison als F 3-Pilot in Angriff. Er wandte jedoch der EM den Rücken und konzentrierte sich auf die britische F 3-Meisterschaft. Wie fünf Jahre später sein Lands-

144

mann Ayrton da Silva, eilte er von Sieg zu Sieg und die Bosse der Formel 1-
Teams wurden hellhörig.

Als er dann im Rahmenprogramm zum britischen Grand Prix in Brands
Hatch in den spektakulären Paddock-Hill-Bend-Massensturz verwickelt
war, der zwölf der zierlichen Rennwagen in Blechknäuel verwandelte, gab es
kaum noch Anhänger der Szene, die Nelson Piquet nicht kannten.

Schon 14 Tage später saß er in Hockenheim in einem Grand Prix-Wagen
und nahm am Großen Preis von Deutschland teil. Mo Nunn hatte ihm seinen
Ensign MN 08 angeboten und Piquet wagte den Sprung in die GP-Klasse.

Eingekeilt in das deutsch-österreichische Dreieck Mass, Stuck, Ertl stand
Piquet in der vorletzten Startreihe. Damit war er auf dem bedingt tauglichen
Ensign immerhin noch schneller als Regazzoni, Jarier, Keegan und Merzario
gewesen, die sich erst gar nicht hatten qualifizieren können.

Im Rennen hauchte dann der Motor des Einsign nach 32 Runden sein
Leben aus. Fahrerisch hatte Piquet jedoch die Erwartungen erfüllt, und es
gab kein Zurück mehr aus der Formel 1. Die nächsten drei WM-Läufe
bestritt er als zweiter Fahrer für das Team ›Liggett Group with BS Fabrica-
tions‹, das ihm den McLaren M 23/11 von James Hunt zur Verfügung stellte,
exakt den Wagen, auf dem der Brite im Vorjahr in Kyalami die pole-position
gefahren war. Ein Unfall, ein Getriebeschaden und ein neunter Platz waren
die Ausbeute, dann wurde er zu höheren Aufgaben berufen, denn Brabham-
Chef Bernie Ecclestone schloß mit dem jungen Südamerikaner einen
Dreijahresvertrag ab.

Noch im gleichen Jahr gab er seinen Einstand bei Brabham, als er in
Kanada einen dritten Werkswagen, mit der Startnummer 66, anvertraut
bekam.

Die erste ›volle Saison‹ bei Ecclestone verlief für den am 17. August 1952
geborenen Piquet enttäuschend. Der Brabham BT 48 mit Alfa Romeo-12-
Zylinder erwies sich als stumpfe Waffe, was ein kümmerlicher achter Platz im
Konstrukteurspokal, hinter Ferrari, Williams, Ligier, Lotus, Tyrrell,
Renault und McLaren beweist. Das schlechte Abschneiden war auf mangelnde Zuverlässigkeit zurückzuführen, denn im Training zeigten Niki Lauda
und sein gelehriger Schüler Piquet immer wieder, daß das Auto sehr schnell
bewegt werden konnte.

Wie rasch der ›neue Fittipaldi‹ lernte, zeigt ein Rückblick auf das stall-
interne Trainingsduell zwischen Lauda und Piquet, das mit 7:6 denkbar
knapp zugunsten des Österreichers ausging.

Über sein ›Lehrjahr‹ sagte Piquet später einmal: »Nicht das mir Niki
Lauda das Autofahren beigebracht hätte, aber wenn wir zusammen testeten,
hörte ich ihm pausenlos zu.« So erfuhr Piquet innerhalb sehr kurzer Zeit viele
Tricks über Straßenlage, Reifen und aerodynamische Zusammenhänge. Auf
sich gestellt, hätte er wohl ›drei bis vier Jahre‹ gebraucht, all dies zu lernen.
Daß er auch die Testfahrten nicht versäumte, bei denen nur Lauda fuhr,

beweist die professionelle Einstellung, die heute neben dem Talent Grundvoraussetzung für den Erfolg ist.

Mit einem medienwirksamen Seitenhieb auf den Motorsport, dem er alles zu verdanken hatte, verabschiedete sich Lauda, der ›Gringo‹ wie Piquet ihn nennt, gegen Ende der Saison 1979 – vorläufig – vom GP-Sport. Nelson Piquet rückte als neue Nummer 1 nach. Jochen Neerpasch, damals BMW-Rennleiter, urteilte zu diesem Zeitpunkt über den kommenden Mann: »Das ist ein Supermann, der ganz cool an die Sache rangeht. Der tut nicht mehr als unbedingt nötig. Er setzt sich in eine Ecke und denkt nach und sagt dann genau, was er will.«

Was er wollte, machte er 1980 mit Nachdruck deutlich, als er energisch nach dem WM-Titel griff.

Bernie Ecclestones Entscheidung, die Wagen seines Teams – man fuhr jetzt den Typ BT 49 – wieder mit Ford-Cosworth-Motoren zu bestücken, sollte sich für dieses Unterfangen als nützlich erweisen.

Die Saison begann mit dem Großen Preis von Argentinien auf dem Circuito Almirante Brown vor den Toren Buenos Aires. Nach 53 Runden hatte Alan Jones das Rennen gewonnen und Nelson Piquet vor Keke Rosberg auf Fittipaldi-Ford (!) den zweiten Platz belegt. An diesem Tag nahm ein Zweikampf zwischen Jones und Piquet seinen Anfang, der erst im vorletzten Rennen der Saison entschieden werden würde.

Auf seinen ersten Sieg mußte Piquet nur bis zum US-amerikanischen Westküsten-Grand Prix in Long Beach am 30. März warten. Pole-position mit anschließendem Start-Ziel-Sieg – ein Triumph im Stil der großen Meister. Nelson Piquet lernte gleich beim ersten Mal, wie leicht das Siegen sein kann.

Nach sieben WM-Läufen, die erste Wertungsgruppe der Saison war beendet, lag Jones mit 28 Punkten vor Piquet, der es auf 25 Zähler brachte. Die nächsten drei Läufe sahen sowohl Jones als auch Piquet in den Punkten, doch weil der Australier jeweils vor Piquet ins Ziel kam, wuchs sein Vorsprung von drei auf elf Zähler an, eine Vorentscheidung schien gefallen.

Ein Doppelschlag Piquets innerhalb von nur 14 Tagen in Zandvoort und Imola, brachte ihm den zweiten und dritten GP-Sieg, 18 Punkte und die Führung im Zwischenklassement, da Jones nur sechs Zähler dazugewann.

Mit einem Punktestand von 54 zu 53 zog der Grand Prix-Zirkus über den Atlantik, um in Montreal und Watkins Glen die Abschlußvorstellungen der Saison zu geben.

Die Entscheidung fiel bereits in Montreal und in einer Art, die sportlich nicht unbedingt befriedigte. Die beiden Titelaspiranten standen auf den besten Startplätzen und alles freute sich auf ein spannendes Rennen. Am Start beschleunigte Jones seinen Konkurrenten aus und erreichte mit einer halben Wagenlänge Vorsprung die erste Kurve, eine Rechtskurve. Überraschend machte der Australier seinem innen liegenden Widersacher ›zu‹ und

146

drückte ihn gegen eine Betonmauer. Dieser Zwischenfall löste im noch dicht beieinander liegenden Feld eine Massenkarambolage aus und das Rennen wurde abgebrochen.

Als die Autos an den Boxen durchgecheckt wurden, stellte sich heraus, daß Piquet, Rosberg, Jarier, Mass und Villeneuve zum zweiten Start auf Ersatzautos umsteigen mußten, eine Möglichkeit, die Daly, der ebenfalls in den Unfall verwickelt war, leider nicht hatte.

Im nächsten Anlauf klappte der Start und das Einfädeln in die erste Kurve. Souverän führte Piquet das Feld 23 Runden lang an, dann streikte der Motor seines Wagens und aus war der Traum vom WM-Titel.

Mit Recht haderte er anschließend mit dem Schicksal, denn daß der Motor des ursprünglich vorgesehenen Einsatzwagens ebenfalls nicht über die Runden gekommen wäre, war nach seiner Meinung unwahrscheinlich.

Jones hingegen siegte und ließ sich als erster australischer Weltmeister seit Jack Brabham 1966 feiern.

Was 1980 so knapp daneben ging, holte Piquet nur ein Jahr darauf – ebenso knapp – nach. Mit nur einem Punkt Vorsprung vor Carlos Reutemann wurde Nelson Piquet Fahrerweltmeister 1981. Es war seine dritte komplette Saison.

Zum Vergleich: Jim Clark und James Hunt wurden ebenfalls in ihrer dritten kompletten Saison Champion, Niki Lauda brauchte vier Jahre, Jackie Stewart und Alan Jones brauchten fünf, und Jody Scheckter sechs – Nelson Piquet konnte sich also ›sehen lassen‹. Schneller als er schaffte es nur sein Landsmann Fittipaldi, der schon in seinem zweiten kompletten F 1-Jahr die meisten Punkte holte.

Auch wenn der Titelgewinn nur mit hauchdünnem Vorsprung errungen wurde, war er verdient. Piquet siegte in Imola, Buenos Aires und Hockenheim und punktete insgesamt zehnmal. Viermal war er Trainingsschnellster.

Er legte in dieser Saison auch gleich den Grundstein für den Gewinn seiner zweiten Weltmeisterschaft, die er sich 1983 holen sollte: während der Trainingssitzungen zum britischen Grand Prix in Silverstone bewegte er erstmals, wenn man die Testfahrten ausklammert, den neuen Brabham BT 50 mit dem Vierzylinder-BMW-Turbomotor. In einer Zeit von 1:12,6 Minuten umkreiste er den Flugplatzkurs und diese Runde war für den viertbesten Startplatz gut.

Trotzdem ging der Braslianer mit dem BT 49-Ford an den Start. Diese Entscheidung fiel nicht, weil der Ford-gepowerte Wagen eine halbe Sekunde schneller war, sondern weil man dem Kraftpaket aus dem Reich der Lederhosen nicht zutraute, eine volle GP-Distanz durchzustehen. »Wir gewinnen mit dem BMW-Motor jedes Rennen, das schon nach zehn Minuten abgewinkt wird«, war damals aus dem Brabham-Dunstkreis zu hören. So ließ die Team-Führung den BMW-Motor, dem Piquet 1983 seinen zweiten WM-Titel verdanken sollte, zunächst weiter im verborgenen reifen.

Wie erwartet, trat Brabham im ersten Rennen der Saison 1982, dem Lauf in Kyalami, mit den BT 50-BMWs an. Die Zeit war jetzt gekommen, den Wechsel vom Sauger zum Turbo vorzunehmen. Daß noch einmal eine Weltmeisterschaft mit einem Sauger gewonnen werden könnte, glaubte Anfang 1982 niemand ernsthaft, denn der erste Turbo-Champion war überfällig. Sechs Turbos auf den sechs besten Startplätzen, darunter die Brabham-BMW-Piloten Piquet als Zweiter und Patrese als Vierter, schienen den Theoretikern Recht zu geben. Doch schon zu Beginn der vierten Runde kam für Piquet das Aus, als er den Eingang in die Crowthorne Corner verpaßte und in die Fangzäune schlidderte. Die Bremsen, sagte man später, seien unterdimensioniert gewesen – zu schwach für den dank Turbokraft so schnell gewordenen Brabham.

15 Runden später wurde die Brabham-Box aufgeräumt: Der BMW Patreses hatte den Geist aufgegeben.

Trotz der Ausfälle mußte aber die Premiere – nicht zuletzt wegen der überzeugenden Trainingsleistungen – als Erfolg angesehen werden, und deshalb war es eine kleine Sensation, als das Brabham-Team in Rio wieder mit Ford-Motoren antrat.

Um mit den Turbos Schritt halten zu können, verfiel man auf den ›Kühlwassertrick‹. Was es damit auf sich hat, ist schnell erklärt: um das vorgeschriebene Mindestgewicht zu unterschreiten, wurde – offiziell als ›Kühlwasser‹ für die Bremsen deklariert – Ballastwasser mitgeführt, das noch im Verlauf der Einführungsrunde abgelassen wurde. Auf diese Art ›erleichtert‹, war es den Piloten möglich, besser beschleunigen und später bremsen zu können, als die normalgewichtigen Konkurrenten.

Der Plan ging auf – Nelson Piquet siegte vor Keke Rosberg, der ebenfalls mit dem Wassertrick die Spielregeln hintergangen hatte. Auf dem Siegerpodest bekam Piquet einen Schwächeanfall und brach zusammen.

Wenig später sollte er hierzu einen weiteren Anlaß erhalten, den er dann allerdings nicht nutzte: Ferrari und Renault, die Hauptvertreter des Turbolagers protestierten gegen die Asphaltnässer und bekamen vor dem FISA-Tribunal in Paris Recht.

Diese Proteste brachten viel Unruhe in die Formel 1. Die Fronten, die die Bewerber von der Sporthoheit FISA sowie die Bewerber untereinander trennten, verliefen immer verworrener.

Bernie Ecclestone, der seit Jahren einen Putsch gegen die Sportbehörde der FIA geplant hatte und zahlreiche Vorkämpfe für sich hatte entscheiden können, war nicht mehr Herr der Situation. Der steinharte, aber leider auch wenig einfühlsame FISA-Boss Jean-Marie Balestre erwies sich mit Hilfe der großen Werke als letztes, aber standfestes Bollwerk der Sporthoheit – besser ein schlechter Schiedsrichter, als gar keiner . . .

Das ›letzte Gefecht‹ des Grabenkrieges stand jedoch noch aus. In Long Beach wurde zunächst einmal Gilles Villeneuve aus den Punkten protestiert, weil der Heckflügel seines Ferrari mit keinem Paragraphen des Reglements in Einklang zu bringen war.

Es war Piquets letztes Rennen mit einem Ford-Motor im Rücken. BMW war das Hickhack des Brabham-Chefs leid und stellte Ecclestone deshalb ein Ultimatum. Entweder würde ab Imola der BMW-Turbo eingesetzt oder aber man werde den Vierzylinder einem anderen Team zur Verfügung stellen.

Ecclestone parierte. Piquet freute sich, denn der Brasilianer hielt seit Silverstone 1981 große Stücke auf den bayerischen Motor.

In Imola fuhr Brabham jedoch weder mit BMW- noch mit Ford-Motoren – Brabham fuhr gar nicht. Um die FISA zur Rücknahme der unterdessen ausgesprochenen Piquet/Rosberg-Disqualifikation zu zwingen, boykottierte die auf Ecclestone eingeschworene FOCA das Rennen. Es war der vorläufig letzte Pfeil in Ecclestones Köcher und er verfehlte bekanntlich das Ziel.

In Zolder holte Piquet, seelisch stark unter dem Villeneuve-Unfall vom Vortag leidend, mit einem sechsten Platz den ersten WM-Punkt am Steuer des BT 50-BMW. Bei Renault staunte man nicht schlecht über diesen relativ frühen Turbo-Erfolg.

In Monaco fuhr nur Piquet den BMW und fiel aus, während Patrese den BT 49D-Ford unter recht glücklichen Umständen zum Sieg fuhr.

Das zweigleisige Konzept auf dem Motorensektor wurde auch bei den beiden Übersee-Rennen in Detroit und Montreal beibehalten. Der enttäuschenden Nichtqualifikation Piquets in Detroit folgte nur eine Woche später ein völlig unerwarteter Sieg in Montreal. Es war erst der fünfte Renneinsatz des BMW-Turbo. Zweimal noch holte Piquet 1982 Punkte, dann war die so halbherzig begonnene Saison des Experimentierens vorbei.

Was in diesem Jahr ausgesät worden war, konnte bereits 1983 geerntet werden. Trotz stärkster Konkurrenz durch Renault und Ferrari und trotz glückloser Rennen zu Mitte der Saison wurde Nelson Piquet zum zweitenmal Weltmeister. Ein phänomenaler Schlußspurt, der Piquet in Monza und Brands Hatch vorne sah, sowie einen dritten Platz in Kyalami brachte, hatte dies möglich gemacht. Nach Ascari, Fangio, Brabham, Clark, Graham Hill, Stewart, Fittipaldi und Lauda ist Nelson Piquet der neunte Fahrer, der mindestens zweimal Weltmeister werden konnte. Sein Feuer scheint noch nicht erloschen.

Keijo Rosberg
Letzer Champ mit Saugmotor

Was Ronnie Peterson nicht vergönnt war, das schaffte Keijo Rosberg. Der Finne wurde als erster Skandinavier Weltmeister der Grand Prix-Fahrer.

Peterson bestritt 123 WM-Läufe, siegte zehnmal, stand 25mal in der ersten Startreihe und fuhr 14 mal pole – allein neunmal in der Saison 1973. Und doch blieb der Titel ein Traum.

Keke Rosberg stand Ende 1982, er war gerade frischgebackener Weltmeister, mit 51 WM-Läufen zu Buche und er stand einmal auf dem besten Startplatz und holte nur einmal ›alle Neune‹.

In einer Zeit, in der in allen Bereichen vom Sparen gesprochen wurde, holte sich der Finne den WM-Titel wahrlich auf der Sparflamme. Mit geringerem Aufwand gewann kein Fahrer zuvor die Weltmeisterschaft.

Sein Weg in die Formel 1 erinnert an die berühmte Echternacher Springprozession: drei Schritte nach vorn – einer zurück. Allein vom ersten Kart-Rennen im Jahr 1965 bis zum ersten Formel-Vau-Einsatz vergingen sieben lange Jahre. Statt in der wesentlich teureren Formel 3 engagierte sich der gelernte Computer-Programmierer in der Formel-Super-Vau. 1974 und 1975 fuhr er in dieser Klasse Kaiman-Werkswagen und brachte es zum – von den Fans vergebenen – Titel des Super-Vau-Königs.

Nicht Schwede – obwohl er in Stockholm das Licht der Welt erblickte –, nicht Finne – obwohl er als Sohn eines Tierarztes seine Jugend in Helsinki verbrachte –, und nicht Deutscher – in der VW-Zeit hatte er seine Zelte vorübergehend in Heidelberg aufgeschlagen –, so sahen ihn die Sponsoren und hielten ihn nicht für sonderlich attraktiv.

Von sich selbst überzeugt, schielte Rosberg ständig in die Cockpits der Boliden höherer Klassen des Autosports, in der Hoffnung, als ›Lückenbüßer‹ ein verwaistes Auto zu ergattern.

1976 gelang der Sprung in die Formel 2, doch der TOJ, den ihm Jörg Obermoser zur Verfügung gestellt hatte, erwies sich als stumpfe Waffe im Kampf um EM-Punkte. International kaum beachtet, wurde er Zehnter der F 2 Europameisterschaft.

1977 bekam er einen Chevron-Hart anvertraut und jetzt ging es schon besser als im TOJ. Keke Rosberg siegte in Pergusa und wurde auf dem Nürburgring – hinter Eddi Cheever – und in Donington – hinter Bruno Giacomelli – jeweils Zweiter. In der Endabrechnung der Saison belegte er Rang 6. Auf den Plätzen vor ihm lagen Arnoux, Cheever, Pironi, Giacomelli und Patrese – alle fünf waren, wie auch Rosberg selbst, zu Höherem berufen, die Zukunft sollte es zeigen.

Durch diese Saison kam etwas Bewegung in die schleppende Karriere des Keke Rosberg. Im Lotus-Jahr 1978 meldete ihn Theodore Racing Hongkong in Kyalami – am 4. März 1978 fuhr der Finne seinen ersten F 1-Weltmeisterschaftslauf. Das Debüt endete, als in der 16. Runde die Kupplung nicht mehr mitspielte. Ein zweiter Versuch mit dem Theodore-Ford scheiterte in Zolder an der Qualifikationshürde.

ATS-Boß Günter Schmid, damals ein Freund abwechslungsreicher Personalpolitik, gab ihm die nächste Chance. Schmid setzte damals zwei Autos ein. Fahrer Nummer 1 war Jochen Mass, das zweite Auto bekam in Anderstorp, nachdem es zuvor von Jean-Pierre Jarier und Alberto Colombo bewegt worden war, Keke Rosberg.

Nachdem er in Le Castellet erstmals einen Grand Prix zu Ende gefahren hatte, sorgte er nur 14 Tage später für Schlagzeilen, als er auf der ›Berg- und Talbahn‹ in Brands Hatch den ATS von der 40. bis zur 48. Runde auf einem sensationellen vierten Platz halten konnte.

Es folgten drei Einsätze in Deutschland, Österreich und Holland, die ihn wieder im Team von Teddy Yip sahen. Ein zehnter Platz in Hockenheim war die beste Plazierung dieses Intermezzos.

In Watkins Glen und Montreal saß er wieder in einem der gelben ATS-Autos aus deutschen Landen. Dabei zeigte er sich in Kanada von seiner besten Seite, als er sich bis auf den 7. Platz vorarbeitete, dann allerdings defektbedingt zurückfiel – Team-Kollege Bleekemolen (Mass hatte Günter Schmids Equipe verlassen) hatte sich nicht mal qualifizieren können.

Die Saison hatte Rosberg nicht wesentlich weitergebracht. Weder die ATS-Einsätze noch die Fahrten für Teddy Yips Team – in Hockenheim, Zeltweg und Zandvoort war er zur Abwechslung noch dreimal für seinen ersten Formel 1-Arbeitgeber angetreten – hatten Punkte oder den ersehnten Durchbruch gebracht.

Parallel zu den GP-Rennen bestritt der Finne 1978 auch seine letzte Formel 2-Saison, die in einem Sieg in Donington ihren Höhepunkt erreichte und mit einem fünften Platz im Schlußklassement erfolgreich abgeschlossen wurde.

Den erhofften Formel 1-Vertrag für die 79er Saison gab es zunächst nicht, und Rosberg ging nach Nordamerika, um die Rennen zur CanAm-Serie zu fahren. Er wählte diese Meisterschaft, weil es keine Terminüberschneidungen mit dem GP-Terminkalender gab – Rosberg hoffte auf ein unvermutet freiwerdendes Cockpit und wollte eine solche Chance ohne Verzögerung wahrnehmen können.

Zwei unvorhersehbare Ereignisse sollten im Verlauf des Sommers der Taktik des ›Finnen in Lauerstellung‹ Recht geben. Der Franzose Patrick Depailler mußte nach einem Freizeit-Unfall auf unbestimmte Zeit ins Krankenhaus und Ex-Champ James Hunt zog sich nach dem Rennen im monegassischen Kurvenlabyrinth unvermutet aufs Altenteil zurück.

Ein Ligier und ein Wolf warteten auf neue Piloten. Ligier bot Rosberg Depaillers Wagen an, doch als der Finne zugreifen wollte, machten die Franzosen einen Rückzieher und ließen ihn wissen, daß eine endgültige Entscheidung rechtzeitig getroffen werde.

Als Rosberg daraufhin Wolf-Manager Peter Warr anrief und sich vorsichtig erkundigte, wer denn an Hunts Stelle in Zukunft den Wolf bewegen sollte, rannte er offene Türen ein. Peter Warr selbst hatte seit Tagen versucht, Rosberg in den USA zu erreichen, um ihn zu verpflichten.

151

In Dijon, wo der nächste WM-Lauf ausgetragen wurde, saß Rosberg im Wolf. Den Ligier fuhr der 34jährige ›Altmeister‹ Jacky Ickx.

Keijo Rosberg hatte erstmals einen guten Formel 1-Wagen in Händen, jetzt mußte er zeigen, was in ihm steckt. Die Zeiten, in denen er schlechtes Abschneiden glaubhaft auf Team und Material zurückführen konnte, waren vorbei.

Die hochgesteckten Erwartungen wurden jedoch nicht erfüllt. Ein neunter Platz in Dijon, sechs Ausfälle und eine Nichtqualifikation – ausgerechnet in Walter Wolfs Home-Grand Prix im kanadischen Montreal – waren die ernüchternde Bilanz. Nur in Silverstone und Zandvoort hatte Rosberg für wenige Runden eine ansprechende Leistung bieten können.

Zum Jahresende 1979 warf Walter Wolf ›den ganzen Krempel‹ hin und verkaufte sein Team an Emerson Fittipaldi. Ein Mann wie Walter Wolf, der es vom absoluten Habenichts innerhalb weniger Jahre zum Multimillionär gebracht hatte, weil ihm alles gelang, was immer er anpackte, konnte es wohl nicht ertragen, in diesem Metier nicht die erste Geige zu spielen.

Da Rosberg sich als Wolf-Pilot nicht gerade auf die Wunschzettel der Top-Teams gefahren hatte, blieb ihm jetzt keine große Auswahl.

Gemeinsam mit Team-Manager Peter Warr ging er – als lebendes Inventar – zu Fittipaldi. Für zwei Jahre harrte er in den Diensten des Brasilianers aus: Zwei Jahre, in denen er ganze sechs Punkte gewann, indem er 1980 in Argentinien Dritter und in Monza Fünfter wurde. Die Tatsache, daß er in dieser Phase keine Probleme mit Streichresulateten hatte, dürfte wohl kein Trost gewesen sein...

Der Ex-Super-Vau-König war in vier Jahren Grand Prix-Sport auf keinen grünen Zweig gekommen. Es schien, als würde er wohl als einer derer, ›die es nicht geschafft haben‹, früher oder später kapitulieren müssen.

Dann war es Frank Williams, der Rosberg aus seinem ›Dornröschenschlaf‹ weckte. Weil er genug Geld verdient hatte und man schließlich ›keine goldenen Steaks essen kann‹, war Williams-Stammfahrer Alan Jones vom aktiven Sport zurückgetreten. Für den in Zukunft privatisierenden Australier mußte Ersatz ins Team kommen. Da Williams ohnehin die hohen Personalkosten senken wollte, verpflichtete er den Billigpiloten Keijo Rosberg, der diese einmalige Chance wohl sogar zum ›Nulltarif‹ genutzt hätte. Hinter Carlos Reutemann, der seinen Boß wochenlang im unklaren darüber ließ, ob er wie Jones das Handtuch werfen würde, bekam Rosberg einen Nummer-Zwei-Vertrag.

Nur für zwei Rennen bestand das Team in dieser Form. Dann überlegte es sich Carlos Reutemann wieder anders und ging nach Argentinien zurück, um Rinder zu züchten. Dieser Rücktritt bedeutete für Rosberg eine sofortige Positionsverbesserung – er rückte als neue Nummer 1 auf.

Innerhalb weniger Monate war der Finne vom scheinbar gescheiterten Outsider zum Piloten eines Top-Autos geworden. Sein Williams-Ford war als konventioneller Sauger den Turbos zwar nicht gewachsen, doch er erwies sich als vorbildlich zuverlässig. Und diese Zuverlässigkeit, keineswegs fahrerische Überlegenheit à la Jim Clark oder technische Überlegenheit à la Lotus 1978, war es, die Keijo Rosberg 1982 den Titel brachte.

Zehnmal, öfter als jeder seiner Konkurrenten, fuhr er in die Punkte. In hausbackener, wenig spektakulärer Manier, sammelte er Punkt um Punkt und wurde mit 44 Zählern Weltmeister. Wie Mike Hawthorn 1958 holte er den Titel, obwohl er lediglich ein einziges Rennen hatte gewinnen können. Seit Einführung der 3-Liter-Formel wurde nur Jack Brabham 1966 mit weniger Punkten (42) Weltmeister, damals allerdings gab es nur neun WM-Läufe – 1982 jedoch 16.

Die Höhepunkte der Saison bestanden für Rosberg in den Rennen von Zolder, Zeltweg und Dijon.

In Zolder lag der Trainingsdritte, Keke Rosberg, viereinhalb Runden lang an zweiter Stelle hinter René Arnoux. Dann beklagte der auf gut 200 Meter davongefahrene Franzose einen Laderschaden und Rosberg übernahm das Kommando. Das Rennen ging über eine Distanz von 70 Runden und der Finne hatte noch einen langen Weg vor sich. Er führte erstmals einen Grand Prix an und schlug sich achtbar. Er legte 19 Sekunden zwischen sich und seinen Verfolger Niki Lauda, von Runde zu Runde wurde Rosbergs erster WM-Sieg wahrscheinlicher.

Von kaum jemand beachtet, drängte jedoch John Watson unaufhaltsam nach vorne. Vom zehnten Startplatz aus ins Rennen gegangen, arbeitete sich der McLaren-Fahrer bis zur 35. Runde auf Platz 3 hinter Rosberg und Lauda vor. Nur zwölf Runden benötigte er, um den Rückstand auf Niki Lauda abzuschmelzen und seinen Team-Kollegen zu überholen. 23 Runden lagen noch vor den Fahrern. Jetzt machte Watson Jagd auf Rosberg. Ständig unterrichteten die Boxen Keke Rosberg über den kleiner werdenden Vorsprung, und zunächst schien es, als sollte es zum Sieg reichen. Als Watson zwei Runden vor Ende des Rennens Anschluß an den Spitzenreiter fand, wurde aber klar, daß jetzt nicht mehr ein sorgfältiges Haushalten mit dem Vorsprung, sondern die Nervenkraft der beiden Piloten über Sieg und Platz Zwei entscheiden würden.

Tatsächlich bedurfte es dann keines Angriffs des Iren, um das Blatt zu seinen Gunsten zu wenden.

In der Rechtskurve Bolderberg verbremste sich Rosberg und Watson stach innen an dem in arge Not geratenen Williams-Piloten vorbei. Er holte sich mit acht Sekunden Vorsprung vor dem enttäuschten Finnen den Sieg und die volle Punktzahl.

Rosberg mußte noch fast vier Monate auf seinen ersten WM-Sieg warten. Nachdem es auch in Zeltweg ›nur‹ zum zweiten Platz gereicht hatte, kam in Dijon seine große Stunde.

Diesmal war er der Jäger. Unterdessen war er auch nervlich soweit gestärkt, daß er die notwendige Kaltblütigkeit besaß, im entscheidenden Augenblick das Richtige zu tun.

Die Voraussetzungen für einen der Sauger-Piloten, das Rennen zu gewinnen, waren am 29. August 1982 allerdings außergewöhnlich günstig, denn zum zweiten Mal in diesem Jahr war kein Ferrari am Start. Die seit Pironis Unfall vorübergehend zum Ein-Fahrer-Team geschrumpfte Scuderia verlor ihren Piloten Patrick Tambay, als sich dieser noch vor der entscheidenden zweiten Trainingssitzung wegen starker Rückenschmerzen krank meldete. Der ungefederte Formel 1-Bolide hatte den Franzosen bei vorausgegangenen Tests und Rennen derart durchgeschüttelt, daß verschobene Rückenwirbel auf seine Nervenstränge drückten.

So fand Rosberg seine Hauptgegner in den heimstarken Renaults, die prompt auf den beiden ersten Plätzen davonzogen. Dann schob sich jedoch Nelson Piquet zwischen die gelben Renaults. Das so entstandene französisch-bayerische Turbo-Sandwich war für den viertplazierten Saugerpiloten Rosberg in diesem Stadium ein unüberwindbares Hindernis. Auf Rang 3 rückte der Finne erst vor, als Piquet – 1982 wurden Tank- und Reifenwechselstops noch exklusiv von Brabham durchgeführt – zum eingeplanten Service seine Boxen ansteuerte.

Acht Runden à 3,8 Kilometer waren noch zu fahren, als René Arnoux durch Zündaussetzer gebremst wurde und schnell zurückfiel. Zwei Runden später war er Zuschauer des Rennens.

Jetzt witterte Rosberg Morgenluft. Am Renault des führenden Alain Prost hatte sich eine der Schürzen gelöst, dazu kamen Probleme mit den Reifen. Im vorletzten Umlauf stach Keke Rosberg in der Linkskurve Gauche de la Bretelle innen an Prost vorbei, der mit rauchenden Reifen signalisierte, daß er am äußersten Rand des Möglichen fuhr. Mit 3,5 Sekunden Vorsprung vor dem Franzosen ließ sich Rosberg abwinken.

Mit diesem Sieg hatte er nicht nur endgültig seine ›Meisterprüfung‹ abgelegt, sondern auch die Führung im WM-Zwischenklassement übernommen. Diese Führung gab er bis zum Saisonende in Las Vegas nicht mehr ab. Keijo Rosberg wurde Weltmeister 1982. Aus dem Fahrer, der jahrelang nur ›unter ferner liefen‹ registriert wurde, war innerhalb nur einer einzigen Saison ein anerkannter Champion geworden.

Daß er mit nur einem einzigen Sieg nicht gerade ein überlegener Weltmeister war, hatte seine Gründe. Mit einem Saugmotorwagen konnte man 1982 nicht mehr überlegen sein – eigentlich konnte man auch nicht mehr Weltmeister werden.

Im ›Jahr danach‹ ging es Rosberg wie allen Weltmeistern seit Phil Hill 1961, die Titelverteidigung gelang nicht – das ›Wunder‹ des Vorjahres ließ sich nicht wiederholen.

154

Rosberg war nämlich auch 1983, wenn man vom Finallauf in Kyalami absieht, auf den Ford-Cosworth als Antriebsquelle seines Williams angewiesen. Die Turbos hatten jedoch nicht nur an Qualität, sondern auch an Quantität zugenommen. Um so erstaunlicher, daß Rosberg bis zur Saisonmitte an der Spitze der Punktetabelle mithalten konnte. In Monte Carlo hatte er die Nase sogar noch einmal ganz vorn. Auf regennasser Piste pokerte er in der Spielerstadt am Mittelmeer riskant hoch und startete auf Slicks. Die Rechnung ging auf. Die Piste trocknete schnell ab, und bevor die Turbo-Armada von Regenreifen auf Slicks umgerüstet hatte, war Rosberg auf und davon.

Ein Ende der Sauger-Zeit zeichnete sich für ihn im August desselben Jahres ab, als Frank Williams mit Honda ein Abkommen über die Lieferung von Turbo-Sechszylindern traf. Die immer kleiner werdende Gemeinde der 3-Liter-Piloten verlor damit einen ihrer stärksten Fahrer an die zwangsbeatmete Konkurrenz.

Patrick Tambay
Lückenbüßer mit Format

Im Grand Prix-Sport herrschen die gleichen harten Spielregeln, die auch in anderen Profisportarten ihre Gültigkeit haben. Wer wirklich gut ist und die notwendige Portion Glück hat, der bekommt seine Chance. Wer diese nicht nutzen kann, ist schnell ›out of money‹ und ein zweiter Anlauf gelingt den wenigsten, weil er ungleich schwieriger ist.

Einer der wenigen, die dieses Kunststück geschafft haben, ist der Franzose Patrick Tambay. Nach drei recht erfolgreichen Jahren im Formel 2-Sport, die zwei Siege in Nogaro und zwei dritte Plätze im EM-Schlußklassement brachten, war er 1977 ›reif‹ für die Formel 1.

Der Chinese Teddy Yip heuerte den am 25. Juni 1949 geborenen Franzosen, der sich zuvor in Dijon auf einem Surtees nicht hatte qualifizieren können, für den britischen Grand Prix in Silverstone an. Nach hervorragenden Leistungen im Training war es für Tambay enttäuschend, nach vier Runden aufgeben zu müssen – der Ensign von Theodore Racing rollte kraftlos am Streckenrand aus. Motorschaden.

Schon im nächsten Rennen gab es den ersten WM-Punkt. Ohne von Sieger Niki Lauda überrundet zu werden, kam er in Hockenheim auf den sechsten Platz.

Auf dem schnellen, Mut erfordernden Kurs von Zeltweg prügelte er im Training den Ensign in die vierte Startreihe. Auch im Rennen stellte er sein großes Talent unter Beweis, als er lange den sechsten Platz halten konnte. Das Ziel sah er jedoch wieder nicht.

Auch in Zandvoort überraschte er alle Anwesenden. Als ihm in der vorletzten Runde der Sprit ausging, lag er hinter Lauda und Laffite auf einem sensationellen dritten Platz! Daß er trotzdem das holländische Seebad in bester Laune verließ, war auf ein Angebot McLarens für die Saison 1978 zurückzuführen, das Tambay natürlich akzeptierte.

Nur 14 Tage später wären Karriere und Leben Tambys beinahe beendet gewesen. Im Samstagstraining zum GP von Italien brach im ultraschnellen Nadelöhr Lesmo ein Rad des Ensign ab. Der Wagen überschlug sich und auf dem Überrollbügel schlidderte das Auto einige hundert Meter über den Asphalt. Was zuerst keiner der Augenzeugen hatte glauben können – der Überrollbügel hielt der unglaublichen Belastung stand: Unversehrt kroch der Franzose aus den Trümmern seines Boliden. Den Schrecken noch in den Gliedern, spielte Tambay anderntags im Rennen keine Rolle. Nach nur neun Runden stellte er seinen Wagen mit technischem Defekt ab.

Bei den Rennen in Nordamerika bot Tambay ein interessantes Kontrastprogramm: In Watkins Glen konnte er sich als langsamster aller 27 Fahrer nicht qualifizieren, nur eine Woche später im Mosport Park holte er sich Dank eines fünften Platzes seinen vierten und fünften WM-Punkt.

In Fuji verabschiedete sich Tambay mit einem kapitalen Motorschaden von Theodore Racing, als er wegen klemmender Gasschieber bei Vollgas auskuppeln mußte, um einen High-Speed-Unfall zu verhindern.

Vertragsgemäß nahm er Anfang 1978 seine Arbeit bei McLaren auf, wo er Jochen Mass ablöste, der bei ATS Unterschlupf fand. Für einen Fahrer wie Patrick Tambay, der in seiner ersten, dazu nur halben Saison auf dem schwächlichen Ensign fünf Punkte sammeln konnte, muß es eine große Enttäuschung gewesen sein, im gestandenen McLaren-Team nur einen mageren Zuwachs von gerade drei Pünktchen verzeichnen zu können. Tatsächlich lag diese bescheidene Leistung nicht an den Qualitäten des erfolgshungrigen Nachwuchsfahrers, sondern vielmehr am McLaren M 26. Unterdessen, im dritten Einsatzjahr, war das Auto den gestiegenen Anforderungen nicht mehr gewachsen. Selbst Ex-Weltmeister James Hunt, Tambays Team-Gefährte, holte nur acht Punkte. Auch wenn der Franzose hierdurch von kompetenter Seite überzeugend entschuldigt war, tat es seinem Ruf natürlich nicht sonderlich gut, eine Saison lang ›hinterhergefahren‹ zu sein.

Im Herbst suchte James Hunt in Richtung Walter Wolf das Weite. Da McLaren-Teamchef Teddy Mayer Tambay noch keine Nummer-1-Qualitäten zugestand, holte er John Watson ins Team, der diese Rolle ausfüllen sollte.

Dieser Platz war ursprünglich bereits vergeben gewesen, doch der Schwede Ronnie Peterson, der bei Teddy Mayer schon unterschrieben hatte, verunglückte im September 1978 in Monza tödlich.

Das Nachfolgemodell des M 26, der M 28, erwies sich nicht als der erhoffte Treffer ins Schwarze, auch wenn es einem Routinier wie John Watson gelang, mit diesem Wagen, bzw. dem M 29, 15 WM-Punkte zu ergattern.

Ein dritter Platz im Auftaktrennen in Buenos Aires war seine beste Plazierung. Patrick Tambay erging es im Rennjahr 1979 ungleich schlimmer. Im Schlußklassement der Fahrerweltmeisterschaft wird er nicht geführt, weil es ihm nicht gelang, auch nur einen einzigen Punkt einzufahren.

In Argentinien wurde er – ohne eigenes Verschulden – in eine Startkarambolage verwickelt, die den sofortigen Abbruch des Rennens zur Folge hatte. Scheckter, Pironi, Piquet, Tambay und Merzario konnten zum Neustart nicht mehr antreten.

Im fast acht Kilometer langen Kurvenknäuel von Interlagos kollidierte er im achten Umlauf mit Clay Regazzoni.

In Kyalami schien sich der erste Erfolg endlich einzustellen. Vom 17.(!) Startplatz aus ins Rennen gegangen, arbeitete sich Tambay bis zur 14. Runde auf einen nicht erwarteten dritten Rang hinter den Ferrari-Fahrern Scheckter und Villeneuve nach vorne. Dann begann der M 28 des Franzosen jedoch grausam zu untersteuern, was den unaufhaltsamen Abstieg bis auf den zehnten Platz zur Folge hatte – mit drei Runden Rückstand auf den Sieger Gilles Villeneuve, dem McLaren 1977 zu Tambays Gunsten den Laufpaß gegeben hatte.

In Long Beach gab es zur Abwechslung mal wieder eine Kollision, diesmal, als er sich schon in der ersten Kurve mit Niki Lauda anlegte, was für beide das Aus bedeutete.

In Jarama wurde er 13., dann folgten zwei Nichtqualifikationen in Zolder und Monaco, bevor er in Dijon Platz 10 belegte. Die Plazierung in seinem Home-Grand Prix war der Auftakt zum besten Ergebnis der Saison. In Silverstone kam er mit zwei Runden Rückstand auf Platz 7 und verpaßte einen möglichen WM-Punkt knapp.

Mit fünf weiteren Ausfällen und einem zehnten Platz in Zeltweg ging die Saison zu Ende. Nur in Monza, wo er in der Eröffnungsphase den achten Rang halten konnte, sah er einigermaßen gut aus.

Die McLaren-Teamführung kam zu der Erkenntnis, daß der Franzose wohl doch nicht der erhoffte Sieger-Typ sei und der Vertrag wurde nicht verlängert. Da auch keines der anderen Teams bereit war, mit Tambay in die Punkteschlachten zu ziehen, suchte man ihn 1980 vergeblich in den Startaufstellungen der Läufe zur Fahrerweltmeisterschaft.

Nach dieser einjährigen F 1-Zwangspause kam er im Team von Teddy Yip, für den er ja schon 1977 gefahren war, zurück auf die Grand Prix-Pisten: Patrick Tambay nahm den zweiten Anlauf, den GP-Sport zu erobern. Was ihm zwei Jahre zuvor mit dem McLaren nicht gelungen war, schaffte er am Steuer des Theodore-Ford gleich im Saison-Auftaktrennen im kalifornischen Long Beach – als Sechster plazierte er sich auf einem der Punkteränge.

Damit hatte er aber auch schon das Pulver für die gesamte Saison verschossen.

Das wäre gar nicht einmal so überraschend gewesen, wenn er die 81er Meisterschaft auf dem untauglichen Theodore zu Ende gefahren wäre. Tatsächlich bekam er aber zu Saisonmitte eine unerwartete Chance. In Jarama hatte sich herausgestellt, daß der im Vorjahr so schwer gestürzte Jean-Pierre Jabouille seine Karriere beenden mußte, da seine in Kanada gebrochenen Beine nicht soweit heilen wollten, daß sie den hohen Anforderungen im Cockpit standhielten. Guy Ligier rief als Ersatz Tambay ins Team.

Wer geglaubt hatte, Tambay könne jetzt endlich auftrumpfen, sah sich getäuscht. Zum Pech gesellte sich die stallinterne Hackordnung bei Ligier. Jacques Laffite, Ligiers Nummer Eins, hatte bis zum letzten WM-Lauf, in Las Vegas, eine Chance, den Titel zu holen, und so konzentrierte sich bei den Blau-Weißen alles auf ihn.

Sein Abschiedsrennen bei Ligier hätte Tambay leicht das Leben kosten können. Er prallte gegen eine der berühmten Betonwände des Las Vegas-Kurses, wobei der gesamte Vorderwagen abgerissen wurde! Es war ein merkwürdiger Anblick, als sich der zum Glück nur leicht blessierte Pilot losschnallte und damit bereits im Freien stand...

Wieder war Tambay auf den Nullpunkt zurückgeworfen.

Als sich zu Beginn der nächsten Saison der Machtkampf in der Formel 1 – diesmal kämpften die Piloten gegen die Vereinigung der F 1-Konstrukteure (FOCA) und die Sportbehörde der FIA (FISA) – wieder einmal vor den Sport schob, wandte Tambay dem GP-Zirkus den Rücken: »Das Klima in der Formel 1 gefällt mir nicht mehr. Ich komme erst zurück, wenn sich die Lage verbessert.«

Unerwartet kehrte er schon zur Saisonmitte zum GP-Sport zurück. Wie im Jahr zuvor, als ihm der Sportinvalide Jabouille zu einem Drive verholfen hatte, war es auch 1982 wieder das Unglück eines anderen Fahrers, das ihn in ein Top-Team brachte. Als Nachfolger des tödlich verunglückten Gilles Villeneuve kam er zu Ferrari.

Schon im zweiten Einsatz schaffte er den Sprung auf das Treppchen, als er in Brands Hatch den dritten Platz belegte. Drei Wochen später siegte er in Hockenheim. Der Mann, dem fünf Jahre lang im GP-Sport praktisch nichts gelungen war, entwickelte sich innerhalb von nur sechs Wochen zum Mitfavoriten im Kampf um den Titel. Hatte er zuvor – addiert – nur 14 WM-Punkte geholt, brachte er es fertig, in der halben Saison 1982 25 Zähler zu kassieren. Der Knoten war geplatzt und niemand war überrascht, als Enzo Ferrari den Franzosen auch für 1983 verpflichtete.

Auch wenn er im zweiten Jahr bei Ferrari nur den GP von San Marino gewinnen konnte, gehörte er doch in fast jedem Rennen zum engsten Favoritenkreis und schied erst im vorletzten Rennen der Saison aus der kleiner werdenden Gruppe der Titelaspiranten aus. Mit 40 Punkten belegte

158

er den vierten WM-Platz. Sein Arbeitgeber hatte wohl noch mehr von ihm erwartet, denn zu Saisonende wurde sein Vertrag nicht verlängert.

Als WM-Vierter brauchte er jedoch keine Klinken zu putzen, um ein neues Team zu finden. Als Fahrer des französischen Staatskonzerns Renault, verfügte er auch weiterhin über erstklassiges Material.

Michele Alboreto
Durchbruch in Las Vegas

Dem Mailänder Michele Alboreto ging der Ruf eines rücksichtslosen Draufgängers voraus, als er 1981 den Sprung in die Formel 1 schaffte.

Der von Kindesbeinen an motorsportbegeisterte Sohn eines italienischen Vaters und einer libyschen Mutter schnupperte erst im fortgeschrittenen Alter von 21 Jahren erste Luft als Rennfahrer.

Am Steuer eines Monza-Monoposto mit Halbliter-Motor bestritt der am 23. Dezember 1956 zur Welt gekommene dunkelhäutige Krauskopf seine ersten Rennen, ohne sonderlich aufzufallen.

1978 nahm er die nächste Sprosse auf dem Weg nach oben, der ihm schon 1982 den ersten Grand Prix-Sieg bringen sollte.

Als Vierter beendete er eine Saison der nationalen Formula Italia, ein Sieg und drei zweite Ränge zeigten, daß er Talent besaß.

Im Herbst des Jahres 1978 fuhr er sein erstes Formel 3-Rennen, das Finalrennen der italienischen Meisterschaft. Der F 3-rookie kam auf einen hervorragenden vierten Platz.

Prompt wurde er von Euroracing-Chef Pavanello angesprochen, der ihm einen Wagen für die Saison 1979 antrug. Alboreto nahm das Angebot an, das als Programm die komplette italienische Meisterschaft sowie ausgesuchte Europameisterschafts- und GP-Rahmenprogrammläufe vorsah.

Die Einsätze brachten zwar Erfolge, aber auch denkwürdige Kamikaze-Attacken. Bei einem der nationalen Meisterschaftsläufe wurde er wegen unsportlicher Fahrweise von den Marshalls aus dem Rennen geflaggt und disqualifiziert.

In Monaco setzten während des Abschlußtrainings Alboreto und de Cesaris vor dem Casino auf dieselbe Linie und – landeten neben der Piste. In Zeltweg schließlich ließ er am Hella-Licht-S den eigenen Team-Kollegen, Piercarlo Ghinzani, über die Klinge springen und schnappte ihm so den Sieg weg.

Er machte aber auch positiv von sich reden: Insgesamt sicherte er sich 19 EM-Punkte und fuhr in Zolder und Pergusa knapp am Sieg vorbei.

1980, weiterhin in Pavanellos Diensten, war der EM-Titel erklärtes Saisonziel des ›neuen Italieners‹. Es war das Jahr, in dem auch Thierry

Boutsen, Corrado Fabi und Mauro Baldi nach dem Titel im europäischen F 3-Championat griffen. Als Boutsen nach nur vier von insgesamt 14 EM-Läufen bereits drei Siege an seine Fahnen heften konnte, schien bereits eine Vorentscheidung gefallen zu sein. Alboreto konterte aber zur Saisonmitte durch Siege in La Châtre und Monza, der erklärten Lieblingsstrecke des Milanesen.

Kopf an Kopf gingen Michele Alboreto und Ickx-Schützling Thierry Boutsen ins Saisonfinale. Mit 60:54 Punkten behielt Alboreto die Oberhand in dem Duell der Nachwuchspiloten.

Im Dezember desselben Jahres nach seinen Zukunftsplänen befragt, träumte er noch von einem Formel 2-Vertrag: »Ich möchte unbedingt in die Formel 2, Alberto Colombo würde mich gern für sein Toleman-Team haben, doch muß ich einen zahlungskräftigen Sponsor mitbringen.«

Dieser Traum ging zwar nicht in Erfüllung – statt dessen gelang sogar der nie erhoffte Sprung in die Formel 1.

Ken Tyrrell, in den 60er Jahren als Boß von Jackie Stewart groß ins Bewerber-Geschäft eingestiegen, krempelte sein Team für die Saison 1981 total um. Anstelle des französisch-englischen Fahrergespanns Jarier/Daly wurden Michele Alboreto und Eddie Cheever unter Vertrag genommen.

Den beiden Twens standen die Maurice Phillippe-Konstruktionen Tyrrell 010 und – in der zweiten Saisonhälfte – Tyrrell 011 zur Verfügung. Während Fahrer Nummer 1, Eddie Cheever, der allerdings auch schon ein Formel 1-Jahr hinter sich hatte, fleißig Pünktchen um Pünktchen zusammentrug und es im Schlußklassement der Fahrer-WM immerhin auf zehn Zähler brachte, ging Neuling Michele Alboreto leer aus.

In Spanien und Deutschland reichte es nicht mal zur Qualifikation. Auf der anderen Seite zeigte der mit Beginn des europäischen Saisonteils eingesetzte F 3-Europameister einige Male, welches Potential in ihm schlummerte.

Einen Monat später lag er in Monte Carlo sogar auf dem siebten Platz, und der erste WM-Punkt schien zum Greifen nahe, als wiederum eine Rempelei – diesmal mit Giacomelli – seiner Fahrt ein Ende machte.

Gleich im ersten Einsatz in Imola ließ er schon während des Trainings sieben qualifizierte und sechs nichtqualifizierte Konkurrenten hinter sich. Beflügelt von der heimischen Atmosphäre, arbeitete er sich im Rennen bis auf den achten Platz vor, bis er in der 32. von 60 Runden im Autodromo Dino Ferrari mit Gabbianis Osella kollidierte und ausschied.

Noch vor Beginn der nächsten Saison gab es bei Tyrrell personelle Veränderungen. Eddi Cheever, der Amerikaner aus Rom, verließ das Team des ehemaligen Holzhändlers und schloß sich der Equipe Talbot-Ligier an.

Ersetzt wurde er zunächst durch den Ex-ABBA-Drummer Slim Borgudd, doch schon nach nur drei Rennen komplimentierte Ken Tyrrell den Schwe-

Zuhause im cock-pit und am Piano:
Elio de Angelis.

Turbo-Versuchskaninchen
Jean-Pierre Jabouille:
Zweimal ›Alle Neune‹.

Renault Familien-Idylle aus glücklichen Tagen: Alain Prost, Gerard Larous-
se und René Arnoux.

Carlos Reutemann: »Ich hab' kein Schild gesehen.«

Vom Buhmann zum Weltmeister – Alan Jones, vierter Champion vom fünften Kontinent.

Minimal-Lösung. Keke Rosberg, Weltmeister nach nur einem einzigen Sieg.

Libysche Augen von der Frau Mamá – die Ken Tyrrellentdeckung Michele Alboreto.

Niki Lauda: Fahrer, ›Macher‹ und Idol.

›Tellerwäscher-Karriere‹ im Land der unbe-
grenzten Möglichkeiten. Mario Andretti.

Patrick Tambay. Sympatischer ›Spätzünder‹.

Star einer Epoche – Doppelweltmeister Emerson Fittipaldi.

**Ken Tyrrell und Jackie Stewart:
»Nimm' die Watte aus den Ohren, ich
habe Dir was Wichtiges zu sagen.«**

**Gilles Villeneuve – der Gigant.
Mißverständnis um 13.52 Uhr.**

Besser als sein Ruf. ›Monza-Gorilla‹
Vittorio Brambilla.

Zwei kurze Sommer – Gunnar Nilsson.

Oben: 7,00.0 Minuten auf dem
Ring – Carlos Pace.

Oben rechts: »Wer sagt, daß
ich den Silverstone-crash ausgelöst habe?« Jody Scheckter.

Denis Hulme, der Kiwi, den
sie den ›Bären‹ nannten.

25 Siege bei 72 GP-
Starts – Jim Clark.

Der letzte BRM-Sieger
der Grand Prix-Ge-
schichte, Jean-Pierre
Beltoise.

Peter Revson, ein Fahrer – zwei Karrieren.

»Zuerst ließen die Bremsen nach, dann setzte der Motor aus.« Manfred Winkelhock im Gespräch mit dem Autor.

den aus dem Cockpit und verpflichtete den Formel 2-Europameister des Jahres 1980, Brian Henton.

Der Brite hatte im Vorjahr recht glücklos den neuen Toleman mit Hart-Turbomotor bewegt und war allein zehnmal an der Qualifikationshürde gescheitert.

Michele Alboreto, der 1981 einen Dreijahresvertrag unterzeichnet hatte, rückte in die Position des Nummer-1-Fahrers auf. Schon im Saison-Eröffnungslauf in Südafrika kam der kleine Italiener als Siebter ins Ziel und erreichte damit seine bis dato beste GP-Plazierung.

Es sollte noch besser kommen. Mit der Formel 1-Erfahrung des Jahres 1981 und den sicherlich ebenso lehrreichen winterlichen Tests im Rücken, zeigte er sich schnell und abgeklärt.

Die ersten Punkte, auf die er so lange gewartet hatte, verdiente er sich durch einen sechsten Platz in Rio de Janeiro. Da Piquet und Rosberg des Gewichtsschwindels durch den unerlaubten Wassertank-Trick überführt und aus der Wertung genommen wurden, rückte Alboreto auf den vierten Platz vor und kassierte drei Punkte.

Beflügelt vom Erfolg in Brasilien, kam er in Long Beach als Fünfter ins Ziel und – er profitierte wiederum durch die Disqualifikation eines seiner Vorderleute – strich erneut drei Zähler ein.

Das von fast allen FOCA-Teams bestreikte Rennen in Imola sah Michele Alboreto erstmals auf dem Siegerpodest. Es war sehr beeindruckend zu sehen, wie Alboreto auf seinem Tyrrell-Ford dem Quartett der turbogetriebenen Ferrari und Renault folgen konnte. Kaum merklich verlor er an Boden gegen die maschinell überlegenen Piloten des gelb-roten Geschwaders. Als dann Prost und später auch Arnoux, die beiden Renault-Fahrer, Motorschäden beklagten, war für den Einheimischen der Weg aufs Treppchen frei.

Damit war er gleich dreimal in Folge auf einem der Punkteränge gelandet und verfügte über ein Konto von zehn Zählern, das ihm Rang 4 im WM-Zwischenklassement brachte.

Nach dem WM-Lauf in Zolder, der Gilles Villeneuve den Tod gebracht hatte, wurde der Italiener kurzfristig als dessen Nachfolger gehandelt, doch Ken Tyrrell bestand auf der Erfüllung des Dreijahresvertrages.

Ein frühsommerliches Tief ließ Alboreto bis zum französischen Wertungslauf in Le Castellet leer ausgehen, wo er mit einem sechsten Platz wieder an seine Existenz erinnerte.

In Hockenheim mußte das deutsche Publikum mitansehen, daß italienische Nachwuchshoffnungen weitaus besser einschlagen als die eigenen – Alboreto wurde als Vierter abgewinkt, während Manfred Winkelhock schon im vierten Umlauf mit verbrannter Kupplung ausrollte.

Mit einem weiteren Punktgewinn, auf seinem Lieblingskurs in Monza, nahm Alboreto Anlauf zu einem unerwarteten, triumphalen Saison-Abschluß auf dem Micky-Maus-Circuit von Las Vegas.

Bereits im Training zum GP auf dem Parkplatz des Nobel-Hotels Cesars Palace verblüffte er Freund und Feind durch die drittbeste Zeit hinter den beiden Renault-Fahrern Alain Prost und René Arnoux. Diese Überraschung war aber noch harmlos gegen die Geschütze, die er im Rennen auffuhr: Schnellste Runde und Sieg mit fast 30 Sekunden Vorsprung auf John Watson.

Als WM-Siebter ging er in sein drittes und letztes Tyrrell-Jahr. Hatte man 1982 mit einem Saugmotor-Wagen sogar noch einmal Weltmeister werden können, wie Keijo Rosberg mit viel Glück bewies, standen die Sauger 1983 endgültig auf verlorenem Posten. Auf den betagten Ford-Cosworth angewiesen, hatten damit natürlich auch Alboreto und sein neuer texanischer Team-Kollege Dany Sullivan keine Chancen auf vordere Ränge. Meist fuhren die Sauger-Piloten untereinander ein Rennen im Rennen, die Turbos sahen sie nur, wenn sie von diesen überrundet wurden.

Wenn es unter diesen Umständen trotzdem zu drei Siegen der 3-Liter-Wagen kam, so sind diese Erfolge nicht hoch genug zu bewerten. Zuerst gelang dieses Kunststück John Watson, der in Long Beach gewann. Dann siegte Rosberg in Monte Carlo und schließlich war es in Detroit Michele Alboreto, der noch einmal einen Ford-Cosworth-Wagen zum Sieg fuhr.

Die drei Strecken kamen allerdings durch ihre Charakteristik den Saugern entgegen: Winklige Streckenführung mit engen Kurven und kurzen Geraden, Strecken also, auf denen der Saugmotor schneller ansprach.

Mit Ablauf der Saison 1983 war Alboretos Bindung an das Tyrrell-Team beendet.

Nicht zuletzt auch wirtschaftspolitische Gründe veranlaßten Enzo Ferrari, Michele Alboreto in seine Scuderia zu berufen. Fiat investierte viel Geld in das Ferrari-Team und hatte daher auch ein Auge auf den heimischen Markt und die heimische Presse. Deshalb mußte endlich wieder ein italienischer Fahrer ins Team.

Der letzte Italiener, dem diese Ehre widerfuhr, war Arturo Merzario, der in den Jahren 1972 und 1973 elf Rennen im Zeichen des springenden Pferdes bestritten hatte.

Alain Prost
Fünfzehnter, Fünfter, Vierter, Zweiter

Zu Beginn seiner zweiten Formel 1-Saison erklärte der Franzose Alain Prost, er werde sich den WM-Titel holen.

Die Prophezeiung des kleinen Mannes erfüllte sich nicht. Als die Punkte nach 15 Wertungsläufen der Saison 1981 addiert wurden, lag der Renault-Fahrer nur auf dem fünften Rang.

Mit Siegen in Dijon, Zandvoort und Monza machte er jedoch deutlich, daß er sieben Monate zuvor den Mund nicht zu voll genommen hatte. Nur sieben Zähler trennten ihn von Nelson Piquet, dem neuen Weltmeister.

Wenn man bedenkt, daß er in Silverstone, Hockenheim und Zeltweg klar an der Spitze des Feldes lag und dann von der Technik gestoppt wurde, wird klar, wie nahe er seinem Ziel war, – wenn es nur in einem einzigen dieser Rennen geklappt hätte . . .

Schon in den Jahren, in denen er die Formel Renault unsicher machte, sprachen viele Experten davon, daß ›da einer der ganz Großen‹ heranreift. Daß ihm über kurz oder lang der Sprung in die Formel 1 gelingen würde, galt als offenes Geheimnis. Zunächst stand jedoch die Bewährungsprobe auf internationalem Parkett noch aus.

Nachdem er im Herbst 1978 bereits gegen Saison-Ende in das F 3-Europachampionat hineingeschnuppert und anläßlich eines solchen Probegalopps in Jarama seinen ersten Sieg in dieser umkämpften Klasse geholt hatte, bestritt er 1979 das komplette Meisterschaftsprogramm. Schnell erwies er sich als der bei weitem beste Fahrer. Er errang sechs Siege, stand viermal auf der pole-position und fuhr achtmal die schnellste Runde des Rennens. Aus freien Stücken verzichtete er auf die Teilnahme an den EM-Läufen in Enna und Kassel-Calden. Seine Überlegenheit war so groß, daß er sich diesen Luxus erlauben konnte.

Seit seinem Eintritt in die Formel Renault im Jahre 1976 fuhr er bereits die vierte Saison, ohne daß man ihm auch nur eine einzige Kollision hätte anlasten können.

Die F 3-Meisterschaft sicherte er sich mit 39 Punkten Vorsprung vor Vize Michael Bleekemolen aus den Niederlanden.

Neben dem Europameisterschaftserfolg errang der schnell und konstant fahrende 24jährige Prost auch den Lorbeer im statuslosen Formel 3-Rennen im Rahmen des Großen Preises von Monaco.

McLaren Teamchef Teddy Mayer, der schon Fahrern wie Jody Scheckter und Gilles Villeneuve die ersten Grand Prix-Einsätze ermöglicht hatte, nahm Alain Prost Anfang 1980 unter Vertrag. Die Erfolge, die er in den Nachwuchs-Formeln verzeichnen konnte, stellten sich in der höchsten Klasse des internationalen Automobilrennsports natürlich nicht auf Anhieb ein, zumal die McLaren M 29 B, und später dann C, alles andere als Siegerautos waren.

Erste WM-Punkte ließen dennoch nicht lange auf sich warten. Schon im ersten Rennen der Saison, dem Großen Preis von Argentinien am 13. Januar, wurde er Sechster und punktete so bereits bei seinem Debütanten-Einsatz. Zuletzt war dieses Kunststück im Jahre 1973 einem Neuling gelungen, als der Amerikaner George Follmer in Kyalami ebenfalls den sechsten Platz belegen konnte.

Als Alain Prost auch im zweiten Einsatz auf einem der Punkteränge landete, wurde er bereits mit einem Jackie Stewart oder Nikolaus Lauda verglichen. Diese Vergleiche waren sicherlich nicht unbegründet, doch die ›Punkte-Serie‹ war erst einmal beendet.

Im Training zum Großen Preis von Südafrika stürzte Alain Prost schwer. Aufgrund eines Defektes an der Hinterachse war er in der Leeukop-Bend, der relativ engen Bergauf-Rechtskurve, die auf die kurze Gerade vor Start und Ziel führt, in die Leitplanken gekracht. Weil er im entscheidenden Moment nicht die Nerven hatte, die Hände vom Lenkrad zu nehmen und – wie es Jackie Stewart in Kyalami einmal erfolgreich praktiziert hatte – vor der Brust zu kreuzen, brach er sich ein Handgelenk.

In Long Beach wurde er durch Stephen South vertreten, nachdem sich Hans Stuck vergeblich um den Drive bemüht hatte. Der Engländer, dessen Karriere später gestoppt wurde, als ihm nach einem Unfall ein Unterschenkel amputiert werden mußte, qualifizierte sich an der US-amerikanischen Westküste allerdings nicht.

Fast auf den Tag acht Wochen nach seinem Trainingssturz kehrte Prost in Zolder zurück auf die Grand Prix-Bühne. Aber weder in Belgien, noch in den nächsten beiden Rennen kam er unter die ersten Sechs.

Das gelang ihm erst wieder auf der britischen ›Achterbahn‹-Strecke von Brands Hatch, wo auf 4,2 Kilometern vier Hügel und vier Senken dafür sorgen, daß im Cockpit keine Langeweile aufkommen kann. Mit einer Runde Rückstand auf Sieger Alan Jones erreichte Prost als Sechster das Ziel. Die gleiche Plazierung sollte er auf der Rennstrecke des holländischen Seebades Zandvoort erringen – wie Brands Hatch ein Kurs, der zu den fahrerisch anspruchsvollen im Terminkalender der Formel 1 zählt.

Mit den beiden WM-Läufen in Kanada und den USA ging Prosts Zeit bei McLaren zu Ende. In Montreal kämpfte er sich bis zur Hälfte der Renndistanz auf einen hervorragenden vierten Platz vor, bevor er wegen einer defekten Vorderradaufhängung aufgeben mußte.

In Watkins Glen schließlich wurde er zum unfreiwilligen Beobachter der Szene, nachdem er im Training einen Unfall gebaut hatte und leicht verletzt auf den Start verzichten mußte.

Auf der Suche nach einem Ersatz für Jean-Pierre Jabouille eisten die Renault-Verantwortlichen Alain Prost aus seinem McLaren-Vertrag. Als Mitglied der Equipe Renault fühlte sich der Franzose stark genug, voreilig, aber nicht unbegründet, den Titelgewinn zu prophezeien.

Als tatsächlicher WM-Fünfter der 81er Saison machte er im Rückblick ›das Pech während der Saisoneröffnungsphase‹ für das Scheitern seiner Pläne verantwortlich. Über Renault – einige Male war sein Wagen aufgrund von Bagatelleschäden ausgefallen – verlor er kein schlechtes Wort. Das war nicht selbstverständlich, denn mit McLaren war er hart ins Gericht gegangen: »Bei McLaren war ich einsam und verlassen. Das Auto war selten konkurrenzfähig und dazu gefährlich. Ich glaube, ich konnte damals schon mehr, als das Auto zuließ. Bei Renault hat man sich optimal für mich eingesetzt, deshalb fühle ich mich dem Team auch sehr verbunden.«

Zwei Jahre sollte diese feste Bindung noch andauern. Zwei Jahre, die er als erklärter Favorit begann und die – gemessen an den hohen Erwartungen – enttäuschend für Renault und Prost zu Ende gingen.

Im Schatten dieser Enttäuschungen wurde allerdings übersehen, daß sich Alain Prost von Jahr zu Jahr steigern konnte, ohne auch nur einmal in seinem Aufwärtstrend unterbrochen zu werden: 1980 WM-Fünfzehnter, 1981 WM-Fünfter, 1982 WM-Vierter und 1983 Vizeweltmeister.

Hatte Prost in der 81er-Saison noch seinen Fehlstart beklagt, so begann er das Rennjahr 1982 mit einem Paukendoppelschlag der Extraklasse.

In Kyalami verlor der in Führung liegende Prost nach 40 der 77 zu fahrenden Runden ganze sieben Plätze, als er nach einem Reifenschaden an den Boxen neue Pneus montieren lassen mußte. Mehr als eine Runde hinter dem neuen Spitzenreiter nahm er, anscheinend aussichtslos im Hintertreffen, die Verfolgung auf.

Alboreto, Lauda, Watson – so hießen die ersten Opfer des Franzosen, der wie entfesselt um den Kurs flog. In der 49. Runde fuhr er mit 1:8,27 Minuten einen neuen Rundenrekord, der fast fünf Sekunden unter dem alten Rekord von René Arnoux lag!

Kurz und schmerzlos wurde als Nächster Keijo Rosberg überholt. Als sehr nützlich erwiesen sich bei dieser furiosen Jagd die neuen Reifen, die er knapp nach der ›Halbzeit‹ hatte aufziehen lassen. Für die verbleibende Restdistanz hatte man superweiche Reifen wählen können, die sich in der Schlußphase des Rennens den ermüdeten Gummis der Konkurrenz überlegen zeigten.

Von Rang Vier aus kamen für Prost die weiteren Platzverbesserungen wie von alleine. Reutemann und Arnoux hatten auf der Flucht vor Alain Prost ihren Reifen alles abverlangt und mußten jetzt den Preis dafür zahlen: Schonende Fahrweise auf den letzten Kilometern.

Ferrari-Pilot Didier Pironi hingegen beklagte Zündaussetzer, die ihn zweimal vergeblich an die Boxen zwangen und weit zurückwarfen.

So gewann Alain Prost seinen vierten Grand Prix mit 15 Sekunden Vorsprung vor Reutemann, obwohl er dieses Rennen eigentlich schon verloren hatte.

Als Prost auch den zweiten WM-Lauf 1982 für sich entscheiden konnte, wenn auch am grünen Tisch (Prost profitierte von der Disqualifikation Piquets und Rosbergs) glaubte eigentlich schon jeder, den neuen Weltmeister zu kennen.

Oft nah am Sieg gab es aber keine weiteren Erfolge mehr, sieht man von zwei zweiten Plätzen in Le Castellet und Dijon sowie einem Sechsten in Brands Hatch und einem Vierten in Las Vegas ab.

Der zweite Rang von Le Castellet wirbelte einigen Staub auf. Schon bevor die Hälfte der Distanz heruntergespult war, hatten die beiden Renault-Piloten – in der Reihenfolge Arnoux, Prost – das Kommando übernommen. Signale der Renault-Boxen, die Plätze zu tauschen, ignorierte der führende Arnoux. Damit hing der Haussegen bei den Franzosen nachhaltig schief und zum Saisonende wurde die vergiftete Atmosphäre bereinigt, als Arnoux das Team in Richtung Ferrari verließ. Ersetzt wurde der ›Verräter‹ durch Eddie Cheever.

1983 war der WM-Titel für Alain Prost zum Greifen nahe. Viermal, in Frankreich, Belgien, England und Österreich, gewann Prost die WM-Läufe und sah schon wie der neue Weltmeister aus.

Viel Pech – die letzten vier Rennen brachten ihm nur sechs Punkte – und ein phänomenaler Schlußspurt Nelson Piquets verwiesen ihn so im Finale auf den undankbaren zweiten WM-Platz.

Die Entscheidung im Titelkampf war am Samstag, dem 15. Oktober 1983, gefallen. Am Montag, dem 17., gab Renault die Trennung von Alain Prost bekannt. Nachdem drei Jahre lang das selbstgesteckte Ziel nicht erreicht worden war, hatte sich die Beziehung zwischen dem Top-Fahrer und dem Top-Team abgenutzt.

Auf der Suche nach einem neuen Arbeitgeber kam Prost innerhalb weniger Stunden bei McLaren unter – kam zurück zu den Anfängen.

Riccardo Patrese
Der Glücksritter von Monte Carlo

Riccardo Patrese, der am 17. April 1954 geborene Italiener, fuhr bereits in seiner sechsten Saison Formel 1-Rennen, als ihm endlich der erste Sieg gelang.

In der Geschichte der Fahrerweltmeisterschaft hat es viele spannende Rennen gegeben und häufig fiel die Entscheidung erst auf den letzten Kilometern. Die alte Rennfahrer-Weisheit, die besagt, daß erst am Ende zusammengezählt wird, bewahrheitete sich wohl kaum mehr, als in jenem Rennen, das Patrese den ersten Sieg brachte – dem Großen Preis von Monaco 1982.

An jenem 23. Mai wurden Erinnerungen an die turbulentesten Grand Prix geweckt. Die Frage, ob Monaco 82 tatsächlich in seiner Schlußphase den belgischen WM-Lauf des Jahres 1964 noch in den Schatten stellt, bewegte die Gemüter. Die Tatsache, daß der Sieger erst nach der Zieldurchfahrt von seinem Triumph erfuhr, spricht für sich.

In den Straßen des Zwergstaates am Mittelmeer hatte das ›Drama in drei Akten‹ eine wirklich würdige Kulisse.

Das Rennen begann mit einer eindrucksvollen Demonstration des Trainingsschnellsten, René Arnoux, der mit vier Sekunden Vorsprung aus der ersten Runde zurückkam. Giacomelli, Patrese, Prost, Pironi, de Cesaris und Alboreto drängelten sich gerade erst durch die enge Schikane vor der kleinen Kapelle St. Devote, in der die Reliquien des gleichnamigen Staatspatrons aufbewahrt werden, als Arnoux schon fast auf halber Höhe der Steigung zum Casino-Platz war. Arnoux am Steuer des gelben Renault-Turbo hatte diesen Vorsprung fast verdoppelt, als sein Team-Kollege Prost endlich Patrese und Giacomelli überholen konnte und damit beide Renault in Front lagen.

Monte Carlo mit seinen engen Kurven und kurzen Geraden lange Zeit im Ruf der Anti-Turbo-Strecke, schien den ›Geladenen‹ keine Probleme mehr zu bereiten.

Ein Sekundenbruchteil der Unaufmerksamkeit beendete den ersten Akt. Im Verlauf der 15. Runde drehte sich Arnoux unweit des Schwimmbades. Die mitgeführte Preßluft des Anlasser-Systems reichte nicht aus, den Motor wieder zum Leben zu erwecken.

Der zweite Akt sah Alain Prost als Hauptakteur, der die Führung im Rennen von seinem Landsmann und Team-Kollegen ›geerbt‹ hatte. Mit einem zwischen drei und sechs Sekunden pendelnden Vorsprung vor Riccardo Patrese führte Prost das Feld 59 Runden lang an.

Im leicht einsetzenden Nieselregen verlor er dann aber in der 74. von 76 Runden ausgangs der Schikane die Kontrolle über seinen Wagen und krachte außen in die Leitplanken. Wie eine Billardkugel wurde der Bolide mit der Startnummer 15 zwischen den Planken hin und her geworfen, bis er als ramponiertes Dreirad liegen blieb. Damit ging der Vorhang für den letzten Akt des Schauspiels auf.

Zweieinhalb Runden vor Ende des Rennens hatte das Feld in Riccardo Patrese einen neuen Spitzenreiter gefunden. Der Italiener durfte sich zunächst nicht lange über diesen Platz freuen. Für nicht ganz eine Runde träumte er vom ersten GP-Sieg, dann drehte er sich in der alten Bahnhofskurve vor dem Haupteingang des Nobel-Hotels ›Loews‹. Eine Pirouette riß ihn auf der schmierigen Piste zurück in den grauen Alltag. Mit unbeschädigtem Wagen, aber abgewürgtem Cosworth im Rücken, mußte er mit ansehen, wie zuerst Didier Pironi und dann auch Andrea de Cesaris an ihm vorbeizogen und seinen Augen in Richtung Galerie entschwanden.

Am Ende der vorletzten Runde bestaunte ein – durch Streckensprecher Anthony Marsh vorgewarntes – Publikum im Start- und Zielbereich die neue Spitze in der Reihenfolge Pironi, de Cesaris und Patrese. Der Drittplazierte verdankte seine weitere Teilnahme am Rennen einzig und allein der zweifelhaften Entscheidung einiger Streckenposten, die ihn im Anschluß an seinen Dreher angeschoben hatten. Weil diese ›fremde Hilfe‹ im Zeichen der Sicherheit geleistet wurde, sah die Rennleitung später von einer Disqualifikation ab.

Noch einmal überstürzten sich die Ereignisse. Oben, am Casinoplatz, blieb de Cesaris mit seinem Alfa Romeo ohne Benzindruck stehen. Wenig später rollte auch Didier Pironis Ferrari kraftlos aus – ebenfalls kein Benzindruck! Damit hatte Patrese freie Fahrt zu seinem ersten GP-Sieg.

Bernie Ecclestone, der Team-Chef des Italieners, war schon zu Fuß in Richtung Fahrerlager unterwegs, als er über den Lautsprecher mitbekam, daß sein Pilot doch noch gewonnen hatte. Auch der Sieger selbst hatte aus der Cockpit-Perspektive die Ereignisse der letzten Runde nicht mitbekommen und wurde erst nach der Zieldurchfahrt über seinen Erfolg aufgeklärt.

Vergleichbares hatte Bruce McLaren 1968 im Spa erlebt, als er die Nachricht über seinen Sieg zunächst lange Zeit für einen Scherz seiner Boxen-Crew hielt.

Auf der Rennstrecke von Monte Carlo, wo Patrese – eigentlich mehr der Typ ›Pechvogel‹ unter den Grand Prix-Fahrern – unter so glücklichen Umständen seinen ersten WM-Lauf gewinnen konnte, hatte er im Jahr 1977 seinen Einstand in die Formel 1 gegeben. In der bereits angelaufenen Saison 1977 war er als Nachfolger von Renzo Zorzi, mit dessen Leistung Shadow nicht einverstanden war, in die GP-Klasse aufgerückt.

Es war das Rennen, das dank eines Scheckter-Sieges auf Wolf-Ford den 100. Sieg eines Ford-Cosworth DFV-Motors brachte. Der damals – gerade noch – 23jährige Italiener Patrese gab ein achtbares Debüt und kam mit einer Runde Rückstand als Neunter ins Ziel. Shadow zeigte sich nicht nur wegen der guten Plazierung zufrieden, denn im Training hatte der ›Neue‹ auch durch gute technische Kenntnisse überzeugen und wertvolle Hilfe bei der Abstimmung des Wagens leisten können.

Empfohlen hatte sich das ehemalige Mitglied der italienischen Kart-Nationalmannschaft als Gewinner der Formel 3-Europameisterschaft. Im Kampf um diese Meisterschaft hatte sich Patrese 1976 denkbar knapp gegen Conny Andersson durchsetzen können. Der Italiener und der schwedische Veteran sammelten je 52 Punkte. Beide waren viermal als Sieger und zweimal als Zweite ins Ziel gekommen. Erst die Anzahl erreichter dritter Ränge entschied zugunsten Patreses.

Parallel zu seiner ersten Formel 1-Saison bestritt er 1977 das europäische Formel 2-Championat. Hier belegte er im Schlußklassement mit seinem Chevron-BMW hinter Arnoux, Cheever und Pironi – ex aequo mit Giacomelli – den vierten Platz.

Im Grand Prix-Sport klappte es natürlich noch nicht so gut. Daß er im letzten Rennen seines ersten F 1-Jahres auf den sechsten Platz und damit zu einem WM-Punkt kam, verdient jedoch Anerkennung, zumal es sich keineswegs um einen ›Abstauber‹-Erfolg handelte.

Schon in Monza hatte Patrese nämlich durch die sechstbeste Trainingszeit und in Mosport durch einen bis vier Runden vor Schluß gehaltenen fünften

Rang seine Ansprüche auf eine gute Plazierung bereits mit Nachdruck angemeldet.

Zum Jahresende, am 28. November, wurde ein neues Formel 1-Team gegründet: Arrows Racing Team. Die Köpfe des neuen Teams waren einige Shadow-Abtrünnige, Jackie Oliver als Chef, Alan Rees als Manager, Dave Wass und Tony Southgate als Ingenieure. Als Arrows, gesponsort von einer deutschen Brauerei, in Brasilien zum ersten Einsatz auftauchte, waren die Shadow-Leute entsetzt. Der Arrows FA 1, den der ebenfalls übergelaufene Ricardo Patrese pilotierte, war ein Shadow! Noch als Shadow-Angestellter hatte Southgate das Auto gezeichnet, war dann mit 113 Zeichnungen, wie ein Prozeß Ende Juli 1978 ergab, zu Arrows gegangen und hatte das gleiche Auto noch einmal entworfen. Ein äußerst zweifelhafter Einstand für die Oliver-Truppe, die als Fahrer neben Patrese den Deutschen Rolf Stommelen verpflichtet hatte.

Der negativen Überraschung folgte aber sehr schnell eine positive. In Südafrika übernahm Patrese in der 27. Runde die Führung und ließ Leute wie Depailler, Scheckter, Lauda, Andretti und Watson stehen, als wären sie die Nachwuchsfahrer. Erst ein Motorschaden des unerwarteten Spitzenreiters brachte 15 Runden vor Rennende die ›Welt wieder in Ordnung‹.

Für Schlagzeilen sorgte Patrese erst wieder in Anderstorp. Als Zweiter hinter ›Staubsauger‹-Fahrer Niki Lauda im Ziel, mußte sich der Italiener schwere Vorwürfe gefallen lassen. Rundenlang hatte er den Lokalmatador Ronnie Peterson in einer Art und Weise blockiert, die eine Disqualifikation gerechtfertigt hätte.

Im Vergleich zu den dramatischen Ereignissen von Monza war das unsportliche Intermezzo von Anderstorp allerdings nur ein dummer Jungenstreich: Seine Kollegen machten ihn für die folgenschwere Massenkarambolage von Monza verantwortlich, die Ronnie Peterson das Leben kostete. Die GP-Piloten verschworen sich gegen Patrese und bestraften ihn, indem sie ihn nach einer Boykottdrohung vom nächsten WM-Lauf ausschlossen. Erst später sollte ein ordentliches italienisches Gericht Patrese von den harten Vorwürfen freisprechen.

Mit elf Punkten ging die Saison 1978 für Patrese zu Ende.

Drei weitere Jahre blieb er Jackie Oliver treu. Weitere Höhepunkte waren in diesen 36 Monaten Mangelware. Zwei zweite Plätze in Long Beach 1980 und Imola 1981 sowie die schnellste Trainingszeit und Führung im ersten Rennviertel 1981 in Long Beach waren die kärglichen Highlights.

Nach vier Jahren bei Arrows, die ihm insgesamt 30 Punkte brachten, wechselte er zu Brabham, wo er 1982 in Monaco seinen ersten Sieg feiern durfte. Es folgten ein zweiter Platz in Montreal, womit das Pulver praktisch verschossen war.

1983 schien es dann so, als wolle er den Titel des Pechvogels des Jahres erringen. Im Training immer unter den Schnellsten, gab es in den Rennen

Ausfall um Ausfall. Während sein Team-Kollege Piquet Weltmeister werden konnte, kam Patrese nur zweimal in die Punkte. Beide Male stand er allerdings auf dem Treppchen: In Hockenheim als Dritter und in Kyalami als Sieger, nachdem ihn sein wagenschonend ›dahinrollender‹ Team-Kollege Piquet in der Schlußphase des Rennens den Vortritt gelassen hatte.

Als Brabham-Boß Ecclestone den Gehaltsvorstellungen des Italieners für die Saison 1984 nicht nachkommen wollte, schnürte Patrese Ende 1983 sein Bündel und wechselte zu Alfa Romeo.

René Arnoux
Weihnachtsgeschenk von Renault

Als Sohn eines Buchhalters wurde René Arnoux am 4. Juli 1948 bei Grenoble geboren. In der Umgebung der Westalpen interessierte sich der junge René allerdings nicht, wie man denken sollte, für den Wintersport, sondern für Autorennen. Schon als Zwölfjähriger wurde er vom Fan zum Aktiven, als ihm sein Vater ein Kart besorgte und der Junior seine ersten Runden drehte. Immerhin schaffte er es in dieser Kategorie des Motorsports bis in die französische National-Equipe.

Aus dem Militärdienst entlassen, war Arnoux dem Kart-Alter entwachsen. Seinem Vater fehlten jedoch die finanziellen Mittel, ihn auch in einer der ›richtigen‹ Rennwagenklassen zu unterstützen.

Um trotzdem Rennluft atmen zu können, und um Geld für einen Formel-Renault zusammen zusparen, arbeitete René Arnoux drei Jahre als Renn-mechaniker in einer italienischen Scuderia.

1973 nahm er an der französischen Formel Renault-Meisterschaft teil und holte sich den Titel. Auf der Rennfahrerschule Magny Cours ließ er sich im selben Jahr den letzten Schliff geben. Ein Abstecher in die Formel 5000 brachte im folgenden Jahr keine Erfolge, so daß er zur Formel Renault zurückkehrte und Europameister wurde.

Jetzt ging es steil bergauf. 1976 wurde er als Nummer Zwei ins F 2-Martini-Renault-Team geholt, wo er ein ums andere Mal schneller fuhr als Patrick Tambay, die Nummer 1 im Team. Er wäre wohl auf Anhieb Europameister der Formel 2-Fahrer geworden, wenn er nicht im Finalrennen auf dem Hockenheimring Jean-Pierre Jabouille den Vortritt hätte lassen müssen. Ein entsprechendes Boxensignal war gegeben worden, um Jabouille zum Titel-träger zu machen. Renault plante, 1977 in den GP-Sport einzusteigen und wollte gerne mit einem Europameister an den Start gehen.

René Arnoux steckte immer noch jeden Pfennig in seinen Sport, und mit einem uralt Renault-Gordini reiste er von Rennen zu Rennen, während seine Kollegen standesgemäß über Autos der Nobelklasse verfügten.

1977 erkämpfte er sich die im Vorjahr ›befehlsgetreu‹ verpaßte F 2-Meisterschaft.

Der Sprung in die Formel 1 klappte im Anschluß an diesen Titelgewinn. Anroux' Team-Chef Tico Martini konstruierte mit dem MK 23 einen Grand Prix-Wagen und René Arnoux machte diesen Aufstieg gleich mit. Der enge finanzielle Rahmen Martinis ließ gerade vier Einsätze zu, dann zog er sich aus der Formel 1 zurück. Daß sich Arnoux allerdings jedesmal qualifizieren konnte, wenn er mit seinem MK 23 auftauchte, wurde in der Branche positiv registriert.

So erinnerte sich John Surtees an den Franzosen, als er für die Überseerennen in Montreal und Watkins Glen einen Fahrer suchte. Vittorio Brambilla, sein Stammpilot, lag mit einem Schädelburch im Krankenhaus, den er in der Massenkarambolage von Monza erlitten hatte.

Obwohl er sich bei diesen Einsätzen achtbar aus der Affäre zog, wußte Arnoux zunächst nicht, wie es 1979 weitergehen sollte. Als es dann aber Renault nicht gelang, Didier Pironi aus dem laufenden Tyrrell-Vertrag zu lösen, schlug die große Stunde von Arnoux.

»Der Formel 1-Vertrag von Renault ist mein schönstes Weihnachtsgeschenk«, meinte Arnoux, der kurz vor Saisonbeginn als Notlösung verpflichtet wurde. Die Umstellung vom Surtees-Ford auf den Renault Turbo fiel ihm nicht leicht. »Es ist nicht einfach«, kommentierte er die ersten Gehversuche, »die Kraft setzt schlagartig ein, und wenn das mitten in der Kurve geschieht, gibt es keine Rettung mehr.«

Er lernte sein Pensum aber in recht kurzer Zeit, und schon in Monaco fuhr er im Training schneller als Jabouille, die turbo-erfahrene Nummer 1 bei Renault – Arnoux stand auf dem vorletzten, Jabouille auf dem letzten Startplatz.

Einen Monat später – als nächster WM-Lauf stand der französische GP in Dijon im Terminkalender – teilten sich die beiden Franzosen die erste Startreihe!

Jabouille fuhr in diesem Rennen erstmals einen Renault zum Sieg. Arnoux wurde nach beinhartem Kampf mit Villeneuve Dritter. Es war der erste Punktgewinn des Franzosen, den jetzt niemand mehr als Notlösung betrachtete. Der Fahrer mit dem Jungengesicht, dem in seiner Formel 2-Zeit der Name ›The french Baby Driver‹ gegeben worden war, gehörte nun dazu.

Silverstone und Watkins Glen brachten zweite Plätze und in Zeltweg hatte es auch ein Pünktchen gegeben.

Mit 17 Punkten schloß er die Saison ab, fast doppelt so vielen wie Jabouille sammeln konnte. »Was ich jetzt noch brauche, ist Routine.« Er sollte sie bekommen. Aber dringender noch als Arnoux benötigte der Renault Turbo Routine. Hochs und Tiefs wechselten sich ab und das vorläufige Urteil über den Wagen konnte nur lauten: Sehr schnell, aber sehr unzuverlässig.

Daran änderte sich im folgenden Jahr nicht allzuviel, ein Aufwärtstrend war allerdings nicht zu übersehen. Bis zum sechsten WM-Lauf der Saison 1980 hielt René Arnoux die Spitze der Punktetabelle dank zweier Siege in Interlagos und Kyalami sowie einem vierten Rang in Zolder.

In der zweiten Saisonhälfte kamen sechs weitere Punkte hinzu, die er für einen zweiten Platz in Zandvoort gutgeschrieben bekam. Mehr aber als durch die 29 WM-Punkte, die ihm den sechsten Platz im Schlußklassement brachten, beeindruckte er durch drei Trainingsbestzeiten und die Tatsache, daß er gleich viermal die schnellste Runde im Rennen drehte.

Es war nach dieser Saison keine Überraschung, daß Arnoux auch für 1981 einen Vertrag von Renault erhielt. Er rückte sogar inoffiziell in die Nummer 1-Rolle – offiziell gab es keine Rangfolge im Team –, denn Jean-Pierre Jabouille verließ die Equipe Renault und Alain Prost mußte sich, als Neuer natürlich erst einmal hinten anstellen.

Aber genauso wie Arnoux Jean-Pierre Jabouille recht schnell in Verlegenheit hatte bringen können, bedrängte jetzt Alain Prost den Renault-Stammhalter erfolgreich.

Ganze elf Punkte waren die bescheidene Ausbeute von Arnoux aus der 81er-Saison. Das schlechte Abschneiden war keineswegs auf nachlassende Fähigkeiten des Piloten zurückzuführen, der durch Trainingsbestzeiten in Dijon, Silverstone, Zeltweg und Monza bewies, daß er alle schlagen konnte, sondern auf technisch bedingte Ausfälle.

Da Alain Prost nicht nur mindestens ebenso schnell wie Arnoux fuhr, sondern auch weniger unter Materialdefekten zu leiden hatte, kam er auf 43 Punkte und ging deshalb als Renault-interner Favorit in die nächste Saison.

Die Rivalität zwischen Arnoux und Prost spitzte sich 1982 derart zu, daß man von Juli an von offener Feindschaft sprechen konnte, die das Betriebsklima zum Nachteil beider vergiftete.

Arnoux, der drei Jahre zuvor mit Tränen der Freude in den Augen bei Renault die Rolle des Notnagels annahm, hatte unterdessen durch die vielen schnellen Auftritte derart viel Selbstvertrauen gewonnen, daß er nicht davor zurückschreckte, eindeutige Boxensignale zu mißachten. Er befand sich in dieser Rolle des ›mündigen Fahrers‹ allerdings in bester Gesellschaft, denn Carlos Reutemann und Didier Pironi hatten ebenfalls schon Boxenanweisungen, die ihnen zum Nachteil und den jeweiligen Nummer-1-Piloten zum Vorteil gereichen sollten, nicht befolgt.

Er ließ es sich nicht nehmen, in Monza, als sein Wechsel zu Ferrari bereits feststand, durch einen eindrucksvollen Start-Ziel-Sieg den Renault-Verantwortlichen zu zeigen, wen man da vor die Tür setzen wollte.

Der Versuch, sich in Las Vegas mit einem Sieg von Renault zu verabschieden, mißlang. Im zweiten Umlauf hatte er Prost überholen können, um dann bis zur 15. Runde den Parkplatz-Grand Prix anzuführen, bevor ein Motorschaden seiner Fahrt ein Ende setzte.

An der Seite Patrick Tambays, der 1982 allein Villeneuves Erbe und Pironis Nachfolge angetreten hatte, ging Arnoux als Ferrari-Werksfahrer in die Saison 1983. Zusammen mit seinem Team-Kollegen sowie Alain Prost von Renault und Brabham-BMW-Pilot Nelson Piquet war er einer der erklärten WM-Favoriten. Im Rahmen des Titelkampfes erlebte das Duell zwischen Arnoux und Prost einen neuen Höhepunkt, als der Ferrari-Fahrer in der zweiten Saisonhälfte endlich Tritt fassen konnte.

Das Arnoux-Prost-Festival begann in Montreal, wo René Arnoux den kanadischen Grand Prix auf dem 4,4 km langen ›Circuit Gilles Villeneue‹ gewann. Alain Prost wurde Fünfter.

Die nächsten Punkte wurden in Silverstone vergeben und hier war es umgekehrt: Prost siegte und Arnoux wurde Fünfter.

Auf dem Hockenheimring war wieder der Ferrari-Fahrer ›an der Reihe‹ zu siegen und eine Woche später dann wieder Prost, als Zeltweg Schauplatz des Rennens war.

Jetzt stand der niederländische Grand Prix auf dem Programm und Arnoux holte sich erneut den Lorbeer.

Abwechselnd gewinnend, hatten die beiden Franzosen für die Dauer von fünf Weltmeisterschaftsläufen keinem der Mitstreiter um den Titel auch nur einmal die volle Punktzahl überlassen.

In Monza ›patzte‹ dann Alain Prost, der damit die Serie unterbrach. Sein Widersacher belegte hinter einem entfesselt die letzten Chancen auf den Titelgewinn wahrnehmenden Nelson Piquet den zweiten Rang. Piquet war es dann auch, der sich letztlich den Titel sicherte. Die beiden Franzosen landeten geschlagen auf den Plätzen Zwei und Drei, wobei der Renault-Fahrer acht Punkte besser abschnitt als sein Kontrahent.

René Arnoux hatte zum erstenmal seit 1980 aber wieder den eigenen Team-Kollegen in Schach halten können, und dieser Stall-interne Triumph über Patrick Tambay stellte sich als recht nützlich heraus.

Anders, als noch im Sommer erwartet, holte Enzo Ferrari nämlich für 1984 einen neuen Mann ins Team. Um dem neuen Fahrer, Michele Alboreto, einen Arbeitsplatz anbieten zu können, mußte natürlich ein Pilot das Team verlassen. Und gehen mußte jener, der weniger Punkte gesammelt hatte – Patrick Tambay.

John Watson
Der unscheinbare Favorit

Im Jahr 1972 machte der Deutsche Rolf Stommelen von sich Reden, als er sein Glück im Grand Prix-Sport im Team des Mayener Wohnwagenherstellers Günther Hennerici suchte.

Das Projekt des Motorsport-Enthusiasten aus der Eifel, in dem auch das Münsterländer Original Luigi Colani auf unorthodoxe Art und Weise mitmischte, scheiterte. Der finanzielle Atem reichte bis in den Monat August, dann bekam der Fahrer das Inventar des Eifelland-Teams geschenkt!

Da Rolf Stommelen keinen Sponsor fand, trat er nur ein einziges Mal, in Zeltweg, mit dem Eifelland-March 21/1, dem ›geborenen‹ March 721/4, an. Anschließend ging das komplette Material in den Besitz Bernie Ecclestones über, der ›das Bild um das Rahmens willen kaufte‹, denn es ging ihm hierbei weniger um das bedingt taugliche Fahrgestell, als vielmehr um die beiden Cosworth DFV-Motoren.

Als Ecclestone später auf das irische Nachwuchstalent John Watson aufmerksam wurde, erinnerte er sich an den ältlichen Boliden und stellte ihn John Watson für nationale Veranstaltungen zur Verfügung.

Aus diesem Anlaß wurde das Auto gründlich durchgecheckt und die Mechaniker waren über den maroden Zustand des Fahrgestells entsetzt. Man wunderte sich nachträglich darüber, daß das Auto unter Rolf Stommelen nicht irgendwann auseinandergebrochen war.

So hatte der deutsche Motorsport-Mäzen Günther Hennerici auf unvorhersehbaren Umwegen dem Iren John Watson den ersten Formel 1-Einsatz ermöglicht.

Von 1970 an war der am 4. Mai 1946 geborene Brite – John Watson ist Nordire – Formel 2-Rennen gefahren. 1971 tauchte er als 14. erstmals im Europameisterschafts-Schlußklassement auf.

Erst 1974 war er wieder, dank eines zweiten Ranges in Hockenheim, in dieser Liste zu finden, diesmal als Elfter. 1974 fuhr er aber auch bereits seine erste komplette Formel 1-Saison. Seinen Einstand im Grand Prix-Sport hatte er schon 1973 anläßlich seines ›Heimat‹-Grand Prix in Silverstone gegeben, jenem Rennen, in dem der ebenfalls 1946 geborene Jochen Mass debütierte.

Als Ersatzfahrer für den in diesem Rennen schwer verletzten Andrea de Adamich, durfte er im US-amerikanischen WM-Lauf desselben Jahres ein zweites Mal ins Formel 1-Lenkrad greifen.

1974 fand er dann bei John Goldie Racing Unterschlupf, wo er in der ersten Saisonhälfte den Brabham BT 42/2, Wilson Fittipaldis Vorjahres-Werkswagen, pilotierte. In der zweiten Jahreshälfte stieg er dann auf einen Wagen vom Typ BT 44 um, den Motor Racing Developments Ltd. eigens für John Goldie aufgebaut hatte.

Hatte es am Steuer des betagten BT 42 nur zum Gewinn eines Punktes gereicht, den er einem sechsten Platz in Monte Carlo verdankte, errang er bei nur vier Einsätzen auf dem neuen Auto fünf weitere Punkte hinzu, als er in Zeltweg Vierter und in Watkins Glen, wo er ja bereits seinen zweiten Grand Prix bestritt, Fünfter wurde.

John Goldie Racing zog sich Ende 1974 vom GP-Sport zurück und John Watson unterschrieb für das folgende Jahr bei John Surtees, für den er früher schon Formel 2-Autos bewegt hatte.

Es war ein hartes Jahr für den Nordiren, denn John Surtees mußte, in Ermangelung eines potenten Sponsors, noch einmal den schon im Vorjahr nur mäßigen TS 16 einsetzen, mit dem 1975 erst recht kein Blumentopf mehr zu gewinnen war. Die beste Plazierung war ein achter Rang im Unglücksrennen von Barcelona.

Um am deutschen WM-Lauf teilnehmen zu können, fehlte dem Team Surtees das Geld. Die Chance, sich auf der Nordschleife des Nürburgrings am Steuer eines Werks-Lotus – der ihm für dieses eine Rennen zur Verfügung gestellt worden war – zu profilieren, verhinderte im dritten Umlauf eine kollabierende Vorderradaufhängung.

Als Surtees auch in Monza aus finanziellen Gründen passen mußte, fand sich allerdings kein freies Cockpit in einem Gast-Team. Trotzdem gab es 1975 einen zweiten markenfremden Drive für Watson. Für den in Zeltweg tödlich verunglückten Mark Donohue fuhr er in Watkins Glen den Penske PC1.

Wohl nicht zuletzt, weil er als Neunter abgewinkt wurde, offerierte ihm Roger Penske einen Vertrag für 1976. Auf dem von Geoff Ferris konstruierten Penske ging es für John Watson wieder aufwärts.

Nach Punktgewinnen in Kyalami, Le Castellet und Brands Hatch, schlug in Zeltweg Watsons große Stunde.

Der Große Preis von Österreich fand zwei Wochen nach dem deutschen WM-Lauf statt. Niki Lauda laborierte noch mit seiner verätzten Lunge im Krankenhaus, wodurch die Österreicher automatisch jedes Interesse an der Veranstaltung verloren.

Als dann ein verbitterter Enzo Ferrari aufgrund einer ganzen Palette von Gründen den Rückzug seiner Wagen für den Rest der Saison erklärte, blieben auch die sonst zu Zehntausenden anreisenden Italiener dem Österreichring fern.

So kam es, daß eins der spannensten Rennen des Jahres nahezu unter Ausschluß der Öffentlichkeit stattfand. Für den veranstaltenden Club bedeutete dies natürlich eine mittlere Katastrophe. Für den Statistiker war es allerdings interessant festzustellen, daß sich in Österreich – und sicherlich in allen vergleichbaren Ländern – die Zahl der wirklich am Grand Prix-Sport interessierten auf knappe 50 000 beläuft.

Dieser harte Kern wurde am 15. August 1976 für sein Kommen belohnt. Nachdem der Tag strahlend schön begonnen hatte, zog kurz vor dem Start eine der typischen schwarzen Zeltweg-Regenwolken auf. Die Rennleitung legte daraufhin, in Absprache mit ONS-Sicherheitsstaffel-Chef Herbert Linge, eine halbstündige Denkpause ein.

Danach hatte sich das Wetter soweit gebessert, daß einem Start nichts im Wege stand. Das Rennen wurde offiziell zum Trockenrennen erklärt und gestartet. Nacheinander führten Watsch, der die zweitbeste Trainingszeit gefahren war, Ronnie Peterson, Jody Scheckter und wiederum Peterson das Feld an, dann übernahm Watson erneut das Kommando und gab die Führung bis ins Ziel nicht mehr ab. Leichter Nieselregen in der stürmischen Eröffnungsphase des Rennens, der einen Abbruch allerdings zum Glück nicht gerechtfertigt hätte, verlangte den Fahrern alles ab.

John Watson, der Überraschungssieger, freute sich über die neun WM-Punkte und den Erfolg. Sein Team freute sich mit, gedachte aber auch des Penske-Fahrers Mark Donohue, der vor Jahresfrist an gleicher Stelle tödlich verunglückt war.

Auch wenn John Watson in Holland noch einmal ernsthaft im Kampf um die Spitze mitmischte, gelang ihm im Penske-Team nicht mehr viel. Nur in den USA gab es noch einen Punkt und mit 20 Punkten beendete er auf WM-Platz Sieben die Saison.

Wie in den vorangegangenen Jahren wechselte Watson in der Winterpause sein Team, denn Penske stellte seine Formel 1-Aktivitäten ein. Bernie Ecclestone verpflichtete den Nordiren für sein Brabham-Team als Ersatz für Carlos Reutemann, der zu Ferrari übergelaufen war.

Als zweiter Mann hinter Carlos Parce engagiert, sah sich John Watson unvermittelt in der Rolle des Kapitäns, als Pace im März 1977 das Opfer eines Flugzeugabsturzes wurde.

Wer jetzt glaubte John Watson können seinen ›Bestätigungssieg‹ heimfahren, sah sich getäuscht. Ein zweiter Platz in Dijon war die beste Plazierung in einer für ihn mageren Saison. Es hätte dort allerdings fast zum Sieg gereicht. In der fünften von 80 Runden hatte er James Hunt niedergerungen und übernahm die Führung, die er bis in die 80. Runde gegen alle Angriffe verteidigen konnte. Dann setzte sein Alfa-Motor zweimal kurz aus, als die Benzinpumpen ins Leere saugten. Mario Andretti, der Watson wie ein Schatten folgte, nutzte die Chacne augenblicklich, zog mit seinem Lotus in Front und siegte vor dem enttäuschten Brabham-Fahrer.

1978 setzte ihm Mr. Ecclestone Niki Lauda vor die Nase und nach alter Lauda-Sitte blieb dem zweiten Fahrer nur das Material, das Lauda selbst nicht brauchte. Wie im Vorjahr war ein zweiter Rang Watsons beste Plazierung, die er allerdings den Strafminuten verdankte, die Andretti und Villeneuve in Monza aufgebrummt bekamen. Als WM-Sechster erzielte er immerhin die beste Endklassement-Plazierung seiner vier Formel 1-Jahre.

Er wechselte nach zwei Brabham-Jahren zu McLaren. Für Teddy Mayer fuhr er 36 Grand Prix-Rennen, bevor er 1981 in Silverstone endlich seinen zweiten WM-Lauf gewinnen konnte. Dieser Sieg beflügelte John Watson, der schon an seiner Erfolglosigkeit, die in keinem Verhältnis zu seinem Können stand, zu verzweifeln drohte.

1982 gewann er gleich zweimal. In Zolder schnappte er dem unerfahrenen Keijo Rosberg den Sieg vor der Nase weg. In Detroit arbeitete er sich vom

17. Startplatz aus unaufhaltsam nach vorne und siegte klar vor Eddie Cheever und Didier Pironi. Mit diesen beiden Siegen schob sich Watson unerwartet an die Spitze des WM-Zwischenklassements.

Nach dem Rennen in Montreal, wo es noch einmal vier Punkte für ihn gab, riß die Erfolgsserie des Nordiren jedoch ab. Bis zum britischen Grand Prix in Brands Hatch zehrte er von seinem Vorsprung, dann zog Didier Pironi und in Zeltweg auch Rosberg an ihm vorbei.

Erst in den beiden letzten Rennen des Jahres tat Watson wieder etwas für sein Punktekonto. In Monza belegte er Rang Vier und in Las Vegas, hinter Michele Alboreto, Platz Zwei.

In der Endabrechnung wurde er – punktgleich mit Didier Pironi – WM-Dritter.

Nach diesem Erfolg unterschrieb er ein fünftes Mal bei McLaren. Die Vertragsverhandlungen dauerten allerdings ungewöhnlich lange, weil Watson meinte, seine Siege müßten entscheidende Auswirkungen auf die Schecks seiner Arbeitgeber haben.

Er setzte seinen Willen durch und wurde der besseren Bezahlung gerecht: Er gehörte zu den drei Fahrern, denen auch noch 1983 ein Sieg mit einem Saugmotorwagen über die Turbo-Konkurrenz gelang. Watson brachte dieses Kunststück in Long Beach fertig, wo er vom 22. Startplatz aus zum Sieg fuhr. Noch nie zuvor hatten bei einem WM-Lauf mehr Autos am Start vor dem späteren Sieger gestanden.

Obwohl es John Watson in zehn Formel 1-Jahren nie zum strahlenden Sieger-Typ gebracht hat, sollte er vor jedem Grand Prix als möglicher Gewinner betrachtet werden – zu oft schon hat er überraschen können.

Auch wenn John Watson als der ›große Verlierer‹ des Transfer-Karussells 1983/84 gilt, hat er seinen letzten Formel 1-Drive sicherlich noch nicht hinter sich.

Jacques Laffite
64 Kilo Ehrgeiz

Obwohl sie in den ersten Nachkriegsjahren mit Jean-Pierre Wimille und Raymond Sommer über zwei Piloten der absoluten Weltklasse verfügten, spielten die Franzosen in der Fahrerweltmeisterschaft über lange Jahre nur eine Nebenrolle.

Jean-Pierre Wimille war ein Jahr, bevor das Fahrer-Championat ins Leben gerufen wurde, am 28. Januar 1949 in Buenos Aires tödlich verunglückt, als er am Steuer seines Simca-Gordini trainierte.

Auch Raymond Sommer starb auf der Rennpiste, bevor er in der F 1-Weltmeisterschaft eine große Rolle hätte spielen können. Am 10. September 1950 brach der Lenkhebel seines 1-Liter-Cooper bei einem Rennen in Cadours, und der damals 44jährige Meisterfahrer konnte die Katastrophe nicht mehr verhindern.

Erst der unvergessene Jean Behra knüpfte wieder an frühere Erfolge französischer Fahrer an, konnte aber, obwohl anerkannter Spitzenfahrer seiner Zeit, niemals einen WM-Lauf gewinnen.

Das schaffte hingegen Maurice Trintignant, der südfranzösische Weinbergbesitzer und Bürgermeister von Vergèze. Zweimal, 1955 und 1958, holte er sich in Monto Carlo den Sieg.

Nach Jahren der Erfolglosigkeit französischer Rennfahrer kam dann die Zeit von Francois Cevert, Johnny Servoz-Gavin und Jean-Pierre Beltoise, die Frankreichs Ruf im GP-Sport wieder etwas aufpolierten.

Mitte der 70er Jahre machte sich dann die systematische französische Talentförderung, die recht früh eine Spezialisierung auf einsitzige Rennwagen vorsieht, positiv im Spitzensport bemerkbar. Wenn Anfang und Mitte der 80er Jahre Frankreich neben Italien des stärkste nationale Fahrerkontingent stellt, so ist das auf diese, im wesentlichen von Renault, Elf und Shell geförderte Nachwuchsschulung zurückzuführen. Sie hilft jungen Talenten, vom Kart über die nationale Formel Renault und die Formel 3 den Weg an die Spitze zu ebnen.

Einer der ersten Vertreter dieser neuen französischen Welle war Jacques Laffite. Als Rennmechaniker Jean-Pierre Jabouilles kam das spindeldürre Leichtgewicht 1967 erstmals mit dem Automobilrennsport in Berührung. Ähnlich wie zuvor Hermann Lang oder Graham Hill wollte auch Laffite schon bald nicht mehr nur Schrauben, sondern vielmehr das Lenkrad drehen.

Im Wettbewerb um das ›Volant Shell‹ belegte er 1968 den zweiten Platz und zeigte damit sein Talent.

Von 1970 bis 1972 absolvierte er seine ›Pflichtjahre‹ als Formel Renault-Pilot und wechselte dann in die Formel 3 über. Nach nur einem Formel 3-Jahr stieg er auf Formel 2-Autos um und wurde auf Anhieb dritter in der Europameisterschaft hinter seinem Landsmann Patrick Depailler und dem Deutschen Hans Stuck. Seine beste Leistung im Jahr 1974 war ein Sieg auf dem Salzburgring, wo er vor dem Kühlschrank-Fabrikanten David Purley gewann.

Schon zwölf Monate später wurde er am Steuer seines Martini-BMW Europameister und unterstrich mit Siegen in Estoril, Thruxton, Nürburg, Pau, Hockenheim und Pergusa, daß wirklich der stärkste Fahrer der Saison Titelträger geworden war. Das war noch die Zeit, in der nicht einmal die engsten Mitarbeiter im Team wußten, ob sich Laffite nun mit zwei F oder zwei T schreibt, denn mehr als einmal wurde er mit falsch beschriftetem Wagen ins Rennen geschickt.

Mit welcher Macht die französischen Fahrer in jenen Tagen nach ›oben‹ drängten, wird deutlich, wenn man sich das Europameisterschafts-Schlußklassement des Jahres 1975 näher betrachtet: Auch die vier Plätze hinter dem neuen Europameister Laffite gingen an Franzosen.

Seine ersten GP-Einsätze hatte der am 21. November 1943 geborene Jacques Laffite zu diesem Zeitpunkt bereits hinter sich. Auf dem Nürburgring hatte er 1974 seinen ersten WM-Lauf bestritten. Frank Williams, damals noch ein armer Schlucker, der sein Team am Rande des finanziellen Ruins entlang balancierte, hatte Jacques Laffite als zweiten Fahrer neben Arturo Merzario in sein ISO-Ford-Team geholt.

Ganze zweieinhalb Runden dauerte Laffites Debüt, dann hielt die Hinterradaufhängung des ISO den Strapazen der Mittelgebirgsstrecke nicht mehr Stand und seine Fahrt hatte ein Ende.

Nachdem er zuvor schon Tom Belso, Gijs van Lennep und Richard Robarts als Nummer 2 getestet hatte, glaubte Frank Williams, mit Jacques Laffite endlich den Richtigen gefunden zu haben und nahm ihn für den Rest der Saison unter Vertrag. Ein 15. Platz in Mosport, Kanada, war 1974 seine beste F 1-Plazierung.

1975, im Jahr seiner Europameisterschaft, blieb Laffite bei Frank Williams, der jetzt anstelle der ISO Ford Wagen vom Typ Williams FW 04 einsetzte. Die von Ray Stokoe konstruierten F 1-Autos erwiesen sich weder als schnell noch zuverlässig. Jacques Laffite fuhr nur einmal in die Punkte, was nicht seinem fahrerischen Können entsprach, das er im selben Jahr mit dem Gewinn der Formel 2 Europameisterschaft unter Beweis stellte.

Der Punktgewinn entschädigte ihn aber für die ansonsten verpfuschte Saison. Er belegte nämlich auf dem Nürburgring, der schwierigsten Prüfung im Rahmen des gesamten F 1-Championats, hinter Carlos Reutemann den zweiten Platz. Auch wenn er diese Plazierung in erster Linie dem Reifenpech seiner Vorderleute verdankte, verschaffte sie dem Piloten große Befriedigung.

Noch im selben Jahr hätte Laffites Karriere ein tragisches Ende nehmen können, als es in Watkins Glen unmittelbar vor dem Start zu einer gefährlichen Verwechslung kam. Als er Freundin Bernadette bat, ihm Augentropfen zu verabreichen, um die Augen ›fit‹ für die nächsten zwei Stunden zu machen, griff die junge Dame versehentlich zum ätzenden Antibeschlagmittel für das Helmvisier! Für Stunden sah er arme Franzose überhaupt nichts mehr, und an einen Start war nicht mehr zu denken. Der Notarzt rettete zum Glück Augenlicht und Karriere des Williams-Piloten und auch Bernadette wurde verziehen, sonst hätte Laffite sie nicht zwei Jahre später zum Traualtar geführt.

Für die Saison 1976 ließ Guy Ligier seine Konstrukteure Gerard Ducarouge und Paul Carillo einen Formel 1-Rennwagen bauen. Nachdem es lange Zeit nicht sicher war, ob Jean-Pierre Beltoise oder Jacques Laffite den

Wagen fahren sollte, entschied sich Ligier letztlich für den jüngeren Piloten, Jacques Laffite, der allerdings auch gern bei Williams geblieben wäre: »Das Angebot von Frank kam für mich einfach zu spät. Ich bedaure das, weil Frank und ich gute Freunde sind und er ein guter Team-Chef ist«, kommentierte Laffite die Situation Anfang 1976.

Der überraschend schnelle Ligier JS 05 mit dem kräftigen Matra-Zwölfzylinder-Motor war endlich der Wagen, auf dem Laffite sein Können auch in der Formel 1 zeigen konnte.

Die absoluten Höhepunkte der Saison waren ein zweiter Platz hinter John Watson in Zeltweg und seine erste pole-position, die er in Monza herausfuhr. Genau drei Sekunden fehlten ihm in Monza zum Sieg, wo er denkbar knapp hinter Ronnie Peterson und Clay Regazzoni als Dritter abgewinkt wurde.

Als WM-Achter mit 20 Punkten ging Laffite mit dem erklärten Ziel, einen Grand Prix zu gewinnen, in die nächste Saison. Wie nicht anders zu erwarten, blieb er Guy Ligier treu, für den er insgesamt sieben Rennjahre Formel 1 fahren sollte. Tatsächlich gelang 1977 der erhoffe GP-Sieg, als er im schwedischen Anderstorp vor allen Mitstreitern ins Ziel kam. Es war er erste Grand Prix-Sieg Laffites, eines Ligier-Formel 1 und eines Matra-Motors.

Insgesamt holte Laffite 1977 18 Punkte. Im folgenden Jahr waren es 19, ohne daß ein zweiter Sieg dazugekommen wäre. Wer geglaubt hatte, Guy Ligier und seine Mannen hätten ihr Pulver damit verschossen, sich als ›gehobener Durchschnitt‹ im Grand Prix-Zirkus zu etablieren, wurde 1979 eines Besseren belehrt. Zum einen wurde mit Patrick Depailler ein zweiter Fahrer verpflichtet – bisher war man solo angetreten – und zum zweiten hoben die Techniker des Teams das ›Wunderauto‹ JS 11 aus der Taufe.

Daß der Wagen bei winterlichen Tests in Le Castellet für Fabelzeiten gut war, beunruhigte die Konkurrenz wenig, denn zu selten hatten sich die Wintermärchen aus Südfrankreich bis zum ersten Renneinsatz konservieren lassen. Als dann aber die Force de frappe-Piloten in Argentinien die beiden besten Trainingszeiten für den Saisonauftakt herausfahren konnten, stand die Branche Kopf. Bis neun Runden vor Rennende lagen die blauen Autos mit den Startnummern 25 und 26 vorne, dann kurvte der zweitplazierte Depailler an die Boxen, um Kühlwasser nachzufassen. Der Traum vom Doppelsieg war zwar ausgeträumt, doch zwei Ligiers unter den ersten Sechs – Laffite auf dem ersten und Depailler auf dem vierten Rang – waren Grund genug zur Freude.

Was in Buenos Aires so knapp verfehlt wurde, erreichten ›die Blauen‹ 14 Tage später in Interlagos: Ein nie gefährdeter Start-Ziel-Doppelsieg für Laffite und Depailler. Nur eins beunruhigte Konstrukteur Ducarouge: »Wir wissen noch immer nicht genau, warum wir so schnell sind.«

Tatsächlich riß in Kyalami der Faden. Erst in Jarama und Zolder konnte das Team noch einmal an die südamerikanischen Rennen erinnern, als Depailler siegte und Laffite als Zweiter ins Ziel kam. Dann geriet Drachensegler Depailler am Puy de Dôme unerwartet in Abwinde und verletzte sich schwer, wodurch zusätzliche Unruhe ins Team kam. Dank einer Dreierserie dritter Plätze in der zweiten Saisonhälfte bekam Jacques Laffite aber immerhin noch so viele Punkte zusammen, daß es im Schlußklassement zum vierten Rang ausreichte.

Mit dem gleichen Ergebnis schloß er in den beiden nächsten Jahren ab. 1981 hatte er sogar bis in den Final-Lauf theoretische Titelchancen, die sich jedoch nicht erfüllten. Hockenheim (1980) und Zeltweg sowie Montreal im folgenden Jahr brachten die Grand Prix-Siege Nummer 4, 5 und 6. Ein Jahr danach folgte der Sturz in den Keller: Fünf Punkte und WM-Platz 17.

Ende 1982, als Laffite nach sieben Jahren der Zusammenarbeit befürchtete, zum lebenden Inventar des Ligier-Teams zu werden, ging er zurück zu Frank Williams, der unterdessen vom Nobody unter den Bewerbern zum Boß eines Spitzenteams herangereift war. Der Wechsel kam jedoch zu spät, denn die Zeit der Sauger war endgültig vorbei und Frank Williams hatte noch nicht auf Turbo-Aggregate umgerüstet. Elf Punkte stellten zwar im Vergleich zum Vorjahr eine Verbesserung dar, doch zu hoffen begann Laffite erst wieder im August 1983, als Frank Williams einen Vertrag mit Honda über die Lieferung von Turbo-Motoren abschloß. Schon der erste Turbo-Einsatz, das Finalrennen der Saison 1983 in Kyalami, sah Laffite als Trainingszehnten wieder unter den Schnellsten.

NIKI LAUDA
Geld regiert die Welt

Es gibt GP-Fahrer, die stehen im Licht und es gibt GP-Fahrer, die stehen im Schatten. Einer von ihnen, und zwar einer der erfolgreichsten, steht im Zwielicht. Die Rede ist von Niki Lauda – von vielen vergöttert, von vielen abgelehnt. Wohl kaum ein anderer Fahrer hat in den letzten Jahren das Bild des Grand Prix-Sports derart entscheidend mitgewandelt, wie der am 22. Februar 1952 geborene Österreicher.

Er wurde zur Leitfigur einer Entwicklung, die große Veränderungen für die Formel 1 brachte. So wandelte sich die Fahrerweltmeisterschaft von einem Straßen- zu einem Bahnwettbewerb. Hand in Hand mit dieser Veränderung wurde die F 1-Meisterschaft zu einer Szene, die nur noch Vollprofis mit all ihren Vor- und Nachteilen Raum ließ.

Herrenfahrer vom Schlage eines Grafen de Beaufort oder Jo Schlesser wurden damit ein für alle Mal vom GP-Sport ausgesperrt. Die Folgen dieser Entwicklung, die sicherlich in erster Linie auf die anderen Bedingungen einer ›neuen Zeit‹ zurückzuführen sind und in Niki Lauda wohl mehr einen zufälligen Bahnbrecher fanden, sind vielschichtig. Wenn heute von den

›alten Hasen‹ ein bedauernswerter Mangel an großen Charakteren unter den Grand Prix-Aktiven beklagt wird, dann liegen die Gründe hierfür auf der Hand.

Von einer Strecke wie La Castellet muß sich zwangsläufig ein ganz anderer Menschenschlag angezogen fühlen, als vom Circuit Charade bei Clermont-Ferrand, genauso wie wir unter Hochgebirgsbergsteigern andere ›Typen‹ antreffen, als in der Gemeinde der Badmintonspieler. Diese Aussage soll keineswegs als Werturteil mißverstanden werden, nur als nüchterne Feststellung, daß unterschiedliche Sportarten unterschiedliche Charaktere in ihren Bann ziehen.

Ein anderes Zeichen des GP-Sports von heute ist Geld. Hier befindet sich der professionelle Motorsport in bester Gesellschaft mit fast allen anderen Sportarten, die berufsmäßig durchgeführt werden. Fußball, Tennis, Golf – Gagen an der Grenze des Möglichen sind in unserer Zeit keine Seltenheit. Daß es auf diesem Gebiet einmal anders – nicht unbedingt besser – war, zeigt ein Blick in die Vergangenheit.

1954 bekamen die Fahrer anläßlich des Großen Preises von Deutschland auf dem Nürburgring, der gleichzeitig als Großer Preis von Europa ausgeschrieben war, für 22 Runden auf der Nordschleife folgende Preisgelder: 1. Platz 7000 DM, 2. Platz 4500 DM, 3. Platz 2500 DM, 4. Platz 1500 DM, 5. Platz 1000 DM, 6. Platz 600 DM. Daneben erhielt der Fahrer, der die schnellste Runde fuhr, ebenfalls 600 DM und die Monteurmanschaft des Siegerwagens 300 DM. Auch wenn man die Mark von 1954 nicht der Mark der 80er Jahre gleichsetzen darf, braucht man diese ›Preisliste‹ wohl nicht zu kommentieren.

Ein weiteres Kennzeichen des ›neuen Grand Prix-Sports‹ sind die Klagen der Aktiven, daß eine geringfügig bessere Gummimischung der Reifen, ein paar PS mehr oder wenige Kilogramm Gewichtsvorteil die Rennen entscheiden können, ohne daß ein noch so großes Fahrkönnen einzelner Piloten daran etwas ändern könnte. Wenn sie sich darüber beklagen, dürfen die Fahrer jedoch nicht vergessen, daß sie selbst es waren, die die Kurse mit ihrem Bannstrahl trafen, auf denen sie ihr Können hätten unter Beweis stellen können.

Der Wechsel von der Straße auf die Bahn war natürlich nicht eingeleitet worden, um die großen Persönlichkeiten vom GP-Sport fernzuhalten oder um die eigene Fahrkunst nicht mehr unter Beweis stellen zu können. Vielmehr lag diesem Wechsel die Überlegung zugrunde, die passive Sicherheit im GP-Sport zu vergrößern.

Der so gewonnene Vorteil wurde aber leider durch ein Absinken der Fahrerdisziplin während der Rennen beinahe wieder aufgehoben. Die Karambolagen zwischen zwei Grand Prix-Wagen in der Zeit von 1950 bis Anfang der 70er Jahre konnte man – wenn man vom pile-up in Monte Carlo 1950 absieht – noch fast an zwei Händen abzählen. Es sei hier nur an den

›Wirbel‹ erinnert, den der Rempler zwischen Jackie Stewart und Clay Regazzoni 1972 auf dem Nürburgring auslöste.

Heute ist es so, daß man auf penibel geführte Unterlagen zurückgreifen muß, um auch nur die Zusammenstöße einer einzigen Saison aufzulisten. Auch gibt es zu denken, daß die drei letzten tödlichen Unfälle, die sich im offiziellen Training oder im Rennen ereigneten, auf Karambolagen zurückzuführen sind.

Der Szenenwechsel von der Straße auf die Bahn hat also als Sicherheitsmaßnahme nur bedingt ›gegriffen‹. Nun war dieser negative Bumerang-Effekt natürlich von den Verantwortlichen nicht vorhersehbar. Es ist aber bedauerlich, daß zu keinem Zeitpunkt die einschneidenden Maßnahmen in ihren Auswirkungen kritisch überwacht wurden, um gegebenenfalls korrigiert zu werden.

Niki Lauda wird, wie immer man diese Epoche des Wandels auch beurteilt, als ihre Leitfigur in die Geschichte des Automobilsports eingehen.

Anders als viele seiner Kollegen tauchte Niki Lauda mehr oder weniger aus dem ›Nichts‹ auf, als er am 15. August 1971 in Zeltweg an seinem ersten WM-Lauf teilnahm.

1969 hatte er von sich Reden gemacht, als er auf der Nordschleife des Nürburgrings sein wohl bestes Rennen bestritt, das er je auf diesem Kurs fuhr. Am Steuer eines Formel Vau-Rennwagens nahm er an einem Lauf des Rahmenprogramms zum Großen Preis von Deutschland teil. Der Autor erinnert sich gut daran, wie er damals mit dem Gedanken, ›den Mann mußt du im Auge behalten‹, den Namen Lauda mit einem dicken Kreuz im Programmheft markierte.

1970 kam Lauda dann in die Schlagzeilen, als er – unterdessen zum F 3-Piloten gemausert – auf der belgischen Strecke von Zolder-Terlaemen, damals noch nicht GP-Kurs, in einen haarsträubenden Crash verwickelt wurde.

Schon ein Jahr darauf mischte er in der Formel 2-Europameisterschaft mit, ohne jedoch sonderlich glänzen zu können. Es war das Jahr, das im Endklassement Ronnie Peterson vor Carlos Reutemann und Dieter Quester sah, während Lauda, nach Punktgewinnen auf dem Nürburgring, in Jarama und Rouen, weit abgeschlagen auf Platz Zehn landete. Im selben Jahr fuhr er in Zeltweg seinen Heimat-Grand Prix, nachdem es ihm gelungen war, vom Hosenfabrikanten Levis und der Ersten Österreichischen Sparkasse die notwendigen Gelder zu bekommen. Nach gutem Start krebste er zwanzig Runden lang auf dem Ex-de Adamich-March 711/1 um den Kurs und mußte dann mit Motorschaden aufgeben. Es war ein undankbarer Einsatz, denn das Auto wurde nicht einmal den Ansprüchen eines Debütanten gerecht.

1972 bestritt er als March-Werksfahrer neben Vizeweltmeister Ronnie Peterson seine erste komplette F 1-Saison. Der March 721 erwies sich jedoch ebenso wie der 721 X und der 721 G als Flop. Während es Peterson immerhin noch gelang, zwölf WM-Punkte zu ergattern, ging der Österreicher leer aus. Ein siebter Platz in Kyalami war seine beste Plazierung. Die Tatsache, daß er das miserable Auto überraschend oft ins Ziel brachte, verschaffte ihm aber viel Anerkennung.

BRM-Chef Louis Stanley, damals graue Eminenz der Grand Prix-Szene, gab ihm für 1973 einen Vertrag in seinem dreiköpfigen Team. Jetzt war Lauda zumindest technisch soweit gerüstet, daß er sein unglaubliches Fahrtalent sogar oberflächlichen Beobachtern der Rennen offenbaren konnte.

Schnell schoß er sich auf dem sicherlich nicht leicht zu fahrenden BRM 160 E ein, und schon im fünften Lauf der Saison, dem Rennen in Monaco, fuhr er im Training schneller als die ›ranghöheren‹ BRM-Piloten Clay Regazzoni und Jean-Pierre Beltoise. Im Rennen hielt er einen sensationellen dritten Platz hinter Stewart und Fittipaldi dem Jüngeren, bis das Getriebe seines Wagens plötzlich den Dienst verweigerte.

Enzo Ferrari, der das Rennen daheim in Maranello am Fernsehschirm verfolgte, gab noch in derselben Woche Anweisung, den jungen Österreicher für 1974 in seine Scuderia zu holen.

Auch auf dem Nürburgring zeigte sich Lauda von seiner besten Seite. Im Training legte er phantastische 7:09,9 Minuten auf die Piste, eine Zeit, die nur 2,1 Sekunden langsamer war, als die von Pole-Mann Jackie Stewart. Im Rennen endete die beherzte Fahrt des ›kommenden‹ Piloten jedoch in der zweiten Runde im Streckenabschnitt Kesselchen, als ihn ein Reifenschaden von der Bahn warf.

Weil er sich bei diesem Ausritt ein Handgelenk brach, mußte er den österreichischen GP auslassen und kämpfte erst in Monza wieder um Punkte. Wieder stürzte Lauda, blieb diesmal jedoch unverletzt.

Die dritte Sternstunde, nach Monaco und dem Nürburgring, erlebte er am 23. September in Mosport. In der regennassen Eröffnungsphase des Rennens übernahm er die Spitze und fuhr seinen Konkurrenten auf und davon. Niemand konnte das Tempo des Österreichers halten. Erst als der Regen nachließ und Lauda beim fälligen Boxenstop anstelle der erwarteten Slicks Intermediates montiert bekam, übernahmen andere das Kommando. Er hielt sich aber immerhin auf dem vierten Platz, bis er wegen eines defekten Differentials die Waffen strecken mußte.

Mit zwei Punkten, die er für einen verdienten, aber auf wenig spektakuläre Art und Weise in Zolder herausgefahrenen fünften Platz kassiert hatte, beendete er seine zweite F 1-Saison.

Bei BRM einen verärgerten Louis Stanley zurücklassend, pfiff Lauda zum Jahresende auf den BRM-Vertrag und ging zu Ferrari.

Am Steuer eines der besten Rennwagen dieser Zeit hätte Lauda bereits in jenem Jahr 1974 Weltmeister werden können, wenn er über mehr Routine verfügt hätte.

Sechs Plazierungen in den Punkterängen, darunter zwei Siege, in Spanien und Holland, reichten jedoch für 38 Zähler und WM-Platz Vier aus. Neunmal (!) war er die schnellste Trainingszeit gefahren.

Nach dieser eindrucksvollen Generalprobe wurde Lauda 1975 erstmals Weltmeister. Einem mäßigen Start in die neue Saison ließ Lauda einen großartigen Zwischenspurt folgen, der ihm drei Siege hintereinander, einen zweiten Platz und einen weiteren Sieg brachte, damit war ›alles klar‹ für den Titelgewinn. Nur in Spanien, wo er mit Regazzoni kollidierte, und in England, wo ihm seine Boxencrew mit einem schlecht montierten Vorderrad einen zeitraubenden ›Streich‹ spielte, kam Lauda nicht in die Punkte. Mit fast 20 Punkten Rückstand erwies sich Titelverteidiger Fittipaldi, der neue ›Vize‹, nur als harmloser Gegner.

Mit neun pole-positions stellte Lauda im selben Jahr seine persönliche Trainingsbestleistung ein.

Als der Österreicher 1976, im Jahr der Titelverteidigung, bereits nach acht von sechzehn Läufen mit 52 Punkten die Tabelle anführte und damit genau doppelt soviele Punkte hatte wie seine ›Verfolger‹ Hunt und Depailler, die es auf je 26 Zähler brachten, zweifelte niemand an einer erfolgreichen Titelverteidigung.

Die zweite Saisonhälfte eröffnete er mit dem Protestsieg gegen James Hunt im Großen Preis von England, dann reiste die Grand Prix-Truppe zum letzten Mal in die Eifel, um auf der Nordschleife des Nürburgrings die Kräfte zu messen.

Im Verlauf der zweiten Runde verlor Lauda bei Kilometer 10.4 die Gewalt über seinen Ferrari und prallte in eine Böschung, von wo der Wagen, in Flammen aufgehend, zurück auf die Bahn geschleudert und von Brett Lungers Surtees gerammt wurde. 28 Sekunden benötigte der ONS-Sicherheitsstaffel-Wagen, um den Unglücksort zu erreichen, doch zu diesem Zeitpunkt lag der Verletzte bereits geborgen im Gras, denn Harald Ertl, Guy Edwards, Brett Lunger und allen voran Arturo Merzario hatten kurzentschlossen helfend eingegriffen.

Die Brandverletzungen, die Lauda davongetragen hatte, erwiesen sich glücklicherweise als nicht lebensgefährlich, doch drei Ereignisse ließen den Sturz für ihn lebensbedrohlich werden. Die Wucht des ersten Aufpralls riß dem Piloten den Helm vom Kopf, der Wagen fing Feuer und schließlich entwickelten sich giftige, ätzende Dämpfe, als die Verkleidung des Boliden in Flammen aufging. Diese Dämpfe griffen Laudas Atemwege derart an, daß er für Tage in kritischem Zustand auf der Intensivsation einer Spezialklinik behandelt werden mußte.

In der anschließenden Diskussion wurde interessanterweise kein Wort darüber verloren, wie wenig sinnvoll es ist, im Rennwagenbau Materialien zu verwenden, die den Fahrer im Extremfall derart bedrohen können. Der

Schuldige war vielmehr der ›Ring‹, der auch prompt auf dem Altar der Sicherheits-Extremisten geopfert wurde.

Sechs Wochen nach diesem schweren Unfall saß Lauda bereits wieder im Rennwagen und holte in Monza drei wichtige Punkte. Aber das Unglück mußte seelisch und körperlich ›weggesteckt‹ werden, und so schmolz der Punktevorsprung weiter dahin, bis er sich im Finalrennen in einen Ein-Punkte-Rückstand gegenüber James Hunt umwandelte.

Wieder genesen, holte Lauda sich 1977 die im Jahr der Titelverteidigung so knapp verpaßte zweite Weltmeisterschaft. Im selben Jahr endete die nunmehr vierjährige Zusammenarbeit mit Ferrari. Drei Stunden vor Trainingsbeginn zum vorletzten Lauf der Saison gab Lauda bekannt, daß er nicht mehr für Ferrari fahren wolle. Und was Lauda will, das tut er auch. Einen schimpfenden Enzo Ferrari zurücklassend, »Niki Lauda ist ein Judas, der sich für zehn Salamis verkauft hat«, wechselte er ins Parmalat-gesponserte Brabham-Team von Bernie Ecclestone. Mit der Kündigung wollte sich der Österreicher wohl für einige spitze Bemerkungen Enzo Ferraris im Anschluß an seine Fuji-Kapitulation in Japan rächen.

Mit der Zeit bei Ferrari war die Zeit des überlegenen Lauda, der drei Jahre lang der Maßstab für Tempo in der Formel 1 gewesen war, vorbei.

1978 brachte zwar noch einmal Platz Vier in der WM und 44 Punkte, doch verdankte er die beiden Siege in dieser Saison dem anschließend als illegal erkannten Brabham-Staubsauger und den Strafminuten Andrettis und Villeneuves in Monza.

1979 gab es dann ganze vier Punkte und so machte Niki Lauda der GP-Sport keinen Spaß mehr.

Am 28. September wurde der ›Instinktmensch‹ Lauda wieder einmal von sich selbst überrascht, als er nach Montreal zum kanadiachen WM-Lauf reiste und dort spürte, daß ihm das Leben vielleicht noch mehr bieten könnte als den Rennsport, dem er alles Erreichte zu verdanken hatte. Mit einer ebenso abfälligen wie werbewirksamen Bemerkung über die F 1-Szene schaffte er noch einmal den Sprung in die Schlagzeilen und wandte sich anschließend anderen Geschäften zu.

Zwei Jahre brauchte er, um zu erkennen, daß er andere Dinge doch nicht so gut beherrschte, wie das, wie er es ausdrückte, im Kreise lenken von Formel 1-Autos und der PS-Frührenter kehrte zu seinem Leisten zurück. Er hatte in den Jahren 1973 bis 1978 in diesem Sport zuviele Siege gefeiert, um durch diese ›Was-kümmert-mich-mein-Geschwätz-von-vorgestern-Mentalität‹ Schaden zu nehmen.

Am Steuer eines McLaren-Werkswagens bestritt er die Saison 1982 und fand schnell zu seiner alten Form zurück, wie Siege in Long Beach und Brands Hatch bewiesen. Auch wenn Keijo Rosberg zeigte, daß man 1982 mit einem ›Sauger‹ sogar noch einmal Weltmeister werden konnte, waren Laudas 30 Punkte und ein fünfter WM-Platz für den ›Heimkehrer‹ ein mehr als achtbares Ergebnis. Daß man den McLaren allerdings durchaus schneller bewegen konnte, zeigte John Watson, der neun Punkte mehr holte.

Die Saison 1983 schrieb Niki Lauda dann ab, um die Weichen für die Zukunft zu stellen. McLaren rüstete auf den TAG-Turbo-Motor um, ein von Porsche entwickeltes und betreutes Aggregat, von dem erwartet wurde, daß es schon 1984 für Siege gut sein sollte. Nach verständlichen Anpassungsschwierigkeiten zwischen Fahrgestell und Motor, kurvte Lauda im Finallauf der Saison, dem Großen Preis von Südafrika, schon wieder munter auf Platz Zwei herum, als wenige Runden vor Ablauf der Distanz die Elektrik des Autos kollabierte. Nach zweijähriger Anlaufzeit, erklärte Lauda den Gewinn seiner dritten Weltmeisterschaft zum Ziel seiner ›zweiten Karriere‹.

Caracciolas Erben

DEUTSCHE FORMEL 1-FAHRER,
DIE WM-PUNKTE GEWANNEN

Es ist ein interessantes Phänomen, daß uns in der Revue der 70er Jahre und der Gegenwart mit Jochen Mass nur ein einziger deutscher Fahrer, der einen Grand Prix für sich entscheiden konnte, begegnet ist.

Mass, der am 27. April 1975 den Großen Preis von Spanien auf dem malerischen Rundkurs von Montjuich gewann, ist einer der insgesamt nur acht Deutschen, die sich von 1950 bis heute WM-Punkte gutschreiben lassen konnten. Acht Fahrer nur in mehr als drei Jahrzehnten –

Wenn man berücksichtigt, daß die Bundesrepublik Deutschland eines der Länder mit der qualitativ und quantitativ größten Automobilproduktion der Welt ist, daß der Kraftwagen vor fast genau 100 Jahren in Deutschland ›das Licht der Welt erblickte‹ und daß sich mit dem einzigartigen – alten – Nürburgring in Deutschland die wohl großartigste Rennstrecke dieser Erde befindet, dann sind acht erfolgreiche Grand Prix-Piloten über den Verlauf mehrerer Epochen des Autosports wohl ein eher bescheidenes Aushängeschild.

Verantwortlich für diese – aus nationaler Sicht – wenig erfreuliche Tatsache kann natürlich nicht nur ein einziger Grund sein.

An erster Stelle steht sicherlich das mehr als zurückhaltende Interesse der großen Auto-Hersteller am Formel-Rennsport. Mercedes Benz war gerade eineinhalb, wenn auch überaus erfolgreiche Jahre, im Grand Prix-Sport aktiv. Das war 1954/55. Sechs Jahre gingen ins Land, bis sich mit Porsche eine weitere deutsche Marke engagierte. Doch die im Langstreckensport so erfolgreichen luftgekühlten Boliden schnitten nur mäßig ab. Drei zweite Plätze, durch den Amerikaner Dan Gurney in Frankreich, Italien und den USA herausgefahren, bildeten aber den Grundstein für den dritten Rang im Konstrukteurspokal 1961, den die Zuffenhausener hinter Ferrari und Lotus und immerhin vor Cooper und BRM belegten. Vielleicht waren die Erwartungen, gemessen an den Glanzvorstellungen von Mercedes, zu hoch gesteckt. Die Presse hielt sich jedenfalls mit Lob zurück und der mögliche nationale Boom blieb aus.

Im folgenden Jahr, 1962, tauchte Porsche mit einem neuen Modell auf. Der runde, abenteuerlich aussehende Vierzylinder vom Typ 718 wurde rechtzeitig zum ersten WM-Lauf der Saision, dem Großen Preis der Niederlande am 20. Mai, durch den neuen, flachen Achtzylinder Typ 804 ersetzt.

Huschke von Hanstein, Porsches Rennleiter, vertraute wie im Vorjahr auf die fahrerischen Qualitäten des Amerikaners Dan Gurney und des Schweden Joakim Bonnier. Hier hätte sich der Einsatz eines deutschen Fahrers natürlich angeboten, zumal mit Hans Herrmann ein überaus talentierter Mann bereitstand. Herrmann hatte am Steuer der Mercedes-Rennwagen seine Monoposto-Tauglichkeit nachhaltig unter Beweis gestellt und 1961 auf Porsche in der Eröffnungsphase des WM-Laufs auf dem ›Ring‹ eine geradezu meisterliche Leistung geboten.

Unverständlich also die Nichtberücksichtigung des schnellen Schwaben für das 62er Porsche-Werksteam, auch wenn man Verständnis dafür aufbringen muß, daß Porsche an den Absatz seiner Sportwagen in den USA dachte und nicht zuletzt deshalb an Dan Gurney festhielt.

Der Amerikaner rechtfertigte jedenfalls das in ihn gesetzte Vertrauen und holte durch einen Sieg im Grand Prix des ACF in Rouen den einzigen Porsche-Sieg.

Als Ende der Saison Bilanz gemacht wurde, war Gurney mit 15 Punkten WM-Fünfter, der Schwede Bonnier mit mageren drei Punkten WM-Vierzehnter und Porsche belegte im Konstrukteurspokal Rang Fünf.

Trend im Vergleich zu 1961: Negativ. Überstürztes Fazit: Rückzug vom Grand Prix-Sport.

Es gibt nicht wenige Experten, die bis heute die Meinung vertreten, Porsche sei mit seiner Konstruktion durchaus auf dem richtigen Weg gewesen und spätestens 1964/65 hätten sich Erfolge fast zwangsläufig einstellen müssen.

Aber zu diesem Zeitpunkt waren die 804er längst eingemottet und nur der orangefarbene 718 von Graf Carel Godin de Beaufort tauchte noch regelmäßig bei den Grand Prix auf.

Nach Porsches Rückzug gab es wieder eine lange Pause. Erst 1977, nach 15 langen Jahren, faßte sich der Bad Dürkheimer Felgenproduzent Günter Schmid ein Herz und kaufte die ›Erbmasse‹ des amerikanischen Penske Teams. Mit dem ATS-Penske gab es einen neuen deutschen Rennwagen. Von einem englischen Ford-Cosworth-Motor angetrieben, war der ATS, anders als Mercedes und Porsche, die eigene Motoren verwendeten, allerdings nicht ›reinrassig‹.

Es sollte bis zum Jahr 1983 dauern, bevor der Wagen rein deutsch wurde. Team-Chef Schmid war es gelungen, die Bayerischen Motorenwerke zu überreden, ATS mit dem heiß begehrten BMW-Turbo-Motor zu beliefern. Anders als Porsche verpflichtete ATS immer wieder deutsche Fahrer, doch weder Hans Stuck noch Jochen Mass oder der nur einmal eingesetzte Hans Heyer wurden auf den gelb-schwarzen Rennern so recht glücklich.

Neben der zurückhaltenden Einstellung deutscher Bewerber gibt es aber sicherlich weitere Gründe, mit denen sich die realtive Erfolglosigkeit deutscher Fahrer erklären lassen.

Da ist das Negativ-Image des Motorsports in Deutschland in den Jahren

197

nach 1955, für das im wesentlichen die Massenmedien verantwortlich zeichnen.

Was war passiert? Im Juni 1955 ereignete sich während des 24-Stunden-Rennens von Le Mans der folgenschwerste Unfall in der Geschichte des Automobilrennsports.

Als Resultat einer Verkettung mehrerer unglücklicher Umstände war der Werks-Mercedes des Franzosen Pierre Levegh von der Piste geraten und explodiert. Die umherfliegenden Trümmer des Silberpfeils erschlugen mehr als 80 Zuschauer – die Katastrophe war perfekt.

Nun muß man wissen, daß der Le Mans-Klassiker zu jener Zeit auf einem fast ungesicherten Straßenkurs ausgetragen wurde. Prompt entbrannte landauf, landab die berechtigte Diskussion, ob auf solchen, aus normalen Landstraßenstücken zusammengepuzzelten, Kursen weiterhin große Autorennen ausgetragen werden sollten. Allein in Deutschland und der verwandten Schweiz wurde das Problem nicht erkannt, und die Diskussion bekam unerwartet und unberechtigte Dimensionen. Es hieß plötzlich nicht mehr: Straßenkurse ja oder nein, sondern Autorennen ja oder nein – deutsche Gründlichkeit.

Der Große Preise auf dem Nürburgring, der für den 31. Juli terminiert war, wurde abgesagt.

Der deutsche WM-Lauf wurde zwar ab 1956 wieder – von 1960 abgesehen – regelmäßig ausgetragen, doch ›Le Mans 1955‹ hat man hierzulande dem Automobilrennsport nie richtig verziehen. Ein Beigeschmack des geradezu unsozial Rücksichtslosen haftet bei uns, von vielen Medien immer wieder aufgeköchelt, dem Rennsport an. Und wie zur Bestätigung finden Rennsport-Unfälle, ganz besonders in der Formel 1, meist wesentlich umfangreichere publizistische Berücksichtigung als der sportliche Alltag der Branche.

Ereignet sich im Verlauf einer der spärlichen Fernsehübertragungen nicht einmal der harmloseste Dreher, den man schamlos sofort als Beinah-Katastrophe verkaufen kann, dann wird zumindest an große Unglücksfälle erinnert, oder scheinheilig das große Glück gepriesen, daß ein Rennen ohne schweren Unfall über die Bühne gegangen ist.

Ein Beispiel für die merkwürdige Erwartungshaltung der Reporter bot das ZDF während der denkwürdigen Übertragung des japanischen WM-Laufs 1977. Als die angekündigten Unfälle ausblieben und sich beim Kommentator offensichtlich Langeweile breitmachte, entdeckte er die rote Heckleuchte am Lotus des führenden Amerikaners Mario Andretti: »Der Wagen brennt, der Wagen brennt!« rief er mit aufgeregter Stimme ins Mikrophon.

Als der Franco-Kanadier Gilles Villeneuve am 8. Mai 1982 tödlich verunglückte, versah die ›Süddeutsche Zeitung‹ ein Sturz-Foto des Kanadiers in ihrer Montagsausgabe mit der Bildzeile: ›Der Höhenflug des Gilles Villeneuve.‹ Eine solche Geschmacklosigkeit bedarf wohl keines weiteren Kommentars.

Daß es in einer solchen Atmosphäre der Rennfahrer schwer hat, liegt auf der Hand: Die zarten Pflänzchen deutscher Nachwuchstalente wurzeln in karger Erde. Im Humusboden, den ihre Kollegen in Frankreich, Italien oder Großbritannien vorfinden, würden sie sicherlich in vergleichbar großer Zahl gedeihen.

Vor diesen Hintergründen muß man die Erfolge von Jochen Mass, Wolfgang Graf Berghe von Trips, Rolf Stommelen, Hans Herrmann, Hans Stuck, Manfred Winkelhock und Gerhard Mitter sehen. Hermann Lang, Europameister von 1939, der sich 1953 für einen fünften Rang im Großen Preis der Schweiz ebenfalls WM-Punkte gutschreiben lassen konnte, hatte noch nicht unter dem Le Mans-Syndrom zu leiden.

Jochen Mass haben wir als Grand Prix-Sieger der Jahre nach 1972 bereits kennengelernt.

Wolfgang Graf Berghe von Trips ist der erfolgreichste deutsche Formel 1-Fahrer seit Einführung der Fahrer-WM durch die FIA im Jahr 1950. Die große Chance schien für den damals gerade 33jährigen Grafen im Jahr 1961 gekommen zu sein. Die Sportbehörde des Automobil-Weltverbandes, die CSI (heute FISA), hatte für die Saison 1961 einschneidende Änderungen im Formel 1-Reglement gegen den Widerstand der britischen Teams durchsetzen können: Der maximale Hubraum wurde von 2,5 Litern auf 1,5 Liter reduziert. Die Scuderia Ferrari hatte als einziger Bewerber die Weichen rechtzeitig gestellt. Die Briten glaubten bis zuletzt an eine Verlängerung der alten Formel, der Neuling Porsche ging in die geplante Lehr-Saison.

Nutznießer dieser Situation waren natürlich die Piloten mit Ferrari-Verträgen in der Tasche: Die US-Amerikaner Phil Hill und Richie Ginther sowie der Deutsche Graf Berghe von Trips. Sporadisch wurden vier Autos eingesetzt, in Monza 1961 waren es sogar fünf! Mit der überlegenen Kraft der Sechszylinder aus Modena im Kreuz, spielten die Ferrari-Werksfahrer mit der auf Vierzylinder der Hersteller Climax, Porsche und BRM angewiesenen Konkurrenz Katz und Maus.

Zwar bestätigten Ausnahmen die Regel: Auf den fahrerisch anspruchsvollsten Kursen der Saison, dem monegassischen Innenstadt-Circuit und dem Nürburgring, gab Stirling Moss eindrucksvolle Demonstrationen seines Könnens. Er machte die fehlenden PS mehr als wett und zeigte den roten Wagen mit dem Markenzeichen des springenden Pferdes die Auspuffrohre. Doch in Zandvoort, Spa, Reims und Aintree stand auch ein Moss auf verlorenem Posten.

Graf Trips hatte sich die Siege in Zandvoort und Aintree gesichert, Phil Hill siegte in Spa und Giancarlo Baghetti – in seinem allerersten Grand Prix – in Reims. Die Entscheidung im Kampf um den WM-Titel zwischen den Kopf an Kopf an der Spitze des Zwischenklassements liegenden Fahrern

Trips (33 Punkte) und Hill (29 Punkte) mußte in den beiden letzten Rennen fallen. Noch standen Monza und Watkins Glen auf dem Programm.

Die Entscheidung fiel in Monza. Graf Trips war als Trainingsschnellster schlecht vom Start weggekommen. Im Bemühen, die enteilte Spitze einzuholen, unterlief dem Rheinländer ein verhängnisvoller Fehler. Kurz vor seinem Anbremspunkt vor der Parabolica hatte er den Lotus-Nachwuchsfahrer Jim Clark überholt. Unmittelbar darauf kam es zur Kollision der beiden Wagen.

Die Theorie, Graf Trips habe im Eifer des Gefechts nicht berücksichtigt, daß Clark auf seinem extrem leichten Lotus einen entschieden kürzeren Bremsweg als der Ferrari brauchte, gilt bis heute als die wahrscheinlichste Unfallursache. Trips wähnte sich vom Gegner losgelöst – und lenkte sein Auto gegen den Clark'schen Lotus, der in der Bremszone den kurz zuvor verlorenen Boden sofort wieder hatte gut machen können.

Während Clark seinem Wagen unverletzt entsteigen konnte, wurde Trips aus seinem Ferrari geschleudert und verstarb in der Minute des Unfalls. Der Traum vom deutschen Weltmeister war ausgeträumt und der Motorsport verlor eine seiner profiliertesten Persönlichkeiten.

In Deutschland hinterließ der rheinische Graf darüber hinaus auf sportlichem Gebiet eine Lücke, die keiner der Nachwuchsfahrer zu schließen vermochte.

Gerhard Mitter begeisterte zwar zwei Jahre später das einheimische Publikum, als er am Steuer eines betagten Vierzylinder-Porsche des Holländers de Beaufort auf dem ›Ring‹ völlig überraschend den vierten Rang belegte, doch der ›neue Trips‹, auf den alles wartete, war er nicht.

Die Hoffnungen der Fans keimten erst 1970 wieder auf, als Jack Brabham einen deutschen Fahrer in sein Team holen wollte. Den Drive, den Ford Deutschland und eine große Auto-Zeitschrift möglich machten, sollte ursprünglich Gerhard Mitter bekommen, doch Mitter verunglückte auf einem Formel 2-BMW tödlich.

Man einigte sich auf Rolf Stommelen als Fahrer bei Brabham. Der Kölner brachte es in seiner Debütanten-Saison auf beachtliche zehn WM-Punkte, und als Drittplazierter in Zeltweg durfte er sogar aufs Treppchen. Die Presse maß immer noch am Spitzenfahrer Trips und so fanden Stommelens Leistungen leider nicht die angemessene Würdigung.

Nach Brabhams Rücktritt vom aktiven Sport wechselte Stommelen 1971 zu Surtees. Der Deutsche fuhr zwar in einer verregneten Moncao-Trainingssitzung überraschend Bestzeit, doch unterm Strich blieben zu Saisonende ganze drei WM-Zähler. Was damals noch wie ein vorübergehendes Tief der F1-Karriere Stommelens wirken mußte, war in Wirklichkeit der Anfang vom Ende seiner Formel-Träume. In den kommenen Jahren kam ein einziges WM-Pünktchen für einen sechsten Platz im deutschen Grand Prix 1976 hinzu.

Ende 1978 zog sich der Kölner vom Grand Prix-Sport zurück und widmete sich mit Vorrang dem Langstreckensport und der Deutschen Rennsportmeisterschaft. Bereiche des Motorsports, in denen er große Erfolge feiern durfte.

Wie Trips und Mitter starb auch Rolf Stommelen den Rennfahrer-Tod, als er im April 1983 als Gastfahrer im Team von John Fitzpatrick auf einem Moby Dick-Porsche 935 im US-amerikanischen Riverside einen IMSA-Lauf bestritt.

In den 70er Jahren waren neben Stommelen, mit Jochen Mass und Hans Stuck jr., zwei weitere deutsche Fahrer im GP-Sport aktiv. Aber auch diese beiden Piloten konnten trotz – zumindest phasenweise – besten Materials nie im Kampf um den Weltmeistertitel mitreden.

Stuck zeigte sich letztlich nicht aufmerksam bzw. glücklich genug, um im allwinterlichen Transfer-Karussell ins richtige Team aufzuspringen. Man stelle sich nur vor, der lange Grainauer hätte das Angebot von Frank Williams angenommen, für 1979 dem Saudia Team beizutreten... Der Formel 1-Zirkus besaß in Stuck übrigens einen der besten Regenfahrer.

Mass verlor für immer den Anschluß in der Formel 1 nach seinem Highspeed-crash in Le Castellet 1982, als der Italiener Baldi bei 280 km/h eingangs der Courbe des Signes beinahe eine Katastrophe auslöste. Mass knackste sich einen Wirbel an, mußte pausieren und war ›out of money‹, nachdem die neuen Verträge für 1983 ausgehandelt waren.

Bereits vor Trips, Mitter, Stommelen, Stuck und Mass hatten mit Hermann Lang, dem Europameister von 1939, und Hans Herrmann zwei weitere Deutsche Punkte kassiert. Lang, der insgesamt nur zwei WM-Läufe bestritt, belegte 1953 in der Schweiz Platz fünf, was ihm zwei Zähler einbrachte. Diese Leistung Hermännles, der ja eigentlich ein ›Vorkriegsfahrer‹ war, wurde, ebenso wie sein Le Mans-Sieg 1952, nie so recht anerkannt. 1954 stand Lang sogar ernsthaft für Neubauers neues Mercedes-Grand Prix-Team zur Disposition, auf dem ›Ring‹ wurde er tatsächlich eingesetzt, doch mußte er letztlich Hans Herrmann, dem Nachwuchsmann, weichen.

Hans Herrmann schien eine große F 1-Karriere beschieden. In nur fünf Rennen holte er 1954 acht Punkte. Die Karriere entwickelte sich geradlinig nach oben, als Herrmann 1955 im Moncao-Training schwer verunglückte, weil in der Casino-Kurve die Bremsen blockierten. Die Saison war für Herrmann vorbei, bevor sie richtig begonnen hatte. Als der Schwabe seine Verletzungen auskuriert hatte, war der Mercedes-Rennstall bereits aufgelöst. Es folgten nur noch sporadische Einsätze auf Maserati, Cooper, BRM und Porsche. Wie Stommelen widmete sich Herrmann im Anschluß an seine Formel 1-Zeit anderen Rennwagen-Kategorien, und wie der Kölner erzielte Herrmann im Langstreckensport große Erfolge.

Chronologisch letzter und damit achter deutscher WM-Punkte-Gewinner ist Manfred Winkelhock, Schwabe wie Lang und Herrmann. Als BMW-

Junior machte der Mann aus Berglen-Steinach bei Stuttgart erstmals ›auf großer Bühne‹ von sich reden.

Als er 1980, während des Eifelrennens auf dem Nürburgring, eine erregende Flugeinlage zeigte, kannten ihn von einem Tag zum anderen alle Zuschauer der Fernseh-Sportsendungen. Winkelhocks Horrornummer wurde nämlich von den Fernsehkameras festgehalten und die zahlreichen Zeitlupenwiederholungen strafen all' diejenigen Lügen, die in Formel-Autos zerbrechliche und gefährliche Wagen sehen. Der siebenfache Salto öffnete dem Wagen zwar die Tore zum Schrottplatz, doch der Fahrer blieb unverletzt. Der kleine Kratzer am Arm hatte vor diesem Hintergrund die Bezeichnung ›Verletzung‹ nicht verdient.

Ein erster Versuch, Formel 1-Luft zu schnuppern, scheiterte im September 1980 in Imola an der Qualifikationshürde. Doch 1982 gingen Winkelhocks Wünsche in Erfüllung. Als Dritter der drei BMW-Junioren bekam er – nach Eddie Cheever und Mark Surer – einen Formel 1-Vertrag. Mittlerweile 29jährig, bildete er gemeinsam mit dem Chilenen Salazar das Team des Bad Dürkheimer Felgenfabrikanten Schmid.

In seiner ersten Saison war der ATS-Pilot zwar noch einer der Underdogs im Grand Prix-Zirkus, und in Montreal, Brands Hatch und Monza reichte es nicht einmal zur Qualifikation, doch Meister fallen in diesem Metier selten vom Himmel.

Im brasilianischen Jacaparagua sprangen – dank der Disqualifikation von Piquet und Rosberg – ein fünfter Rang und damit zwei WM-Punkte heraus.

Bereits in seinem zweiten Formel 1-Jahr 1983 begann der Schwabe, sich zu etablieren. Das kam natürlich nicht von ungefähr, und im wesentlichen waren es drei Gründe, die für den Aufwärtstrend der Winkelhock'schen Leistungskurve verantwortlich waren.

Zum einen konnte Winkelhock jetzt auf ein Jahr Formel 1-Erfahrung zurückblicken. Der gelernte Kfz-Mechaniker hatte nämlich als Formel-Pilot viel nachzuholen. Anders als die meisten seiner Konkurrenten, die den geradlinigen Monoposto-Weg: Kart – Formel-Ford (o. ä.) – Formel 3, dann – eventuell über den F 2-Umweg – Formel 1, gingen, brachte Winkelhock nur eine realtiv geringe Formel 2-Erfahrung mit, als er in die ›Königsklasse‹ aufstieg.

Die ersten Jahre seiner Karriere waren vielmehr von Einsätzen in hochkarätigen Tourenwagen gekennzeichnet. Die Anforderungen, die an einen Fahrer gestellt werden, sind recht unterschiedlich, wenn man geschlossene Wagen mit verkleideten Rädern mit Formel-Wagen vergleicht.

Zum anderen war es für Winkelhock wichtig, daß Team-Chef Günter Schmid sein ATS-Team für die 83er-Saison von einem Zwei-Wagen-Team auf ein Ein-Wagen-Team umstellte. Der ›Leidtragende‹ war Elio Salazar, der ›Schrecken von Hockenheim‹.

Der Südamerikaner hatte seiner Karriere während des Großen Preises von Deutschland auf dem Hockenheimring einen unrühmlichen i-Punkt aufgesetzt.

Was war geschehen? Die halbe Distanz des Rennens war fast zurückgelegt und der führende Nelson Piquet erwartete mit jeder Runde das Boxensignal zum Tank- und Reifenwechselstop. In der Bremszone vor der neuen Ostkurven-Schikane lief der Titelverteidiger auf Salazar auf und leitete sofort und unmißverständlich das Überrundungsmanöver ein. Salazar, zu diesem Zeitpunkt hoffnungslos auf Rang Dreizehn zurückliegend, spielte jedoch zur Überraschung Piquets und der Zuschauer nicht mit. Er lenkte seinen gelben Wagen unbekümmert in den Brabham des Weltmeisters. Das ›Aus‹ für beide Piloten war die zwangsläufige Folge dieses Blindflug-Manövers. Daß der enttäuschte Brasilianer anschließend auf Salazar ›losging‹, ihm einen Faustschlag gegen den Vollvisierhelm verpaßte (der den kleinen Nelson sicherlich nicht mehr schmerzte, als den rücksichtslosen Chilenen) und gar zweimal in Richtung Salazar trat, war die ebenso verständliche wie unsportliche Folge.

Nun, dieser Salazar wurde zu Saison-Ende von Schmid vor die Tür gesetzt und Winkelhock genoß von da an die alleinige Aufmerksamkeit des Teams, ein Vorteil, den sich so manch ›Großer‹ der Branche wünscht.

Schließlich war es ein neuer Motor, der Winkelhock 1983 soviel besser aussehen ließ, als im Jahr davor. Anstelle des 3-Liter-Cosworth-Oldies zündete jetzt ein BMW-Turbo im Heck des ATS. So sicherte er sich während der Trainingszeiten einen ›Stammplatz‹ unter den ersten zehn Fahrern. Wenn es trotzdem nicht zu einem einzigen Punktgewinn langte, lag dies an einer endlosen, frustrierenden Ausfallserie aufgrund technischer Unzuverlässigkeit des Wagens.

Das waren sie also, die acht deutschen Punktesammler in der Geschichte der Fahrerweltmeisterschaft. Der Neunte scharrt bereits ungeduldig in den Startlöchern – Stefan Bellof aus Gießen ...

Bereits während der Drucklegung dieses Buches erfüllt er die in ihn gesetzten Erwartungen eindrucksvoll.

Wem gehört die Zukunft?

FAHRER AN DER SCHWELLE ZUM ERSTEN GP-SIEG

Die Sieger von heute sind vielleicht auch die Sieger von morgen, sicherlich aber nicht mehr die Sieger von übermorgen.

Die Anforderungen an die Aktiven im Hochleistungssport sind heute so groß, daß man seine Karriere nicht mehr beliebig lange fortsetzen kann.

So gehören denn auch die ältesten Grand Prix-Fahrer, die noch für einen Sieg in einem Weltmeisterschaftslauf gut waren, grundsätzlich früheren Epochen an. Der Italiener Luigi Fagioli war 53 Jahre alt, als er 1951 – gemeinsam mit Fangio – den ersten Platz im Großen Preis des ACF in Reims belegte. Er ist damit der älteste GP-Sieger überhaupt, und es gehört wohl nicht sonderlich viel Wagemut dazu, die Behauptung aufzustellen, daß ihm diesen Ehrenplatz wohl niemand streitig machen wird.

Farina, der Weltmeister des Jahres 1950, schaffte es letztmalig mit 47 Jahren die volle Punktzahl einzustreichen. Auf den Plätzen dieser ›ewigen Rangliste‹ folgen Fangio mit 46, Taruffi mit 46 und Brabham mit 44 Jahren.

Unter den heute aktiven Fahrern ist der Franzose Jacques Laffite in der Rolle des Methusalem: als er 1981 in Montreal das komplette Feld hinter sich ließ, zählte er immerhin schon 38 Lenze.

Naturbedingt ist es also auch im Grand Prix-Sport ein Kommen und Gehen, und die Stars von morgen warten bereits ungeduldig auf ihre Chance.

Als ›Sieger von morgen‹ bieten sich natürlich zunächst diejenigen Piloten an, die den Sprung in ein Werksteam der Formel 1 bereits geschafft haben, auf ihren ersten Sieg aber bisher vergeblich warten mußten.

Aus diesem ganz besonders motivierten und damit ›hungrigem‹ Kreis sticht eine Handvoll Piloten heraus.

Da ist zum Beispiel der am 10. Januar 1958 geborene Eddie Cheever. Ohne Abstriche ist er ein Fahrer, der das Zeug zum ›Sieger‹ hat. In den offiziellen Starterlisten wird der Ex-Vegetarier als Amerikaner geführt, eine sicherlich korrekte Angabe. Von Hause aus ist Cheever eigentlich Europäer, denn er verbrachte seine Kindheit und Jugend in Rom. Bis heute verlief seine Karriere allerdings so erfolgreich, daß er glaubte, seinen Wohnsitz nach Monte Carlo verlegen zu müssen. Mit Sicherheit ein Indiz, das keine Rückschlüsse auf Unterbezahlung zuläßt. Als er 1976 19jährig im F 2-Team von Ron Dennis, dem heutigen McLaren-Teamchef, seine erste Formel 2-Europameisterschafts-Saison bestritt, holte er gleich dreimal Punkte und belegte im Schlußklassement Rang Neun. Unter seinen direkten Gegnern waren damals immerhin Leute wie Jabouille, Arnoux und Tambay.

Ein Jahr darauf – den March-Hart hatte ein Ralt-BMW abgelöst – empfahl er sich als F 2-Vizeeuropameister erstmals nachhaltig für die Formel 1. Daß er dabei seine beiden Saison-Siege auf der Nordschleife des Nürburgrings und auf dem äußerst ›haarigen‹ Circuit von Rouen-Les Essarts holte, waren die Bonbons dieser gelungenen Saison.

Im selben Jahr wurde er auch – nicht nur wegen des Ring-Sieges beim Eifelrennen – dem deutschen Rennpublikum bekannt. BMW-Rennleiter Jochen Neerpasch holte den ›Großen Blonden mit dem Bleifuß‹ nämlich in sein Junioren-Team. Eddie Cheever, Manfred Winkelhock und Mark Surer belebten als BWM-Nachwuchsteam eindrucksvoll die Szenerie der Deutschen Rennsportmeisterschaft.

1978, Kyalama, kam dann die Feuertaufe in die Formel 1. Doch dieses Rennen, am Steuer eines Hesketh-Ford, blieb vorerst eine Eintagsfliege. Die erste komplette Saison fuhr Cheever erst 1980. Sein damaliger F 2-Teamchef hatte sich der Formel 1 zugewandt und ›seinen‹ Fahrer gleich für das neue Projekt verpflichtet. Schnell zeigte sich, daß Cheever zu gut für den eher zweitklassigen Osella war. Der Amerikaner aus Rom begann sich hochzuarbeiten. 1981 startete er für Ken Tyrrell und fuhr sich mit den gezeigten Leistungen (fünfmal in den Punkterängen) auf die Wunschliste Guy Ligiers.

Ligier, der in den Jahren 1966/67 selbst ein Dutzend WM-Läufe gefahren war und sich 1967 auf dem ›Ring‹ sogar ein WM-Pünktchen holte, engagierte Cheever als Sekundanten für seinen Stammfahrer Jacques Laffite.

Cheever enttäuschte seinen neuen Arbeitgeber nicht und stand 1982 gleich dreimal auf dem Treppchen: Zweiter in Detroit und Dritter in Zolder und Las Vegas. Den beachtlichen Erfolgen zum Trotz – das Wort Markentreue scheint in Cheevers Vokabular nicht zu existieren – verließ er Ende 1982 das Team von ›Yogi‹ Ligier und schloß sich Renault an. Schon ein Jahr später saß er in einem Alfa-Cockpit.

Bei dieser geradlinigen Entwicklung, die Cheever von Jahr zu Jahr bessere Rennwagen brachte, bis er in Autos der absoluten Spitze saß, scheint der erste Grand Prix-Sieg nur eine Frage der Zeit zu sein.

Ein Fahrer, dessen Karriere ähnlich verlaufen könnte, ist der Italiener Corrado Fabi. Als Formel 2-Europameister des Jahres 1982, ein Titel, der Cheever letztlich versagt blieb, braucht Fabi eigentlich niemand mehr zu beweisen, daß er schnell Autofahren kann und taktisches Talent besitzt. Aber die Plätze in Top-Teams der Formel 1 sind rar und Teos kleinem Bruder bleibt kein anderer Weg, als die ›Knochenmühle‹ am Steuer bedingt konkurrenzfähiger Wagen. Am Steuer des Osella, den Fabi in seinem Debütantenjahr pilotierte, reichte es noch nicht zum Sieg, aber ich bin sicher, der Tag wird kommen, an dem sich auch die großen Teams um den kleinen Fabi reißen werden.

Die Sorgen Fabis braucht Andrea de Cesaris, ein weiterer potentieller Grand Prix-Sieger, nicht zu teilen. Bedingt durch beste Sponsor-

Verbindungen bestritt der am 31. Mai 1959 geborene Römer bisher alle GP-Einsätze auf hochkarätigen Wagen: Alfa Romeo, McLaren und Ligier. Was sich wie ein uneingeschränkter Vorteil liest, birgt bei Licht betrachtet auch Nachteile in sich. Der Nachwuchsmann wurde beginnend mit dem ersten F 1-Einsatz an seinem Wagenmaterial gemessen. Ausreden wurden nicht akzeptiert. Da hieß es nüchtern: ›Hic Rhodos – hic salta. – Jetzt zeig' mal, was du kannst.‹ Eine verständliche Nervosität des Novizen war die Folge.

Diese Nervosität, gekoppelt mit der Tatsache, seine geringe Erfahrung nur während der Grand Prix-Wochenenden ausbauen zu können – de Cesaris war von den Testfahrten bei McLaren ausgeklammert – hatte fatale Folgen: Der Römer fuhr Auto um Auto in die Botanik und hatte schnell den Ruf des Crash-Königs der Branche weg. Das durch die zahlreichen Ausritte verdorbene Image verbarg vielen Außenstehenden das Talent des nervösen jungen Mannes, und so kam es der breiten Öffentlichkeit einer Sensation gleich, als Andrea de Cesaris am 4. April 1982 mit seinem Alfa Romeo in Long Beach auf der pole-position stand und das Rennen 14 Runden lang anführte.

Zwar dauerte es bis zum Pfingstsonntag des folgenden Jahres, bis ihm – diesmal im belgischen Spa – dieses Kunststück, einen GP anzuführen, noch einmal gelang, doch seitdem ist es ein offenes Geheimnis, daß dieser Mann über kurz oder lang seinen ersten WM-Sieg feiern wird.

Und was die zahlreichen Stürze betrifft – Ronnie Peterson und Clay Regazzoni, um nur zwei Spitzenleute zu nennen, hatten auch ihre Phasen, in denen sie ihren Mechanikern den Nachtschlaf abgewöhnten.

Ganz anders liegt der Fall des Jean-Pierre Jarier, der ebenfalls als potentieller Grand Prix-Sieger genannt werden muß. Ganz anders deshalb, weil Jarier nun wirklich alles andere als ein Nachwuchsfahrer ist. Mit über 130 gefahrenen WM-Läufen gehört der 1946 geborene Franzose zu den erfahrendsten Piloten der WM-Geschichte – von den aktiven Piloten hat nur Niki Lauda noch mehr WM-Läufe als er bestritten. Doch dieser Jarier verstand es – ähnlich wie sein Vorgänger auf dem Pechvogel-Thron, Chris Amon in den 60er und 70er Jahren – stets im rechten Augenblick im falschen Wagen zu sitzen.

Nur in den Jahren 1975, am Steuer des Shadow 5/1A, und 1978, für zwei Rennen als Peterson-Ersatz in Chapmans Lotus-Team, hätte es auch vom Auto her klappen können, doch mehr, als gute 450 Kilometer ›in the lead‹ waren für den F 2-Europameister des Jahres 1973 nicht drin.

Anders als den jungen drängenden Talenten, gehört ihm sicherlich nicht die Zukunft, niemand aber sollte erstaunt sein, wenn er eines Tages einmal als Erster abgewinkt wird. Verdient hätte er diesen Sieg schon lange. Hierzu braucht er allerdings noch einmal das Vertrauen eines potenten Teams.

Auch den Schweden Stefan Johansson und den Belgier Thierry Boutsen sollte man auf der Suche nach den Siegern von Morgen nicht aus den Augen lassen. Im Falle eines Erfolges würde Johansson in die Fußstapfen seiner

Landsleute Joakim Bonnier, Ronnie Peterson und Gunnar Nielsson treten. Ja, Schweden mit seinen gut acht Millionen Einwohnern – allein Nordrhein-Westfalen bringt es auf das Doppelte – steht mit drei Grand Prix-Siegern in den Statistiken!

Thierry Boutsen, der sich bereits in seiner Formel 2-Zeit mit zwei Siegen auf dem Nürburgring für ›Höheres‹ empfahl, ist Entdeckung und Schützling des früheren Formel 1-Spitzenfahrers und ›Königs von Le Mans‹, Jacky Ickx. Daß Ickx mit seiner reichen Erfahrung wohl kaum auf das ›falsche Pferd‹ gesetzt hat, wurde schon während der ersten Formel 1-Auftritte Boutsens klar.

Wie selbstverständlich drehte der Belgier seine Runden in Training und Rennen, und es gab kein Vorkommnis, das ihn als rookie hätte erkennen lassen. Bereits in seinem zweiten und dritten WM-Lauf verpaßte er – jeweils als Siebter abgewinkt – erste Punkte nur denkbar knapp.

Daß mit dem Gießener Stefan Bellof auch ein deutscher Fahrer diesem Kreis angehört, ist aus nationaler Sicht natürlich erfreulich. In- und ausländische Experten sind sich darüber hinaus einig, daß Bellof sicherlich nicht der chancenärmste dieses Kreises ist. Deshalb, und weil es sich eben um einen deutschen Fahrer handelt, möchte ich Bellofs Karriere hier etwas mehr Raum widmen.

Der Gießener galt 1981 als die große Entdeckung des deutschen Automobilrennsports. Dabei hatte es für den frisch aus dem Kart-Sport aufgestiegenen jungen Mann zum angestrebten Titel – der Deutschen Formel 3-Meisterschaft – nicht einmal gereicht. ›Nur‹ ein dritter Rang sprang für ihn in der Endabrechnung heraus. Nicht das Resultat, sondern sein überzeugender Fahrstil hatten ihn als Topfahrer verraten.

Obwohl jeder wußte, daß Bellof seinen Weg gehen würde, sah es im Herbst 1981 düster für den Gießener aus. Denn bei allem Talent: In Deutschland die notwendigen Sponsoren für einen Rennfahrer aufzutreiben, ist ein Problem, von dem sogar so manch' nationaler Star ein Lied singen kann.

Die ›Rettung‹ kam für Stefan Bellof in der Gestalt Willi Maurers. Bellof dankte die Notaufnahme im Team der schwarzen Wagen mit überzeugenden Vorstellungen.

Gleich die beiden ersten F 2-EM-Läufe 1982, in Silverstone und Hockenheim, gingen an den neuen Mann. Leider fehlte in den nächsten Rennen das notwendige Quentchen Glück zum Sieg, aber zu diesem Zeitpunkt brauchte der Gießener niemand mehr von seinem Ausnahmetalent zu überzeugen.

Die F 2-Schlußtabelle nach 13 Wertungsläufen sah Corrado Fabi als Europameister und Bellof als enttäuschten aber etablierten Vierten.

Auch seine zweite Formel 2-Saison, 1983, brachte Bellof den Titel nicht. Doch wer den Maurer-Pilot auf dem Nürburgring sah, als er während des Eifelrennens bereits im Verlauf der ersten (für ihn einzigen) Runde die gesamte Konkurrenz aus den Augen verlor, weiß, daß dieser Mann noch besser geworden ist.

Zwischenzeitlich war auch Porsche auf den Gießener aufmerksam geworden und hatte ihn für sein Langstreckenteam verpflichtet. Als junger Sprinter harmonierte er zur vollsten Zufriedenheit seiner Arbeitgeber mit den ›alten‹ Stamm-Routiniers vom Schlage eines Jacky Ickx, Jochen Mass oder Derek Bell. Seine Unterschrift im Formel-1-Team des großen Talent-förderers Ken Tyrrell Anfang 1984 war der nächste logische Schritt in der vielversprechenden Karriere des Gießeners.

Bellof ist mit Sicherheit das größte deutsche Rennsport-Talent seit Hans-Georg Bürger, der bereits an der Schwelle zur Formel 1 stand, als er sich 1980 in der Scheivlak-Bocht des Circuits von Zandvoort bei einem Sturz tödliche Verletzungen zuzog.

Aber nicht nur in den F 1-Fahrerlagern trifft man Piloten, die das Establishment von heute einmal ablösen könnten. So ist aus der Formel 2 mit Mike Thackwell, Philippe Streiff, Roberto Moreno, Didier Theys, Michel Ferté und Thierry Tassin auf Anhieb ein halbes Dutzend Fahrer zu nennen, die – eine geradlinige Fortsetzung ihrer Karriere vorausgesetzt – auch in der Grand Prix-Klasse ihren Mann stehen werden.

Auch die Formel 2 ist noch nicht die Endstation auf der Suche nach den Nachfolgern der Piquets, Laudas, Watsons und Rosbergs. Denn die Formel 3, seit Jahren ein Markenzeichen für qualitativ hochwertigen Automobilrennsport, hat rückblickend derart viele echte Top-Piloten hervorgebracht, daß man an dieser Klasse nicht vorbei kann.

Die Formel 3-Europameister der letzten Jahre hier aufzuzählen, klingt manchem vielleicht wie ein Ausschnitt aus einer Grand Prix-Startaufstellung. 1976 war es Riccardo Patrese, 1977 Piercarlo Ghinzani, dann war der Niederländer Jan Lammers, von seinen Landsleuten liebevoll ›Lammertje‹ genannt, an der Reihe. 1979 hieß der Meister Alain Prost, der wiederum von Michele Alboreto abgelöst wurde. Es folgten Mauro Baldi, Oscar ›Poppi‹ Larrauri und Pierluigi Martini in den Jahren 1981 bis 1983.

Man sieht, die Formel 3 ist eine echte Sprungbrett-Formel, die ihre Meister ohne große Umwege in höhere Kategorien des Autorennsports katapultiert. Der Alltag dieser Formel ist ganz einfach zu hart, zu umkämpft, zu professionell, als daß sich dort ein Fahrer als Meister behaupten könnte, der nicht ›mit allen Wassern gewaschen‹ ist.

Neben der F 3-Europameisterschaft findet alljährlich auch die britische F 3-Meisterschaft sowie der Grand Prix von Monte Carlo, der samstägliche Formel 3-Lauf im Rahmenprogramm des monegassischen F 1-Weltmeisterschaftslaufs, große Beachtung bei den Talentsuchern der Formel 1-Teams.

Auf der britischen Insel setzten sich immerhin Männer wie Tommy Byrne, der ja seine ersten Grand Prix-Einsätze bereits hinter sich hat, Ayrton Senna, da Silva und Martin Brundle durch. Senna, der brasilianische Wunderknabe, in dem viele eine Kombination aus Emerson Fittipaldi und Nelson Piquet sehen, hatte jedenfalls nicht vor, in der Formel 3 zu vergreisen und unterschrieb im Frühjahr 1984 bei Toleman seinen ersten Formel-1-Vertrag, und auch Martin Brundle fand zur gleichen Zeit Unterschlupf in der höchsten Automobilsport-Klasse.

In Monaco, wo ein Formel-3-Sieg auf dem winklingen Stadtkurs mehr Anerkennung findet als so mancher Meisterschaftsgewinn, spielten sich in den beiden Jahren 1982 und 1983 sensationelle Dinge ab.

Zum besseren Verständnis muß zuerst jedoch noch einmal ein kurzer Schwenk auf die 81er Auflage dieses Formel 3-Rennens gemacht werden. Damals gewann der Franzose Alain Ferté. Das war schön für Ferté und schön für die zahlreichen französischen Zuschauer – man würde den jungen Mann im Auge behalten.

Die Sensation war perfekt, als Alain Ferté das Rennen auch im folgenden Jahr gewinnen konnte, diesmal nachdem er in einem Kamikaze-Manöver am Rande der Legalität seinen Team-Gefährten Alliot vor der Fassade des Nobel-Hotels ›Loews‹ austrickste.

Das hatte es noch nicht gegeben, daß ein Pilot gleich zweimal – und das auch noch in aufeinanderfolgenden Jahren – das Monaco-Nachwuchs-Rennen gewinnen konnte.

Doch auch mit diesem Triumph begnügte man sich bei den Fertés noch nicht. 1983, Alain war unterdessen in die Formel 2 abgewandert, trat Michel Ferté in die Fußstapfen seines großen Bruders und … ja, siegte in Monaco. Dieser Familien-hat-trick gewinnt um so mehr an Bedeutung, wenn man bedenkt, wie selten erfolgreiche Brüderpaare im großen Motorsport sind.

Brüderpaare, die den Sprung in die Formel 1 schafften, waren Pedro und Ricardo Rodriguez, Emerson Fittipaldi und Bruder Wilson, die beiden Scheckters und die Fabi-Brüder – dann wird es schon kritisch. Vittorio Brambillas Bruder Ernesto tauchte nur einmal bei einem Grand Prix auf, 1969 in Monza. Als sich Werksfahrer Chris Amon geweigert hatte, mit dem nur noch bedingt konkurrenzfähigen Ferrari (Tipo 312/69 mit 68er Motor) das Training aufzunehmen, holte Ferrari kurz entschlossen Ernesto Brambilla ins Cockpit des verwaisten Wagens. Nach einigen viel zu langsamen Trainingsrunden komplimentierte man den wilden Ernesto wieder aus dem Team und ersetzte ihn durch Pedro Rodriguez.

Ernesto Brambillas Formel 1-Karriere war damit auch schon beendet, bevor sie richtig angefangen hatte.

Auch in der Familie Villeneuve hält sich der Part ›des Bruders‹ in äußerst bescheidenen Grenzen. Jacques Villeneuve, jüngerer Bruder des unvergessenen Gilles, kam über Trainingssitzungen, die mit der Nichtqualifikation endeten, nicht hinaus.

Wenn ich nun die Prophezeiung wage, auch die Gebrüder Ferté werden den Sprung in die Formel 1 schaffen – mit welchem Erfolg auch immer –

dann muß die Statistik als ›Beweis‹ herhalten.

Ein Blick auf die Sieger des monegassischen F 3-Rennens seit 1964 zeigt, daß fast all diesen Piloten der Aufstieg in die Grand Prix-Klasse gelungen ist: Jackie Stewart, Peter Revson, Jean-Pierre Beltoise, Henri Pescarolo, Jean-Pierre Jaussaud, Ronnie Peterson, Tony Trimmer, Dave Walker, Patrick Depailler, Jacques Laffite, Tom Pryce, Renzo Zorzi, Bruno Giacomelli, Didier Pironi, Elio de Angelis, Alain Prost, Mauro Baldi, zweimal Alain und einmal Michel Ferté, und dann Ivan Capelli.

Mit Ausnahme von Jaussaud und Trimmer gab es Formel 1-Verträge für diese später teils sehr erfolgreichen Fahrer. Samstags vor dem Grand Prix, da geht es in Monte Carlo um mehr, als nur den Ruhm für einen Tag . . .

Es ist wohl richtig, an dieser Stelle auch auf die Frage nach den Wegen einzugehen, die in das Cockpit eines Rennwagens führen.

Da der nationale und internationale Automobilrennsport strengen Regeln unterliegt, gilt es zunächst einmal, den ›Papierkram‹ zu erledigen. Das heißt, der Rennfahrer in Lauerstellung braucht einen gültigen Führerschein und die nationale Rennfahrer-Lizenz, die man über einen der Automobilclubs gegen eine entsprechende Gebühr erhält.

Dann sollte sich der Aspirant Gedanken darüber machen, welchen Zweig des verästelten Gebildes Motorsport seinem (hier vorausgesetzten) Talent und seinem (oder dem seiner Gönner) Portemonnaie entgegenkommt. Dabei braucht nur entschieden zu werden, ob man die Rennpiste am Steuer eines geschlossenen Wagens mit mehreren Sitzplätzen und verkleideten Rädern in Angriff nehmen will oder einen einsitzigen Rennwagen, einen Monoposto, mit freistehenden Rädern vorzieht.

Die frühzeitige Spezialisierung muß heutzutage empfohlen werden, um durch eine stilreine Ausbildung den hohen Anforderungen besser gerecht werden zu können.

Bevor man sich nun an den Start traut, ist es sicherlich nicht verkehrt, einer Rennfahrerschule im In- oder Ausland einen Besuch abzustatten. Nicht nur, daß man dort wertvolle Tips und Tricks mit auf den Weg bekommt, nein, die Instruktoren geben auch ungeschminckt Auskunft darüber, ob der Eleve ausreichend talentiert ist.

Dem ersten Rennen steht dann nichts mehr im Weg – vorausgesetzt, daß man ein entsprechendes Auto und Geld für die laufenden Kosten hat.

Als der geradlinigste Weg in den Grand Prix-Sport hat sich die Leiter vom Kart (da kann man schon im Mofa-Alter anfangen), über die Formel Ford beider Hubraumklassen und die Formel 3 herausgestellt.

Mit Talent und viel Geld schaffen es bis in die Formel 3 zahlreiche Piloten. Dann aber braucht man, um sich zu behaupten, oder gar weiterzukommen ein Übermaß an Talent und noch mehr Geld. Und, wohl nicht minder wichtig: Durchsetzungsvermögen. Sagte doch Niki Lauda, einer der erfolgreichsten Profis, einmal: »Ich bin egoistisch bis zur Brutalität!«

Die Weltmeister auf einen Blick

1950	Dr. Nino Farina	Alfa Romeo
1951	Juan Manuel Fangio	Alfa Romeo
1952	Alberto Ascari	Ferrari
1953	Alberto Ascari	Ferrari
1954	Juan Manuel Fangio	Maserati/Mercedes
1955	Juan Manuel Fangio	Mercedes
1956	Juan Manuel Fangio	Ferrari
1957	Juan Manuel Fangio	Maserati
1958	Mike Hawthorn	Ferrari
1959	Jack Brabham	Cooper-Climax
1960	Jack Brabham	Cooper-Climax
1961	Phil Hill	Ferrari
1962	Graham Hill	BRM
1963	Jim Clark	Lotus-Climax
1964	John Surtees	Ferrari
1965	Jim Clark	Lotus-Climax
1966	Jack Brabham	Brabham-Repco
1967	Denis Hulme	Brabham-Repco
1968	Graham Hill	Lotus-Ford
1969	Jackie Stewart	Matra-Ford
1970	Jochen Rindt	Lotus-Ford
1971	Jackie Stewart	Tyrrell-Ford
1972	Emerson Fittipaldi	Lotus-Ford
1973	Jackie Stewart	Tyrrell-Ford
1974	Emerson Fittipaldi	McLaren-Ford
1975	Nikolaus Lauda	Ferrari
1976	James Hunt	McLaren-Ford
1977	Nikolaus Lauda	Ferrari
1978	Mario Andretti	Lotus-Ford
1979	Jody Scheckter	Ferrari
1980	Alan Jones	Williams-Ford
1981	Nelson Piquet	Brabham-Ford
1982	Keijo Rosberg	Williams-Ford
1983	Nelson Piquet	Brabham-BMW

Bibliographie

Rowe, Harvey T., ›Männer, Frauen und Motoren‹, Stuttgart 1970

Cimarosti, Adriano, ›Auto-Rennsport‹, Bern 1973

Deschenaux, Jacques, ›Grand Prix Guide‹, Lausanne 1982

Caracciola, Rudolf, ›Meine Welt‹, Wiesbaden 1958

Posthumus, Cyril, ›The German Grand Prix‹, London 1966

Tragatsch, Erwin, ›Das große Rennfahrerbuch‹, Bern 1970

Hirst, Stephen, ›Grand Prix Chronology‹, Shepperton 1972

Schwab, Ulrich, ›Grand Prix‹ (1966–1982), Stuttgart

Moss, Stirling + Purdy, Ken W., ›All but my life‹, London 1963

Guba, Eddie, ›Rennwagen‹, Stuttgart 1977

Zwickl, Helmut, ›Die Angst bleibt an den Boxen‹, Stuttgart 1976

Stewart, Jackie, + Dymock, Eric, ›Jackie Stewart‹, Stuttgart 1970

›Auto-Jahr‹, Bd. 1–30, Lausanne

›Powerslide‹, Jahrg. 1963–1975, Zürich

›motorsport aktuell‹ 1975–1983, Zürich

Bildnachweis

Talbot Gitanes (6)
Achim Schlang (13)
Thomas Födisch (1)
Wolfgang Marx (3)
Achim Schlang (3)
EBEL (2)
Publimotoring (1)
Ligier Werksfoto (3)
BMW (2)

Lotus (1)
Renault (2)
Williams (2)
ICI (1)
Lancia (1)
Werk (2)
Alfa Romeo (1)
Ulrich Schwab (11)
Jens Hoffmeister (1)

Archiv Motorbuch Verlag (4)

»Männer, Frauen und Motoren«
»Rennfahrer«
»Juan Manuel Fangio«
»Die großen Fahrer unserer Zeit«

NIRGENDS STEHT MEHR ÜBER AUTO, MOTOR UND SPORT ALS IN

**Europas großes Automagazin.
Alle 14 Tage. Mittwochs.**